united
p.c.

AF144829

www.united-pc.eu

Franziska Köhler

DES SCHMERZES GOLD

Dieses Werk soll nicht beschuldigen,
nicht verurteilen und nicht beschönigen.
Es ist vielmehr ein Versuch, Unbegreifliches zu
begreifen und Unverständliches zu verstehen, das in
seinem Kern niemals begriffen und verstanden
werden darf.

Die Handlung und die Personen des Werkes
sind frei erfunden.

In stiller Erinnerung an
Sigrid Tanneberger

Prolog

Spürst du das Blut in deinen Venen,
das dich bewegte, den Freiheitskampf zu wagen?
Spürst du das Blut in deinen Venen,
das dich erregte, mutig in die Schlacht zu ziehen?
Wolltest niemanden verletzen.
Wolltest keinem Menschen schaden.
Nahmst den Stift und das Papier,
dein inneres Instrument.
Dann sprachst du alles aus.
Wie kannst du es wagen, zu sagen,
was dich im Innersten bewegt?
Nicht das zu denken, was für richtig gehalten wird?
Oder hast du gar anders geglaubt?
Deines Gottes hast du dich bekannt,
hast nach fremder Schrift gelebt.
Und deine Liebe!
Anders war sie, entsprach nicht ihrer Norm.
Zogst umher auf alte Weise, warst frei in deiner Welt.
Dies reichte ihnen nicht.
Stets glaubtest du an Freiheit,
an den Frieden in dir selbst.
Wolltest dir die Welt verändern, Altes dir bewahren.
Schäme dich!
Jetzt musst du mit den Konsequenzen leben!

Spürst du das Blut in deinen Venen,
das dir Angst und Schrecken bringt?
Spürst du das Blut in deinen Venen,
das dich nicht mehr schlafen lässt?
Wirst bestraft für deine Sünden.
Sollst jetzt in der Hölle schmoren.
Brichst du die Regeln noch einmal,
jagt dich wohl des Teufels Brut.
Der Schweiß, das Blut und große Pein,
lassen deinen Geist verstummen.

Spürst du das Blut in deinen Venen,
das dir einst die Hoffnung gab?
Spürst du das Blut in deinen Venen,
das den Kampfesgeist entfacht?
Verlier den Mut nicht, halt ihn fest!
Bewahre den Willen, lass dich treiben,
wasche dir das Blut nur ab.
Mag euer Ruf niemals verstummen.
Mag euer Ruf uns stetig mahnen.
Lasst uns ihren Kampf beenden.
Lasst uns ihrer stets gedenken.

I

Ein milder Morgenwind weht durch die Reihen. Den meisten Menschen vermag dieser Luftzug kalt erscheinen. Für uns ist es ein warmes Gefühl, das er mit sich trägt. Ein Hauch der Freiheit. Dieser Hauch verstummt, sobald der Wind verblasst. Für einen Moment schließe ich die Augen und denke an den warmen Sonnenschein.

„Riechst du auch das Unheil? Öl, Dampf und", spricht Wojciech bedenklich, „der Geruch rostigen Metalls. Am Bahnhof müssen Züge stehen. Sie wollen uns vernichten." Aus dem Augenwinkel sehe ich zu ihm herüber. Vorsichtig strecke ich meine Fingerspitzen von mir und greife nach seiner dünnen Hand. Die Menschenmenge schützt uns vor den Blicken von außerhalb der Reihen. Ein gefährliches Spiel.

Wojciech ist anders. Bis zum heutigen Tag sprach er nicht mit mir darüber, weshalb er an diesen Ort gebracht wurde. Sein Winkel, sein Akzent lassen mich einige Rückschlüsse ziehen. Dennoch kenne ich seine Geschichte nicht.

Von einem Versehen spricht er, wird er nach seiner Vergangenheit gefragt. Niemandem vertraute er die Bedeutung dieser Worte an. Sicher bin ich mir, dass die Erlebnisse unmittelbar vor seiner Ankunft einschneidend gewesen sein müssen.

Kein Geruch von Öl liegt in der Luft. Nur ein Hauch Waldesduft zieht durch die Menschenmenge, lässt den Gestank des Todes für einen Moment vergessen.

Jeder Anwesende steht geordnet in den Reihen. Wir wagen es nicht, die Köpfe zu heben, die Muskeln zu rühren. Einem Machtinstrument unterliegen wir.

Eine Flucht ist aussichtslos. Dieser Versuch stößt die anderen Menschen lediglich näher an den Tod heran. Wir möchten nicht für mehrere Stunden ausharren. In der Kälte, Hitze und Nässe. Ohne Nahrung. Ohne Wasser.

In der zweiten Reihe stehe ich. Wojciech steht neben mir. Seine Hand halte ich weiterhin. Wir beide nehmen seit dem Tag unserer Ankunft stets erneut Gefahren auf uns, um dem anderen zur Seite stehen zu können. Wojciech beschützt mich. Ich beschütze ihn.

Widerstandslos werden wir den Kommandos folgen. Wir kennen sie auswendig. Bewaffnete Männer marschieren um die Reihen, marschieren durch die Reihen. Sie überprüfen uns.

Sobald eine Handlung, ein Wimpernzucken nicht ihren Normen entspricht, folgen die Strafen. Schläge. Tritte. Schüsse.

Nach der Ansprache beginnt die tägliche Zählung. Die Blockältesten berichten.

Es ist ruhig. Der Tod liegt in der Luft. Wojciech murmelt, dass der Zug ihn heute holen komme. Doch kein Zug steht an den Gleisen. Die Zugpfeife hätten wir hören müssen. Leichen liegen vor den Reihen meines Blocks. Ihre Hände kann ich erkennen. Sie greifen in die Leere.

Meine Arbeit, der Alltag haben mich abgestumpft, obwohl ich die Menschen sterben sehe. Täglich. In Massen. Viele von uns kennen nur noch das Gefühl der Angst. Die Angst um das eigene Überleben. Wir kennen die Unmenschlichkeit. Unmenschlichkeit, die uns jeden Tag erneut begegnet.

Mit gesenkten Köpfen und den Wind im Nacken spürend verharren wir, warten, bis unsere Blockältesten die Zahlen genannt haben. Doch es gibt diese Tage, an denen ich meinen Kopf hebe.

Während des Appells richte ich meinen Blick nach vorn, beobachte das Geschehen. Dann sehe ich ihn wieder. Diesen jungen Mann. Strenge Gesichtszüge. Schwarze Haare. Große Statur. Gepflegte Haut und dazu diese kräftigen Augen.

Seit zwei Jahren hält er bereits die Appelle ab. Seit zwei Jahren ist er der Rapportführer des Lagers. Mit seinem Spazierstock stützt er das kleine Buch. Seine Lippen formen die Worte der Zahlen, die sich darin befinden. Er schließt das Buch, richtet seinen Blick nach vorn. Ich versinke in diesen Augen.
Meine Umgebung verschwimmt.
Die wenigen Geräusche verstummen.

Innerlich durchfährt mich ein Schauer, als er seinen Blick auf mich richtet. Inneres, unterdrücktes Leid liegt in seinem Gesichtsausdruck. Einem Rausch bin ich verfallen und betrachte seine Gesichtszüge. Er schluckt heftig. Der Schlag auf meinen Rücken holt mich in die Realität zurück.

Verschreckt, verkrampft liege ich am Boden. Der Schmerz, der sich durch meinen Rücken zieht, gestattet mir nicht, seinen Blick zu reflektieren, die Bedeutung zu erkennen.
Sofort stütze ich mich auf meine Hände und möchte wieder aufstehen. Augenblicklich sinke ich erneut zu Boden.

„Wie kannst du es wagen!"

Ein Schlag auf meine Schulter.

„Ihn derart ungezügelt anzusehen!"

Ein Schlag auf meine Knie.

„Du widerliches Schwein!"

Ein Schlag auf meinen Kopf.

„Heb deinen Arsch auf. Stell dich wieder hin!"

Beinahe wäre mir schwarz vor Augen geworden. Instinktiv versuche ich, mich aufzurichten. Doch meine Arme schaffen es nur spärlich, mich nach oben zu drücken. Sie zittern. Sie sind zu schwach.

„Steh auf! Niemand hat dir erlaubt, dich hinzulegen!", hallt es in meinen Ohren. Letztendlich gelingt es mir, mich aufzurichten, stehenzubleiben. Kaum kann ich das Gleichgewicht halten.

Der Aufseher packt meinen Kragen, zieht mich an sich heran. Er knurrt in mein Ohr: „Bleib stehen oder es knallt."

Die schweren Stiefel knirschen auf dem Schotter. Meinen Kopf wage ich nicht erneut zu heben. Eisige Luft lässt das Blut auf meinem Kopf trocknen. „Siehst du, du darfst", flüstert Wojciech und schaut vorsichtig hinter sich, „den Qualm der Züge nicht sehen." Zitternd greift er nach meiner Hand. Unauffällig hat er zu mir herüber geblickt. Der Druck auf meine Hand erhöht sich.

Wenn Wojciech doch nur wüsste, dass kein Zug an den Gleisen steht. Wir beide würden ohnehin nicht abgeholt. Dafür sind wir ihnen zu wichtig. Der Tod würde mich zu ewigem Schweigen verdammen, über meine Aufgaben, über diesen Ort. Doch im Vergleich zu anderen, möglicherweise verräterischen Kameraden habe ich einen entscheidenden Vorteil.

Ich spreche nicht.

*

„So. Ihr Vögel. Anscheinend geht heute Morgen niemand von euch über den Rost, aber bedenkt, dass der Tag erst begonnen hat", zischt uns Kazimierz Lysak an. Während er diese Worte verlauten lässt, stützt er die Hände in die Hüften, reckt den Kopf.

Stetig zeigt er uns, dass er aufgrund seiner Position ein wenig Schutz durch die Besatzung des Lagers genießt. Unerträglich ist seine Gegenwart. Seinen Posten nutzt er aus, bedient sich unserer zusätzlichen Speiserationen, ist ein Zinker. Er droht und beleidigt.

Sein Wesen, sein verräterisches und hinterhältiges Wesen ist sicherlich der Grund, weshalb er von unserem Aufseher zum Kapo berufen wurde.

Dennoch ist es von Vorteil, dass Kazimierz mein Kapo ist. Er schlägt nicht.

„Heute wird ein weiterer Transport ankommen. Am Nachmittag läuft es folglich rund. Zack, zack! Ansonsten mache ich euch Feuer unterm Hintern und ihr wisst, wie ich diese Worte meine. Wir sind schließlich im Krematorium!", fügt er in hartem Ton hinzu.

Kazimierz möchte sich von uns abwenden. Doch eine Stimme durchdringt plötzlich den Vorraum des Gebäudes: „Ich möchte mich wirklich nicht beschweren, aber ich habe das Gefühl, unser Kapo hat vergessen, uns Aufgaben für die Zeit vor der Ankunft des Transportes zu geben."

Tomasz hat diese Worte verlauten lassen. Er ist der einzige Häftling unseres Kommandos, der es wagt, sich Kazimierz entgegenzustellen. Die Rivalität zwischen den beiden Männern ist groß und Tomasz weiß, dass Kazimierz nicht dazu fähig ist, Gewalt auszuüben.

Denn innerlich ist Kazimierz verletzlich und bevor er zum Kapo berufen wurde, befand auch er sich in der gleichen Position wie wir, fürchtete den Aufseher, profitierte von unserem vorherigen Kapo.

Tomasz hält die Arme verschränkt und wartet auf eine Reaktion unseres Kapos. Gelegen kommt es ihm in diesem Moment, dass sich unser Aufseher noch nicht im Gebäude befindet. Derartige Situationen nutzt Tomasz aus, um Kazimierz zu reizen.

Kazimierz ist nicht erfreut über Tomasz Worte. Er sieht, dass wir anderen Häftlinge leicht schmunzeln. „Hat der Kapo also vergessen, euch zu sagen, was ihr machen sollt?", fragt Kazimierz Tomasz zurück und tritt dabei äußerst nah an ihn heran. Sein Blick ist direkt auf ihn gerichtet.

Doch Tomasz hält diesem eisernen Blick stand und antwortet frech: „Ja. Mein Kapo hat vergessen, mir zu sagen, welcher Aufgabe ich vor der Ankunft des Transportes nachgehen soll." Ein schiefes Grinsen erstreckt sich über sein Gesicht. Die innere kochende Wut ist Kazimierz deutlich anzusehen.

Er weist Tomasz zurück: „Jetzt sagt dir dein Kapo einmal, was du vor der Ankunft des Transportes zu erledigen hast. Du bewegst jetzt deinen Arsch zu den Öfen und fegst die Asche vom gestrigen Tag auf. Von den Vögeln da hinten kannst du dir gleich einen mitnehmen. Die anderen kümmern sich gefälligst um den Rest vom heutigen Appell. Bringt sie zur Pathologie und dann werft ihr die Öfen an.

Wenn du nicht mit dem Saubermachen fertig bist, bis die anderen den Appellplatz gesäubert haben und ich auch nur einen Krümel Asche sehe, trete ich dich in deinen Arsch und dann gehst du gleich mit über den Rost. Hast du deinen Kapo jetzt verstanden? Hat dein Kapo dir jetzt ausreichend Beschäftigung gegeben?"

Wir müssen schlucken. Tomasz hingegen lässt sich von dieser Drohung nicht beeindrucken. „Ich denke, ich habe ausreichend Beschäftigung", antwortet er deshalb resigniert. Tomasz winkt mich zu sich.

Gemeinsam betreten wir den Raum, in dem sich die Verbrennungsöfen befinden. Die Atmosphäre ist erdrückend. Jeden Tag erneut. Der Geruch ist unbeschreiblich, frisst sich in die Nase hinein. Sobald der Raum betreten wird, erscheint es, als wäre die Luft von einem Nebel durchzogen. Doch es handelt sich nicht um Nebel. Aschepartikel gleiten durch die Luft.

Mit großen Schritten betritt Tomasz den Verbrennungsraum, wirbelt am Boden liegende Asche auf. Nach einer großen Schaufel, die neben der Tür des Raumes steht, greift er und ruft mir dabei zu: „Nicht schlecht, oder? Fast hätte ich ihn zur Weißglut getrieben." Sein dünner Finger zeigt auf die zweite Schaufel und ich verstehe sofort.

Stets muss ich staunen, wenn ich Tomasz Optimismus spüre. Mit der Welt, den Begebenheiten an diesem Ort hat er abgeschlossen. Lediglich die Provokation von Kazimierz scheint sein Ziel zu sein.
Als Tomasz in dieses Lager kam, dauerte es nur eine kurze Zeit, bis er seine Arbeit, seine Gefangenschaft, die Gewalt der Wachmannschaft akzeptierte, sich zu fügen begann.

Für ihn scheint dies zu einer Normalität geworden zu sein, die er ohne Bedenken verinnerlicht hat. Zumindest präsentiert er diese Einstellung nach außen.

Nachdem ich mir einen Eimer gegriffen habe, schaufle ich die Asche aus dem ersten Ofen. Es ist schwierig, dabei nicht zu viel Asche aufzuwirbeln, sie nicht neben dem Eimer fallen zu lassen.

Manchmal stelle ich mir vor, ich würde in der Erde graben. Oft sehne ich mich dabei nach einem großen Garten, einem Beet, in dem die schönsten Blumen wachsen. Schmetterlinge und Bienen fliegen umher und ich liege mitten auf dem Boden, betrachte die bunten Blüten von unten. Die Sonne scheint in mein Gesicht.

Doch bei dieser Arbeit gibt es keinen Sonnenschein. Ich schaufle keine Erde in den Eimer, um sie an einer anderen Stelle für eine Pflanzung zu verwenden. In den Eimer schaufle ich die Asche verbrannter Menschen. Die Asche von Menschen, deren Seelen diesen Ort bereits verlassen haben, deren Körper ihrer Kraft, ihrer Würde, ihres letzten Besitzes beraubt wurden.

Während dieser Arbeit verdunkelt sich die Luft. Den starken Geruch des verbrannten Fleisches beginne ich, langsam auszublenden. Das gesamte Lager kennt diesen Geruch.

Ich weiß nicht, ob ich diesen Geruch, der bis in die Stadt hinunterreicht, bewusst wahrnehme. Denn der Geruch kehrt in bestimmten Momenten willkürlich mit einer starken Intensität zurück. Manchmal nehme ich ihn nicht wahr.

Den ersten Ofen habe ich ausgeleert. Die gleiche Arbeit wiederhole ich mit den anderen Öfen. Ich hole weitere Eimer, lade die Asche auf meine Schaufel, fülle die Asche in die Eimer hinein. Oftmals versinke ich in meinen Gedanken, nehme die Arbeit, die wiederkehrenden Bewegungen nicht wahr.

Als ich den letzten Ofen erreiche, erscheint Tomasz plötzlich in meinem Blickfeld. Auf den Zehenspitzen tänzelt er, hält einen Besen in der Hand. Ein leichtes Lächeln zeigt er mir. Ich lasse meinen Blick durch den Verbrennungsraum schweifen und bemerke, dass Tomasz bereits den Boden gefegt hat. Er folgt meinem Blick und erkennt, dass er neben dem dritten Ofen einen zu fegenden Bereich übersehen hat. Mit Leichtigkeit springt er über die schmutzigen Bodenbretter.

Tomasz ist ein Balletttänzer. Bereits in seiner frühen Kindheit konnte er Erfolge verzeichnen. Oft hat er bereits von diesen Tagen erzählt. Obwohl er seit einigen Jahren im Lager ist, hat er weder seine Leidenschaft noch sein Lachen verloren. Es scheint, als lebe er in einer parallelen Welt. Ansonsten ist es unmöglich, sich diese Leichtigkeit seinerseits zu erklären.

Ich beobachte ihn, wie er die letzten Aschereste aufkehrt. „Fertig. Jetzt sollten wir besser verschwinden, bevor es achtzehn schlägt." Tomasz nimmt meine Schaufel an sich und gibt mir mit einem leichten Druck in das Kreuz zu verstehen, dass ich bereits vorgehen solle. Einige Eimer nehme ich auf, verlasse den Raum und versuche, während des Laufens keine Asche zu verschütten.

Ich betrete einen unscheinbaren Raum. Wenn die Öfen feuern, ist die Hitze in diesem kleinen Zimmer unerträglich. Dieser Raum besitzt nur eine einzige Funktion. Als ich das Zimmer betrete, stelle ich die Eimer ab und setze mich auf einen der beiden Holzschemel. Auf den schiefen Holztisch stütze ich meine Arme und hole tief Luft. Für einen kurzen Augenblick entspanne ich meinen Rücken, der seit letzter Nacht nicht aufhören will, zu schmerzen.

„Wage es nicht, auf der faulen Haut herumzusitzen", werde ich hinterrücks angesprochen. Vorsichtig blicke ich über meine Schulter. Kazimierz ist in das Zimmer gekommen. Die Arme hält er vor der Brust verschränkt. Ich blicke zu ihm und erwarte eine Anweisung, eine Frage. Doch Kazimierz spricht nicht mit mir. Stumm blickt er auf mich herunter. In seiner Anwesenheit kann ich keine Bedeutung erkennen.

Kurzzeitig scheint es, als würde Kazimierz den Mund öffnen wollen, um Worte auszusprechen. Doch rasch verschließt er seine Lippen wieder und geht letztendlich aus dem Raum. Ich verstehe ihn nicht. Niemand versteht diesen Mann.

Als Tomasz den Raum betritt, schrecke ich hoch. Mein Herz pulsiert und rasch blicke ich mich um. Ich muss eingeschlafen sein. Es können nur wenige Sekunden gewesen sein, vielleicht eine Minute. Tomasz schmunzelt nur und klopft auf meine Schulter. „Ich bin mir nicht sicher, ob wirklich ich derjenige bin, der Gefahr läuft, heute durch den Schornstein gejagt zu werden", sagt er dabei. Mein Herzschlag beruhigt sich.

Mein Blick fällt auf die Eimer, gefüllt mit Asche, die auf dem Boden stehen. In Wahrheit wusste Tomasz, welcher Aufgabe er heute nachzugehen hat. Dies wird auch meine Aufgabe sein und wie am gestrigen Tag schaudert es mir bei dieser Arbeit.
Denn diesmal habe ich keine Schaufel zur Verfügung, die eine Distanz zwischen meinen Händen und den letzten Spuren der verbrannten Körper wahrt.

Der Zweck dieses Raumes ist die Weiterverarbeitung der Asche. Wöchentlich trifft eine Lieferung in unserem Gebäude ein. Eine Lieferung von Metallkapseln. Urnen.

In diese sollen wir Asche abfüllen. Auf den Deckel sind wenige Informationen eingraviert, der Name, die Lebensdaten von Menschen, die ich nicht kenne, deren Namen ich noch nie gehört habe.

Als diese Metallkapseln zum ersten Mal geliefert wurden, sprach unser Aufseher nicht über den Hintergrund, die Verwendung dieser Kapseln. Inzwischen haben wir herausgefunden, dass die Kapseln verschickt werden. Sie werden an Angehörige der Verstorbenen übersandt. Eine Täuschung.

Wenn ich diese Behältnisse befülle, die Asche hineinrieseln lasse, denke ich oft darüber nach, wie sich die Menschen fühlen, die diese Behältnisse erhalten, diese Behältnisse begraben. Ich frage mich, ob sie wissen, an welchem Ort, unter welchen Bedingungen ihr Angehöriger verstorben ist. Ob sie wissen, dass sie die Asche ihnen gänzlich fremder Menschen beerdigen. Schließlich verbrennen wir die Menschen nicht allein, wissen nicht, wer leblos vor unseren Füßen liegt.

Während der Tod für uns alltäglich ist, die Leichen allgegenwärtig sind, der Tod den Menschen aus dem Gesicht spricht, gilt dem Tod für Außenstehende weiterhin eine andere Bedeutung. Für einige von uns ist er der Wegbereiter in eine bessere Welt.

Nahezu unendlich sind die Todesursachen an diesem Ort. Die Körper, die vor unseren Füßen liegen sind mager, zerschossen, entstellt. Sie tragen klaffende Wunden am Körper, haben gepeitschte Rücken, verdrehte Gelenke, ihnen fehlt Haut.

Während ich tief in meinen Gedanken gefangen bin, hat Tomasz bereits neben mir Platz genommen, greift nach einem dünnen Papier, einer Liste. Es ist die Liste, die uns unser Aufseher am gestrigen Tag übergab. Darauf befinden sich Informationen zu den Angehörigen, die die Urnen erhalten werden, Informationen über die Verstorbenen. Besonders das Alter ist von Bedeutung. Denn die Urne eines Kindes oder Jugendlichen muss weniger Asche enthalten als die Urne für einen Erwachsenen.

Tomasz erfreut sich stets an der unleserlichen Handschrift unseres Aufsehers. In den dünnen Strichen versucht er, andere Worte zu lesen, Zeichen und Symbole zu erkennen, lacht gerne über diese Produkte seiner Fantasie und ich beobachte ihn gern dabei. Liebermann schreibt selten mit der Schreibmaschine.

Die Arbeit teilen wir uns stets auf. Tomasz verliest die Namen der verstorbenen Menschen auf der Liste und ich suche die Urnen. Auf dem Boden habe ich die Metallkapseln aufgereiht. Geordnet stehen sie auf den schiefen Dielen.

Habe ich die zugehörige Kapsel gefunden, stelle ich sie auf den Tisch. Sechs Urnen bringe ich heran, bis wir mit dem Auffüllen der Asche beginnen.

Beim Heranbringen der Urnen bemerke ich oft, dass Tomasz beim Verlesen der Namen unruhig wird, auf dem Schemel herumrutscht, sich an den Haaren zieht. Ich weiß, dass ihn diese Aufgabe, dieser Ort mehr belasten, als er zugeben mag.

Wir sitzen uns auf den Schemeln gegenüber. Ein Eimer mit Asche steht zwischen uns. Vorsichtig bringe ich die Kapsel zwischen meine Knie, stabilisiere und halte sie. Ich beuge mich nach unten und lasse meine Fingerspitzen in die Asche eintauchen. Die Augen verschließe ich oft dabei. Beklemmend ist dieses Gefühl. Es ist kein Sand, keine Erde, worin sich meine Fingerspitzen befinden.

Dies ist eine der wenigen Aufgaben, bei denen selbst Tomasz schweigt. Das Lächeln verschwindet in diesen Momenten aus seinem Gesicht und die Zeit vergeht langsam bei dieser Arbeit.

Oft spricht Tomasz bei der Arbeit. Frei heraus spricht er von seinen Gedanken, erzählt mir von seinen Erlebnissen im Lager, von den Geheimnissen, die er in sich verwahrt und von den Latrinenparolen, die sich im Lager einem Lauffeuer gleichend ausbreiten.

Ich weiß ebenfalls, dass Tomasz es schätzt, dass ich ihm stets aufmerksam zuhöre, ihn nicht unterbreche. Doch heute bewegen sich seine dünnen Lippen nicht.

Sind die Urnen aufgefüllt, drücken wir die Deckel fest darauf, stellen sie links neben den Holztisch. Ich stehe vom Schemel auf, warte darauf, dass Tomasz die nächsten Namen verliest. Während ich nach den Urnen suche, richte ich vorsichtig meinen Blick wiederholt zum Eingang des Zimmers, überprüfe, ob wir nicht von unserem Aufseher beobachtet werden. Die Tür muss stets geöffnet sein.

Schließlich erreichen wir den roten Strich auf der Liste. Jeden Tag sollen wir nur eine bestimmte Anzahl Urnen vorbereiten. Eine rote Linie unter bestimmten Namen markiert die Grenze. Tomasz erhebt sich von seinem Schemel und streckt den Rücken durch. Mit dem Zeigefinger zählt er still die Urnen ab und zählt anschließend die Zeilen auf der Liste. Er nickt entschlossen. Die Urnen sind vollständig.

Seine dünnen Beine tragen ihn aus dem Raum heraus. Zu lang ist ihm die gestreifte Hose. Der untere Rand der Hosenbeine ist fast schwarz, weil diese stetig über den Boden schleifen. Den Oberkörper beugt er beim Laufen nach vorn. Die Wirbelsäule durchbricht das abgetragene Hemd.

Wir arbeiten in einem Kommando, in dem wir zusätzliche Nahrung erhalten. Diese zusätzlichen Rationen haben einen schweren Nachgeschmack. Es gibt Tage, an denen ich diese Rationen nicht essen kann.

Mit einer Schubkarre kehrt Tomasz zurück. Gemeinsam stellen wir die Urnen in die rostige Wanne der Schubkarre hinein. Sorgfältig platzieren wir sie, sodass sie nicht umfallen können. Stille durchzieht den Raum und wir spüren die aufsteigende Hitze der wieder feuernden Öfen. Tomasz atmet schwer aus, nachdem er die letzte Urne in die Schubkarre gestellt hat. Für einen Moment blicken wir uns tief in die Augen.

Als ich nach der Schubkarre greifen will, um die Urnen in das Dienstzimmer unseres Aufsehers zu bringen, ertönt ein Ruf: „Kommando Krematorium antreten!" Ich zucke zusammen, lasse die angehobene Schubkarre los. Tomasz gelingt es, zu verhindern, dass sie nach der Seite fällt, die Urnen sich auf dem Boden verteilen. Wir nicken uns zu und gehen dann aus dem Zimmer heraus.

Angespannt nehmen wir neben unseren Kameraden in der Reihe Platz. Die Köpfe sind gesenkt. Schnell schlägt mein Herz.
Die schweren Stiefel des Aufsehers schreiten über das Parkett. Sie glänzen. Manchmal denke ich darüber nach, ob er in diesen Schuhen schwitzt.

Liebermann beginnt zu sprechen: „Ihr Vögel wisst, dass in zehn Minuten ein Transport ankommen wird. Ich glaube, ich brauche euch nicht zu erklären, was ihr dementsprechend zu erledigen habt. Saubermachen. Am frühen Nachmittag wird der Zug wieder abfahren. Ihr habt spätestens um dreizehn Uhr mit dem Aufräumen zu beginnen, verstanden? Abtreten."

„Jawohl, Herr Hauptscharführer!",
sagt Kazimierz zu Liebermann.
„Kommando Krematorium abtreten!",
sagt Kazimierz zu uns.

Alle verlassen den Vorraum, gehen wieder an ihren Arbeitsplatz. Liebermann verweilt weiterhin im Vorraum, beobachtet uns. Gemeinsam mit Tomasz kehre ich in das kleine Zimmer zurück. Wir blicken auf die Schubkarre.
Erneut möchte ich sie aufnehmen, zu unserem Aufseher bringen. Tomasz verhindert dies und greift selbst nach der Schubkarre. Er dreht sie um und möchte den Raum verlassen. Im Türrahmen blickt er über seine Schulter und sagt zu mir: „Ich hoffe, dass Liebermann bereits gefrühstückt hat."

Ich beobachte ihn, wie er den Raum verlässt.
Seine Hosenbeine schleifen wieder über den Boden.
Sie sind fast schwarz.

*

Wir stehen vor den leeren Waggons. Wir wissen nicht, woher der Zug gekommen ist. Wir wissen nicht, woher die Menschen gekommen sind. Auf dem Weg zum Bahnhof spürten wir den schweren Geruch des Starkregens. Sanft glitt er ein Schwaden über die Lagerstraße. Der Geruch dicht aneinander gedrängter Menschen sticht uns. Ausdünstungen ersticken die letzten Spuren des Regengeruchs.

Unsere Augen sind auf die schmutzigen Waggons gerichtet, auf die dunklen Bretter, durch die nur wenige Lichtstrahlen hindurchfallen. Stroh liegt auf der Wiese neben den Gleisen. Die nackten Füße, die edlen Schuhe haben es herausgetragen.

„Jetzt steht nicht herum. Fangt gefälligst an, zu arbeiten, ihr faulen Ärsche", werden wir von Kazimierz befehligt. Er verschränkt die Arme und blickt herabschauend zu uns herüber.
Auf dem Bahnhofsplatz liegen tote Menschen. Doch in den Zugwaggons liegen weitere tote Menschen. Sie haben die Fahrt nicht überlebt. Mit unseren Händen werden wir sie in das Krematorium bringen. Bahren stehen uns zum Tragen nicht zur Verfügung.
Nur langsam treten wir aus unserer Reihe heraus und beginnen mit dieser Arbeit. Wenn wir die toten Menschen aus den Transportzügen tragen, spricht Kazimierz harte Worte, erteilt Befehle. Er arbeitet nicht.

Dann denke ich an den Kapo der uns vor Kazimierz leitete, der sich das Leben nahm. Freundlich, besonnen ist er gewesen, hat stets gearbeitet, sich für uns verbürgt.

Kazimierz hingegen steht seit seiner Berufung zum Kapo auf der Seite der Wachmannschaft und lässt uns dies stetig spüren. Doch davor wurde auch er bestraft, wenn unser Aufseher das Verlangen danach verspürte. Er wurde getreten, geschlagen, bedroht. Auch er erlebte die Angst am eigenen Leib. Jeden Tag.

Während ich über meinen Kapo nachdenke, haben die anderen bereits mit der Arbeit begonnen und transportieren die ersten Leichen ab. Kazimierz steht plötzlich neben mir. Die Arme hält er weiterhin verschränkt vor der Brust. „Bewege dich gefälligst oder ich sorge dafür, dass du in das Krematorium getragen wirst", knurrt er. Diese Worte machen mir keine Angst.

Ich betrete den letzten Waggon des Zuges. Das Stroh ist zerwühlt. Der Geruch treibt Tränen in meine Augen hinein. Vor meinen Füßen liegt eine junge Frau. Ein vergilbtes Foto hält sie in der Hand.

Geflochten sind ihre Zöpfe. Sie gleicht einem Engel mit goldblondem Haar. Mir scheint, als würde sie schlafen. Es dauert nicht lang, bis ich realisiere, dass sie nicht während der Zugfahrt verstarb. Ein blutiger Fleck, tiefrot, zeichnet sich auf ihrer Jacke ab, auf dem Rücken.

Ich denke nicht weiter darüber nach, nehme sie mit beiden Armen auf. Auf meinem Rücken trage ich sie, setze die ersten Schritte zurück zum Krematorium.

Die Lagerstraße meide ich. Launische Wachposten, Fahrzeuge, Marschkolonnen. Durch den Wald gehe ich. Er gleicht einem Zufluchtsort. Der Boden ist unbefestigt, belastet die schmerzenden Füße in den dünnen, reibenden Schuhen. Doch dieser Weg ist sicher. Sicherer als die Lagerstraße.

Die Wachposten würden diesen Weg nicht gehen. Ihre Stiefel könnten beschmutzen. Der Geruch des Regens kehrt für einen Moment zurück. Die Bäume nehmen ihn in sich auf. Schützend neigen sich die schweren Baumkronen über mich.

Schließlich erreiche ich das Lagertor. Ich erreiche das verhasste Lagertor, hinter dem sich nichts anderes befindet als Hunger, Angst, Verzweiflung und der Tod.

Meine Füße brennen aufgrund des zurückgelegten Weges über den unbefestigten Waldboden. Ich sehne mich nach den Abendstunden, wenn ich in meiner Baracke sitzen kann, meine Füße nicht belasten muss.

Doch ich merke schnell, dass die Zeit noch nicht gekommen ist. Ein Knacken in den Lautsprechern. Die schrillen Töne, die grausamen Lieder berichten uns von der Uhrzeit, nachdem sie sich in die Gehörgänge gefressen haben.

Es gibt keinen Zweifel daran, dass es dreizehn Uhr ist. Denn dieses Lied, dieses grauenhafte Lied, dessen Text ich bereits nach einer Woche auswendig konnte, hallt durch die rostigen Lautsprecher.

Krampfhaft versuche ich, diese Töne auszublenden, kneife meine Augen für einen Moment zusammen und konzentriere mich stark auf die Schritte, die ich setze.

Die beiden Wachposten am Lagertor dulden es, dass das eiserne Tor während der Säuberung des Bahnhofs offensteht. Somit kann ich, ohne die Leiche abzulegen, das Lager betreten.

Zu Boden ist mein Blick gerichtet. Das Zählen meiner Schritte ließ die Melodie verstummen. Der Kies knirscht unter meinen Füßen.

Ich erschrecke heftig, als ich plötzlich in eine andere Person hineinlaufe. Die Leiche fällt herunter. Befremdlich ist das Geräusch des toten Körpers auf dem feuchten Kies. Ohne nach oben zu blicken, möchte ich die Frau wieder aufnehmen und über meine Schultern legen. Doch in dem Moment, in dem ich mich nach unten bücke, sehe ich vor mir die schweren Stiefel. Ein Kratzer auf der Stiefelspitze.

Gefasst richte ich mich auf, nehme die Mütze von meinem Kopf und verharre in dieser Position. Die Leiche liegt vor meinen Füßen. Ich erwarte einen Befehl.

Doch es ist nur ein Schlag in meinen Nacken, den ich erhalte. Sofort falle ich zu Boden. Eine Starre lässt mich meine Glieder nicht bewegen. Schwer atme ich.

„Mach gefälligst deine hässlichen Augen auf, wenn du an uns vorbeiläufst! Ansonsten vergesse ich mich!", wird mir zugerufen und dabei bekomme ich einen Tritt in den Bauch. Ich verstehe natürlich, dass dieser Tritt keine Begründung dafür ist, auf dem Boden liegen zu bleiben. Äußerst konzentriert bin ich, lasse mir die Schmerzen nicht anmerken. Diszipliniert richte ich mich auf, drücke meinen Rücken durch, hebe die Leiche auf und blicke wieder auf den Boden.

Vorsichtig versuche ich, meinen Blick nach oben zu richten. Mein Herz rutscht in die Hose, als ich bemerke, dass der kleine Kratzer an diesem Stiefel dem Rapportführer gehört.
Ich bin in den Rapportführer hineingelaufen.
„Verschwinde!", ruft mir der andere Aufseher zu. Leicht drehe ich mich zum Rapportführer um, warte darauf, von ihm den Befehl zum Abtreten zu erhalten. Er ist es, der über dem jungen Aufseher steht. Aus dem Augenwinkel kann ich ein leichtes Nicken erkennen. Zielstrebig trete ich ab.

Schwer ist es, in den dünnen Schuhen mit dieser Last auf den Schultern, gerade zu gehen. Dafür gelingt es mir, schnell aus dem Sichtfeld der beiden Aufseher zu entrinnen.

Während ich die letzten Schritte zum Krematorium setze, denke ich über diese Begegnung nach. Noch nie habe ich derartig nah vor dem Rapportführer gestanden. Ich habe gespürt, dass er auf mich heruntergesehen, dass er mich angesehen hat.

Er hätte mich erschießen können. Schließlich bin ich, ein Häftling, in ihn hineingelaufen, ließ eine Leiche direkt vor seinen Füßen fallen. Doch er erschoss mich nicht. Er wollte nicht einmal, dass ich ihm meine Nummer nenne.

Besonders verwundert bin ich über seinen Aufenthalt im Lager. Mitten auf dem Appellplatz. Zur Mittagszeit. Wachposten gibt es zur Genüge. Eigentlich ist es seine Aufgabe, die Lagerstrafen zu verhängen, sie durchzuführen, die Häftlingsschreibstube zu leiten. Diesen Aufgaben scheint er im Moment nicht nachzugehen. Der Rapportführer steht auf dem Appellplatz, akzeptiert, dass ich in ihn hineingelaufen bin.

Normalerweise legt er ausschließlich den Weg vom Lagertor zur Schreibstube zurück. Es gibt auch Latrinenparolen darüber, dass er mitten in der Nacht Rundgänge unternehmen soll.

Wenn ich vor dem Abpfeifen noch vor einer Baracke sitze, blicke ich manchmal durch den Lagerzaun hindurch. Dann sehe ich ihn. Doch ich weiß, dass er mich nicht sieht.

Er steht auf der anderen Seite. Macht Pause. Raucht. Dabei hat er diese Eigenart, mit seinem Spazierstock Kreise in den Kies zu ziehen.

Ich erreiche die Eingangstür des Krematoriums. Sie steht offen und Tomasz kommt heraus. Er kehrt zum Zug zurück, um eine weitere Leiche zu holen. Wir bringen die Leichen stets zuerst in den Raum der Pathologie. Zwei Kameraden legen die von ihnen getragenen Kinderleichen auf die kalten Fliesen, als ich den Raum betrete.

Zwei Arbeiter des Pathologiekommandos stehen neben dem gefliesten Tisch und begutachten eine der Leichen, die sie darauf gelegt haben. Sie entkleiden die Leiche, brechen Goldzähne heraus. Die Kleidung wird von ihnen auf den Boden geworfen. Ein dritter Arbeiter sammelt diese auf und legt sie sorgfältig in eine Schubkarre. Wenn diese mit Kleidung und Habseligkeiten gefüllt ist, wird er sie nach der Effektenkammer bringen.

Auf der anderen Seite des Raumes liegen die Leichen des heutigen Appells, die noch nicht verfeuert wurden. Nackt und entblößt liegen sie auf den Fliesen. Aufgerissene Münder. Aufgerissene Augen.

Männer und Frauen und Kinder und alte und junge Menschen. Ich lege die junge Frau auf dem Boden ab. Bald wird sie von den Arbeitern aus der Pathologie untersucht werden.

Für einen Moment sehe ich diese Frau an, neben ihr die vier toten Kinder. Die Zeit, die ihre Körper in diesem Lager verbringen, ist deutlich kürzer als die Zeit, die ihre Körper für die Reise an diesen Ort benötigt haben.

*

Erneut kehrten wir zum Bahnhof zurück, unternahmen mehrere Gänge, haben die toten Körper in das Krematorium gebracht. Ich lege eine weitere Leiche auf den kalten gefliesten Boden. Hinter meinem Rücken spricht mich einer meiner Mitgefangenen an: „Könntest du mithelfen, die Öfen wieder aufzufüllen? Wir holen die letzten Toten." Ich nicke ihm über die Schulter zu.

Mein Mitgefangener verlässt den Raum der Pathologie. Die Frau, die ich zuerst in den Raum brachte, liegt bereits entkleidet auf der anderen Seite des Raumes zwischen den anderen Menschen. Als ich zu ihr herübergehe, sehe ich auf dem Boden das kleine Foto, welches sie in den Händen hielt. Ich hebe es auf und stecke es in die Brusttasche meines Hemdes. Erneut lege ich die junge Frau auf meine Schultern und verlasse mit ihr das gefliste Zimmer.

Im Verbrennungsraum werde ich von der Hitze der feuernden Öfen erdrückt. Die Bahre des ersten Ofens ist bereits wieder herausgezogen.

Ein anderer Mitgefangener legt eine dritte Leiche auf die Bahre. Er sieht mich und geht beiseite, wendet sich an den zweiten Ofen, um diesen für die nächste Verbrennung vorzubereiten.

Den Leichnam der jungen Frau lege ich ebenfalls auf die Bahre. Sie hat einen schönen Körper. Auf der Brust die klaffende Wunde. Die dunkle Farbe des getrockneten Blutes auf ihrer Brust stört den makellosen Anblick. Die langen blonden Haare hängen an der Seite der Bahre herunter. Ich lege sie auf ihre Brust. Mit den Fingerspitzen greife ich nach ihren Handgelenken. Zart und fein. Elegant ist der Anblick der zarten Knochen. Ihre Hände falte ich auf der Brust. Ich achte stets darauf, die toten Körper würdevoll auf die Bahre zu legen.

Die Bahre muss ich in den Ofen hineinstoßen. Doch dann erinnere ich mich an das Foto, welches ich in der Pathologie vom Boden aufgehoben habe und in meine Brusttasche steckte. Ich stecke es unter ihre gefalteten Hände.

Den Ofen gilt es zu verschließen. Ich habe bereits zu viel Zeit verbraucht. Die Bahre hineinzustoßen, kostet Kraft. Sie verklemmt und verkantet sich oft. Die Ofentür schlage ich zu.

Einige Funken wirbeln durch die Luft, nachdem ich die Tür zugeschlagen habe. Die Funken verglühen augenblicklich. Doch einer dieser Funken landet auf meinem Hosenbein, brennt ein weiteres kleines schwarzes Loch in den Stoff.

Auf meine Handgelenke blicke ich. Auch meine Knochenenden ragen heraus. Doch sie erscheinen mir keineswegs elegant.

*

In meiner Baracke sitze ich und reflektiere den heutigen Tag. Er stellt keine Besonderheit dar. Die Arbeit war anstrengend und routiniert. Die Menschen in meiner Baracke haben sich ebenfalls nicht verändert. Sie tragen die gleichen gestreiften Kleider. Sie haben die gleichen geschundenen Hände. Alles gleicht all den anderen Tagen. All den anderen Tagen, die sich seit all den Jahren wiederholen.

Mit meiner Fingerspitzen streiche ich über das raue Holz des Tisches. Ich erhöhe den Druck auf die lange Platte, bis ich mir einen Splitter zuziehe. Ein Stich durchfährt mich, als ich den Span unter meinem Fingernagel hervorziehe und dann begreife ich.

Ich begreife, dass dieser Tag nicht den anderen Tagen gleicht, dass ihn etwas unterschiedet. Es war nur ein kurzer Augenblick in all diesen endlosen Tagen.

Ich verschließe die Augen. Mir erscheint dieser Blick. Dieser Blick des Rapportführers. Die Bedeutung dahinter möchte ich begreifen. Die Bedeutung dahinter, weshalb er akzeptiert hat, dass ich eine Leiche vor seinen Füßen fallen ließ.

„Hast du mir zugehört?", durchbricht eine Stimme meine Gedanken. Tomasz sieht mich empört an. Verlegen kratze ich mich am Hinterkopf, lächle ihn dabei schief an. Wir sitzen am hinteren Ende dieses endlosen Tisches. Wenn Tomasz nicht in der Nacht im Krematorium arbeiten muss, sitzen wir auf diesem Teil der Bank.

Die Nachtschichten im Krematorium sind selten. Tomasz meldete sich freiwillig für die Arbeit in diesen Schichten. Manchmal berichtet er mir davon.

Reicht die Kapazität der Öfen nicht aus, werden die toten Körper auch in der Nacht verfeuert. Jedoch erzählte Tomasz auch von geheimen Verbrennungen. Verbrennungen, die von der obersten Lagerleitung angeordnet wurden.

Schutzhaftlagerführer Kröll höchstpersönlich soll sich in das Krematorium begeben haben, um diesen Verbrennungen beizuwohnen. Dokumente brachte er und warf sie selbst in die Öfen hinein. Auch einige schwere Kisten habe er bereits verfeuert.

Dann sei er im Verbrennungsraum geblieben, bis das Papier zu Asche zerfallen war, die Worte nicht mehr gelesen werden konnten.

Oft überlege ich, welche Gegenstände oder Unterlagen sich wohl in den Kisten befunden haben, welche Worte, welche Namen auf den Dokumenten standen.

„Schwer beschäftigt?", höre ich erneut Tomasz Stimme. Mein Gewissen spricht zu mir. Tomasz hingegen greift neckisch nach meiner Hand und drückt sie. „Was muss ich machen, damit du mir ebenso aufmerksam zuhörst wie Wojciech?", spricht er leise. Ich erröte.

Er legt meine Hand auf dem Tisch ab und stützt sich schließlich auf seine Arme. Doch binnen weniger Sekunden verändert er seine Sitzhaltung wieder und legt die Hände flach auf den Tisch. Auf die Fingernägel richtet er seinen Blick. Konzentriert ist er und versinkt in seiner Beschäftigung, als er beginnt, auf den Nägeln zu kauen.

Wieder beobachte ich ihn dabei. Nicht nur seine Hosenbeine sind fast schwarz. Die Haut, die die Fingernägel umgibt, ist ebenfalls schwarz. Mit Ruß sind seine Fingerkuppen bedeckt. Kleine Narben von Verbrennungen ziehen sich über seine Finger. Diese Hand würde ich stets wiedererkennen.

Ich muss an den kleinen Kratzer der linken Schuhspitze des Rapportführers denken.

Unweit von uns entfernt sitzt ein anderer Häftling am Tisch, der die Augen geschlossen hält. Sein Kopf liegt auf der Tischplatte und er atmet schwer, gänzlich kraftlos. Er bemerkt, dass ich ihn ansehe und sofort richtet er seinen Blick auf mich. Doch unsere Blicke kreuzen sich nur kurz, da sich zwei andere Häftlinge auf die Bank setzen, sodass ich den Mann nicht länger sehen kann.

Tomasz bemerkt, dass ich mich strecke, um etwas zu beobachten, woraufhin ich seine Hand auf meiner Schulter spüre. Er zieht mich zurück auf die Bank. „Darf ich fragen, was du machst?", erkundigt er sich. Ich deute mit meinem Kopf auf die anderen beiden Häftlinge und Tomasz versteht sofort. Interessiert steht er kurz auf und täuscht vor, sich zu strecken.

Tomasz setzt sich wieder neben mich und schüttelt den Kopf. „Ich glaube, ich weiß, wo wir den morgen wiedersehen." Auf die Unterlippe beißt er sich.

Erneut betrachte ich seine Fingerkuppen. Blutig hat er sie sich gebissen. Ein Tropfen Blut fällt auf seine schmutzige Hose. Tomasz bemerkt meinen Blick. Seinen Finger leckt er ab und grinst mich schief an.

*

Unser Blockältester schreckt hoch, als die Tür laut aufgeschlagen wird. An seinem kleinen Tisch hat er geschlafen. Schweiß bildet sich auf seiner Stirn.

Angst verspürt er. Angst davor, dass ein Wachposten in die Baracke getreten ist. Tief atmet er aus, als er bemerkt, dass das Küchenkommando eintritt.

Der große Topf, rostig und am Boden bereits ange-brannt, wird durch den Raum getragen. Binnen we-niger Sekunden scharen sich die Häftlinge um den Topf. Jeder hat nach seiner Suppenschüssel gegriffen und versucht, sich vor die anderen Kameraden zu drängen. Da ich nicht überrannt werden möchte, bleibe ich sitzen.

Die ersten Kameraden setzen sich, um ihre dünne Suppe zu verspeisen. Näher rutsche ich an Tomasz heran. Er beginnt daraufhin, schief zu grinsen und ich spüre, dass er meine Fingerspitzen mustert. Ich weiß nicht, welche Botschaft er mir übermitteln möchte.

Das Austeilen der Abendration ist der einzige Mo-ment des Tages, in dem die schwachen Seelen Kraft schöpfen. Jede kleine Stimme bricht aus den Kehlen der Menschen heraus. Doch beim Austeilen kann es auch gefährlich werden. Die Menschen beginnen, sich zu schlagen, sich zu würgen. Sie beißen sich. Dies ist der Grund, weshalb ich auf meinem Platz verweile.

Die Arbeiter des Küchenkommandos achten stets darauf, dass kein Häftling mehr als eine Portion erhält, dass jeder seine Ration bekommt. Ein Sturm aus tausenden Sprachen durchdringt meine Ohren. Doch es sind nur wenige Worte, die ich tatsächlich verstehen kann. Ellenbogen drücken gegen meinen Rücken und neben mir drücken sich die Körper aneinander.

Ein Schrei ertönt. Rasch blicke ich mich um. Tomasz bemerkt sofort, dass mein Blick über die Massen huscht. Er nimmt mein Kinn zwischen Daumen und Zeigefinger, dreht meinen Kopf zu sich. „Du musst darauf achten, was wirklich wichtig ist. Du kannst nicht auf jeden Häftling Rücksicht nehmen. Weil die anderen ebenso denken, gibt es ständig eine Rangelei und jedes Mal verletzen sich dabei die Kameraden. Es würde helfen, wenn jeder Rücksicht aufeinander nehmen würde. Dann hätte jedoch niemand bis zum heutigen Tag überlebt", werde ich ermahnt.
Er lässt mein Kinn los und streicht vorsichtig mit den Fingerspitzen über meine Wange. Wir lächeln uns an.
Ich verstehe die Bedeutung hinter Tomasz Worten.
Ich verstehe, dass seine Worte die Wahrheit
wiedergeben.
Doch im Inneren warte ich auf diese Menschen. Ich warte auf Menschen, die an diesem Ort ihre Menschlichkeit nicht verlieren. Denn dies ist es, was das Menschsein ausmacht.

„Du denkst wieder nach. Iss lieber", unterbricht Tomasz meine Gedanken. Eine Suppenschüssel schiebt er zu mir herüber. Fragend sehe ich ihn an. „Was ich gesagt habe, bezieht sich auf die anderen, nicht auf dich und mich." Er zwinkert mir zu.

Schnell esse ich die Suppe auf, bevor sich ein anderer Häftling daran zu vergreifen versucht. Die winzigen Kartoffelstückchen sind kaum spürbar im Mund. Eigentlich ist diese Suppe lediglich Wasser. Wasser, das nach altem Gemüse schmeckt. Nahrhaft ist es nicht. Der Glaube allein reicht aus, dass diese Suppe für einen weiteren Tag ausreichen mag.

Als ich wieder nach oben blicke, sehe ich, dass Tomasz die Schüssel von einer Gruppe gesitteter Häftlinge erhielt, die einige Schüsseln auffüllen ließen und weiterreichten. Ich denke erneut über seine Worte nach.

Meinen Kopf lege ich auf den Tisch und blicke wieder auf Tomasz Fingerkuppen. Seine Hand hält die Suppenschüssel fest. Die lauten Stimmen, das Scheppern der Schüsseln, das Schmatzen der gierigen Münder verstummen.

Für einen kurzen Moment schließe ich meine Augen. Ich werde hier sitzenbleiben und warten. Ich werde sitzenbleiben und auf Wojciech warten. Bald wird er seine Arbeit beendet haben und in die Baracke zurückkommen. Ich warte auf Wojciech und darauf, dass die Zeit endlich verstreichen mag.

Zu Eis erstarrt meine Wange. Wach werde ich von diesem Gefühl. Es scheint, als habe der Tod über mein Gesicht gestrichen. Langsam hebe ich meinen Kopf und realisiere, dass ich nicht gestorben bin. Ich sitze weiterhin auf der Bank. Die Gemüter haben sich wieder beruhigt. Das Küchenkommando hat die Baracke bereits verlassen. Nur noch wenige Kameraden sitzen am Tisch. Die meisten gingen in den Schlafsaal.

Speichelleckerisch spricht mich Tomasz an: „Wenn du in dieser Haltung einschläfst, bis zum nächsten Morgen in dieser Haltung am Tisch sitzen bleibst, wirst du zum Appell getragen werden. Ich glaube nicht, dass es dich danach sehnt." Als Antwort auf diesen bissigen Kommentar kneife ich ihn in die Seite. Daraufhin kneift er in meinen Oberarm.
Ich ergebe mich. Er hat gewonnen.

Aufrecht sitze ich am Tisch und lausche interessiert den Gesprächen der wenigen Häftlinge, die noch im Tagsaal sitzen.
Oft erzählen sie von ihrer Vergangenheit, klagen ihr Leid. Doch auch über den Frontverlauf wird spekuliert und Latrinenparolen werden ausgetauscht.
　　　In den letzten Tagen fällt es mir schwer, nicht sofort in einem tiefen Schlaf zu versinken, wenn ich mich setze.

Anstrengender erscheint mir die Arbeit geworden zu sein. Bei der Arbeit zu schlafen, dabei erwischt zu werden, kommt einem Todesurteil gleich.

Im Gegensatz dazu gibt es die Nächte, in denen der Schlaf nicht eintreten mag. Von der Angst getrieben. Ununterbrochen ist die Nahrung in den Gedanken präsent.

Viele der Häftlinge, viele meiner Kameraden haben ihre Menschlichkeit mit ihren zivilen Kleidern abgelegt. Von Egoismus werden sie zur Gewalt gegen die Mitgefangenen getrieben. Vom Hunger werden sie dazu getrieben, Abfälle zu essen.

In den Kommandos werden nicht ausschließlich die Wachposten gefürchtet. Auch die Kapos sind verhasst. Es gibt nur wenige, die den ihnen zugeteilten Häftlingen helfen. Sie schreien, sie schlagen, sie misshandeln. Gewalttaten verüben sie und werden dafür belohnt. Ich weiß, dass die Lagerleitung diese Wirkung beabsichtigt. Wir sollen uns hassen. Wir sollen niemandem vertrauen.

Die wenigen Kapos, die nicht misshandeln, besitzen eine nahezu grenzenlose Macht. Sie können Nahrung besorgen, Identitäten fälschen, unsere Unterbringung verändern. Ich habe sogar gehört, dass es möglich sei, gänzlich aus den Listen des Lagers zu verschwinden.

Wojciech ist einer dieser Kapos. Einer der wenigen Gefangenen, der seine Menschlichkeit nicht verloren hat.

Wie im Rausch durchfährt mich die kalte Stimme, die ich am ersten Tag meiner Ankunft hörte. Jeden Tag höre ich sie, wenn sie Häftlinge über das Lagermikrofon zu sich ruft. Einige dieser Häftlinge sind nicht zurückgekehrt. Mein Herz schlägt schneller. Aus dem Nichts haben sich seine Worte in meinen Kopf gefressen und wollen nicht mehr gehen.

Den Holzspan, den ich vor einiger Zeit aus dem langen Tisch herausgebrochen habe, drücke ich in mein Knie hinein. Die Stimme soll verstummen. Ein dünner Blutfluss läuft an meinem Knie herunter und meine Gedanken ändern sich.

Mit den Fingerspitzen streiche ich über meine Haare und spüre, dass diese durch getrocknetes Blut verklebt sind. Der Schlag am heutigen Morgen.
Die Stimme ist aus meinem Kopf gewichen. Die Müdigkeit kehrt zurück.
Als ich die Augen schließe, während ich mich strecke, sehe ich den Rapportführer wieder vor mir.
Seine dunklen Augen blicken mich an. Seine Botschaft konnte ich nicht rechtzeitig entschlüsseln.

Die Arme strecke ich weit nach oben, drehe meine Handgelenke. Dann ertönt die Stimme eines Engels in meinen Ohren: „Was beschäftigt dich denn heute Abend? Magst du es mir verraten?" Meinen Kopf lehne ich nach hinten, um dem Fremden in die Augen schauen zu können. Noch bevor ich ihm zulächeln kann, haben mich seine Arme bereits umschlossen.
Wojciech hebt mich aus der Bank heraus und lässt mich vor seinen Füßen wieder auf den Boden. Wojciech ist zurückgekehrt.

„Bist du wieder leichter geworden?", fragt er mich in leisem Ton. Tomasz erhebt sich streckend und sagt dabei: „Keine Sorge, ich habe aufgepasst, dass sie ihre Portion nicht wieder verschenkt, sondern sie zur Abwechslung selbst einmal isst. Ich werde mich in den Schlafsaal zurückziehen." Im Türrahmen zum Schlafsaal blickt Tomasz noch einmal leicht über seine Schulter. Finster ist sein Blick. Doch ich weiß, dass dieser Blick nicht auf mich gerichtet ist.

Wojciech hingegen ist nicht erfreut über Tomasz Worte. Es war Tomasz Ziel, Wojciech zu reizen, mich in Schwierigkeiten zu bringen.
Denn in Wahrheit habe ich meine Ration niemals weitergegeben.

Langsam schüttle ich den Kopf, um Wojciech zu signalisieren, dass Tomasz Unrecht hat. Er drückt seine Handfläche sanft gegen meine Stirn und begibt sich dann in den Schlafsaal. Ich folge ihm.

Wir durchqueren den langen Pferdestall bis zur hinteren Wand. Wojciech setzt sich auf den Boden und nimmt unter dem schmalen Fenster Platz. Seine fahle Haut bildet einen Kontrast zu den dunklen Brettern unserer Baracke. Vorsichtig streckt er seine Hand aus, signalisiert mir, ich solle zu ihm kommen.

Zart ist sein Lächeln dabei. Ich greife nach seiner Hand und setze mich neben ihn. Mit der anderen Hand umschließt Wojciech mein Handgelenk. Anschließend legt er seinen Zeigefinger und seinen kleinen Finger darum.

„Es scheint mir, als wärst du tatsächlich noch dünner geworden. Du wirst dich in Luft auflösen. Du musst aufhören, dein Essen ständig zu teilen", ermahnt mich Wojciech. Ich blicke nach oben und werfe Tomasz, der auf der obersten Pritsche am hinteren Ende liegt, einen finsteren Blick zu. Er verzieht lediglich seine Lippen zu einem schiefen Lächeln und zuckt mit den Schultern. Dann dreht er sich um.

Wojciech sieht mich weiterhin besorgt an. Ich lege meine Hand auf seine Wange, möchte ihm zeigen, dass er sich nicht sorgen muss. Ich spüre, dass er mit seinem Kopf gegen meine Hand drückt.

An seine Brust lehne ich mich heran. Seine Arme umschließen meinen Oberkörper. Seit all den Jahren läuft mir ein Schauer über den Rücken, wenn wir diese Haltung einnehmen. Manchmal zieht er sein Hemd aus, um es über meine Schultern zu legen, um mich zu wärmen. Dann spüre ich nichts als seine nackte Haut und wundere mich, dass er nicht friert.

Wojciech ist groß. Er ist groß und dünn. Sein Brustkorb ist schief. Dadurch sieht es aus, als würde er sich zur Seite lehnen, wenn er gerade steht. Lehne ich mich an ihn heran, scheint es, als würde er in jedem Augenblick zerfallen.

Zart ragen die Beckenknochen und das Schlüsselbein hervor. Sogar durch seine Kleidung hindurch ist dies erkennbar. Seine fahle Haut sorgte dafür, dass er unter den Häftlingen als Gespenst bekannt ist.

„Bist du müde?", werde ich leise gefragt. Ich blicke in die Gesichter der anderen Häftlinge, denke darüber nach, ob ich tatsächlich müde bin. Letztendlich nicke ich Wojciech zu.

Jeden Abend singt er mir vor. Jeden Abend höre ich diese sanfte Stimme und jeden Abend spüre ich diese Wärme in meiner Brust. Wenn er singt, streiche ich ihm vorsichtig über seinen Bauch und fühle dabei die raue Haut, zu einer großen Narbe verwachsen. Oft habe ich ihn bereits fragend angesehen.

Dann sagte er stets: „Alles zu seiner Zeit."

Über seine Vergangenheit weiß ich nichts. Wir haben uns versprochen, uns alles zu erzählen, wenn wir diesen Ort eines Tages verlassen können.

Manchmal stelle ich mir sein Leben vor seiner Inhaftierung vor. Vielleicht ist er ein Bankkaufmann gewesen, hat jeden Tag einen Anzug getragen. An Geld hätte es ihm nicht gemangelt. Doch vielleicht war er auch ein Landwirt, lebte auf einem Hof, brauchte nicht viel, erfreute sich jeden Tag an seiner Familie.

Seit dem ersten Tag verharren wir in der Nacht in dieser Haltung, wärmen uns gegenseitig. Noch nie haben wir einen Gedanken daran verloren, uns auf die Pritschen zu legen. Sie sind verdreckt. Das Holz splittert.

Wojciechs Gesang gibt mir seit all den Jahren die Ruhe, die Sicherheit, nach der ich mich sehne. Es gibt keinen Ort, an dem ich lieber wäre, als in Wojciechs Armen. In diesen dünnen Armen, in denen ich mich sicher fühle, wenn sie mich umschließen.

Ich weiß nicht, ob es an unserem Willen liegt, dass unsere Körper unter der Last der Arbeit noch nicht zersprungen sind. Ich weiß nicht, woher wir die Kraft nehmen, jeden Tag erneut auf den Appellplatz zu laufen, nicht von der Angst erschlagen zu werden.

Vielleicht ist es unser Streben danach, den anderen kennenzulernen, seine Geschichte zu erfahren. Schließlich kennt Wojciech nicht einmal meinen Namen.

*

Mit dem Rücken stehe ich zum Fenster, traue mich nicht, mich umzudrehen und hinauszusehen. In den meisten Gebäuden ist dies verboten. Dennoch bin ich mir sicher, dass ich eines Tages aus diesem Fenster hinaussehen werde.

Die Wärme hängt noch in den Wänden, obwohl die Öfen seit mehreren Stunden nicht mehr feuern. Vielleicht sind es auch die Seelen der Toten, die in diesem Raum gefangen sind, die Luft zum Kochen bringen.

Auf Kazimierz warte ich. Neben ihm bin ich die letzte Person des Kommandos, die sich noch im Gebäude befindet. Diese Arbeit ist ein Spiel. Diese Arbeit ist ein tödliches Spiel.

In den Abendstunden ist unser Aufseher meist schlecht gelaunt. Wenn er mit der Sauberkeit im Gebäude nicht zufrieden ist, folgen die Konsequenzen.

Angespannt stehe ich an der Wand und verspüre den inneren Drang, aus dem Fenster zu blicken. Düster heult der Wind und klopft gegen das Glas. Ich möchte ihn hineinwehen lassen.

Die Asche würde er aus allen Ritzen herausfegen und einen Sturm entfachen. Der Sturm ist da.

Binnen weniger Sekunden erscheint Kazimierz im Verbrennungsraum. „Du sollst hier keine Wurzeln schlagen!", sagt er laut. Dann musterte er mich mit seinem Blick. Erwartungsvoll blicke ich ihn an. Ich warte darauf, dass er die Tür zur Lagerkammer öffnet. Das Fegen des Bodens des Verbrennungsraums soll meine letzte Aufgabe für den heutigen Tag sein. Doch nur Kazimierz besitzt den Schlüssel für diese Tür.

„Es ist mir ein Leichtes, unserem Aufseher deine Schlampigkeit zu melden", fügt er speichelleckerisch hinzu. Ich verstehe diesen Mann nicht, lege den Kopf schief. Er sagte mir, ich solle auf ihn warten und ich wartete.
Sofort ändert Kazimierz erneut seinen Sprechton und flüstert: „In letzter Zeit scheinst du mir ein wenig schwer von Begriff zu sein. Nur weil seit einigen Wochen kein Transport angekommen ist, darf deine Arbeitsmoral keinen Tiefpunkt erreichen."

Ich habe ihn durchschaut. Unserem Aufseher möchte er melden, dass ich zu langsam gearbeitet habe, um meine zusätzliche Nahrungsration zu erhalten, die mir für den heutigen Abend zustehen würde. Dabei ist es sein Verschulden, dass ich nicht fegen konnte.

Während er sich mit der Zunge die Unterlippe befeuchtet, zieht er seine Armbinde nach oben, streicht sie glatt. Ich warte weiterhin darauf, dass er die Tür aufschließt. Letztendlich erinnert er sich daran, dass er aufschließen wollte.

Nachdem die Tür geöffnet wurde, werde ich angeraunt: „Du weißt doch, was du zu machen hast! Jetzt fang an! Unser Aufseher möchte schließlich nicht länger als nötig im Gebäude sein."

Jedoch glaube ich, dass ich mir beim Fegen des Bodens des Verbrennungsraums besonders viel Zeit lassen werde. Denn letztendlich ist es Kazimierz Aufgabe, den Schlüssel für das Gebäude an unseren Aufseher zu übergeben. Wenn er es nicht schafft, die ihm unterstellten Häftlinge zur Arbeit anzutreiben, ist Kazimierz letztendlich der Schuldige, der zu viel Zeit gebraucht hat, den Schlüssel zurückzubringen. Ich spiele sein Spiel mit.

Ich spüre, dass sich ein Grinsen über meinem Gesicht ausbreitet. Die Idee, Kazimierz in Schwierigkeiten zu bringen, amüsiert mich. Er bemerkt meine innere Freude und stampft mit den Füßen auf den Boden. Erneut versucht er, mir zu drohen: „Reiß dich zusammen! Ansonsten lasse ich dich morgen auf der Bahre in den Ofen stoßen!"

Mein Ziel, ihn zu provozieren, habe ich erreicht. Ich erfreue mich an seinem erröteten Gesicht.

„Jetzt sieh zu, dass du hier fertig wirst und dann machst du, dass du verschwindest, klar?" Wenn Kazimierz schreit, errötet er noch stärker. Ich kratze mich lediglich am Hinterkopf und beobachte die Schuppen, die dabei zu Boden fallen.

Kazimierz ist im Begriff, den Raum zu verlassen, dreht sich im Türrahmen allerdings nochmals um. Hinterlistig ist der Blick, den er mir zuwirft. Einen Apfel zieht er aus der Hemdtasche hervor und beißt hinein. Dieses Geräusch lässt den Speichel in meinem Mund zusammenlaufen und im Inneren beginne ich, vor Wut zu kochen.

Mit einem höhnischen Unterton sagt er: „Übrigens, der Aufseher hat deine Essensration streichen lassen. Du solltest wirklich schneller arbeiten." Dann verlässt er den Raum. Ich weiß, dass ich heute viel Zeit benötige, diesen letzten Raum zu fegen.

*

Ich tätige den letzten Besenschwung und stöhne. Ich erinnere mich, dass den Verbrennungsraum zu kehren nicht meine letzte Aufgabe des heutigen Tages war. Den Urnenraum habe ich vergessen. Mit gesenktem Kopf, den Besen hinter mir schleifend, gehe ich in das kleine Zimmer hinein.

Heute mussten keine Urnen vorbereitet werden. Aus diesem Grund stellt sich mir die Frage, weshalb die Positionen der Urnen dennoch verändert wurden.

Ohnehin sind nur Tomasz und ich mit dieser Arbeit beauftragt worden. Ungeordnet stehen die Urnen auf dem Boden, stehen nicht mehr in ihren Reihen. Einige Kapseln sind umgefallen.

Ich möchte es nicht riskieren, eine Strafe durch unseren Aufseher zu erhalten, weshalb ich mich auf den kalten Holzboden knie, die Urnen wieder zu ordnen.

Eine umgestoßene Urne nehme ich auf und möchte sie in eine Lücke zwischen zwei weiteren Urnen stellen. Augenblicklich fällt das Gefäß erneut um. Ich wiederhole meinen Versuch. Die Urne bleibt stehen. Jedoch schwankt diese. Ich nehme die Kapsel beiseite, um die Diele darunter zu begutachten.

Ich erkenne, dass die Diele an ihrem hinteren Ende nach oben ragt. Sie wurde herausgehoben.

Mein Interesse ist geweckt.

Verstohlen schaue ich über meine Schulter, um zu überprüfen, dass sich der Aufseher nicht in meiner Nähe befindet. Als ich mich versichert habe, greife ich das Ende der Diele und hebe es vorsichtig an.

Ein weißes Tuch kommt zum Vorschein. Ich spüre in jeder Faser meines Körpers, dass ich die Diele wieder hineinsetzen, das Gebäude schnellstmöglich verlassen sollte.

Dennoch wird meine Angst durch mein Interesse übertrumpft, sodass ich nach einer Ecke des Tuches greife. Sacht nehme ich es zwischen Daumen und Zeigefinger, ziehe es auseinander.

Augenblicklich lasse ich das Tuch los und drücke die Diele wieder herunter. Ein Husten täusche ich vor, um von dem lauten Knarren der Diele abzulenken.

Regungslos verweile ich in meiner Position, die Hände stark auf die Diele drückend. Meinen Herzschlag kann ich hören. Der Schweiß rinnt meine Stirn hinunter. Starr ist mein Blick auf die Wand gerichtet.

Surreal erscheint mir dieser Fund. Eine Waffe. Eine Pistole. Ich entdeckte ein Waffenversteck. Eiskalt rauscht das Blut durch meinen Körper.

Aus meiner Starre gelöst beginne ich, die Urnen zu ordnen, fege rasch den Boden. Für einen Moment muss ich auf einem der Holzschemel Platz nehmen und diesen Fund reflektieren. Das Gesicht stütze ich in die Handflächen. Ich frage mich, weshalb sich diese Waffe unter dieser Diele befindet. Sie befindet sich an einem Ort, der mir zum Verhängnis werden kann.

Dem Aufseher gehört diese Waffe nicht. Er trägt seine Waffen sichtbar, möchte uns damit das Fürchten lehren. Er ist nicht derjenige, der den Widerstand ausrufen möchte.

Dann erinnere ich mich plötzlich. All die Latrinenparolen über einen geheimen Widerstand. Dies ist jedoch auch die einzige Information, die ich darüber besitze.

Ob das Krematorium ein gutes Versteck für Waffen ist, sei dahingestellt. Jedenfalls entdeckte ich das Waffenversteck, bin in Kenntnis darüber gesetzt. Ich bin darüber in Kenntnis gesetzt, obwohl mir dies zum Verhängnis werden kann. Ich strebte dieses Wissen nicht an. Ich strebte das Wissen über den Widerstand nicht an.

Somit soll es fortan meine Aufgabe sein, dieses Versteck zu hüten, die Urnen aufzustellen, um kein Aufsehen zu erregen. Ich schütze mich selbst.

Ich verlasse den kleinen Raum und möchte Kazimierz aufsuchen. Durch den Verbrennungsraum gehe ich, denke nach, welcher Arbeiter des Kommandos in den Widerstand verwickelt sein könnte. Wenig Zeit nimmt es in Anspruch, zu erkennen, wer die Waffe in das Krematorium, in diesen Raum brachte.

*

Vorsichtig blicke ich durch den Türspalt, bevor ich den Vorraum des Krematoriums betrete. Innerlich erschrecke ich, als ich bemerke, dass sich Kazimierz nicht im Vorraum aufhält, nicht die letzten Karteien sortiert, wie ich es erwartet habe.

Sofort schlägt mein Herz wieder schneller. Kräftig ziehe ich an meinen kurzen Haaren, verspüre die tiefe Angst, dass ich von Kazimierz beobachtet wurde, dass er die Waffe gesehen hat, dass ihm die Waffe gehört.
Sofort erstarre ich, als ich ein schepperndes Geräusch vernehme. Es drang aus dem Raum der Pathologie. Langsam löse ich den festen Griff aus meinen Haaren.

Leise schleiche ich durch den Vorraum, bis ich die Tür zur Pathologie erreiche. Sie steht einen Spalt offen. Dies ist ungewöhnlich für diese Uhrzeit.
Näher trete ich an die Tür heran und richte mein Ohr auf den schmalen Spalt. Ich lausche, nehme den Geruch der verbrannten Menschen stärker wahr. Mein Kopf schmerzt.

Um jeden Preis möchte ich erfahren, was sich in diesem Raum abspielt. Vielleicht ist es nicht Kazimierz, der sich in diesem Raum befindet. Ein prominenter Häftling könnte sich mit Kazimierz Hilfe Zugang zu dem Gebäude geschaffen haben, um eine weitere Waffe zu verstecken. Stärker steigt mein Puls.

Den Zeigefinger schiebe ich in den Türspalt, um ihn zu vergrößern, einen Blick erhaschen zu können. Dunkel ist es in der Pathologie. Das Licht wurde nicht angeschaltet. Schemenhaft sehe ich den Schatten.
　　Der Aufseher würde diesen Raum nicht ohne das elektrische Licht betreten. Sein Sehvermögen ist dürftig.

Das wenige Licht, dass durch den Vorraum in die Pathologie hineinfällt, lässt mich einen Riss im Hemd des Schattens erkennen. Ein Riss am unteren Rand des Hemdes, am Rücken, in der Mitte. Ein Riss, der dadurch zustande gekommen ist, dass der Schatten mit dem Hemd an einer Türklinke hängengeblieben ist und stolperte. Seine Nase hat für mehrere Stunden nicht aufgehört, zu bluten.

Für einen kurzen Moment beobachte ich Kazimierz. Gebückt steht er vor der Wand. Unter seinem Arm trägt er einen schmalen Gegenstand, einen flachen Gegenstand. Durch eine ungeschickte Bewegung fällt ihm dieses Objekt herunter. Eine Fliese. Eine Fliese aus der Wand.

Ich sehe das Loch in der Wand, welches sich hinter der Fliese zu befinden scheint. Mein Kapo bückt sich nach unten, um die Fliese aufzuheben, das Loch zu verschließen. Dann sieht er das einfallende Licht aus dem Vorraum, sieht direkt in meine Augen. Sofort verziehen sich seine Augenbrauen.

Innerhalb weniger Sekunden löse ich meine Haltung, stelle mich neben die Tür und ziehe meine Mütze herunter. Die Angst breitet sich aus. Ich spüre, wie sie in meiner Brust wächst und sich bis in meine Fingerspitzen zieht. Das Blut gefriert.

Ich weiß nicht, was Kazimierz verbirgt, verstecken wollte. Ich weiß lediglich, dass ich am heutigen Abend zu viel Wissen erlangt habe, das ich nicht besitzen möchte.

Mein Kapo steht vor mir. Die Hände zu Fäusten geballt, in die Seiten gestützt. Wortlos hat er diese Haltung vor mir eingenommen. Dann fasst er sich mit dem Handrücken gegen die Stirn, atmet tief aus und ich kann sehen, wie sich die Schweißperlen auf seiner Stirn bilden.

Auf meiner Wange kann ich deutlich spüren, dass seine flache Hand in wenigen Augenblicken durch mein Gesicht fahren wird. Seinem durchdringenden Blick versuche ich, standzuhalten. Todeslust glänzt aus seinen Augen heraus, direkt auf mich gerichtet.
Ich verstehe, dass er keine Waffe versteckt hat. Ich verstehe, dass er nicht dem Widerstand angehört und mir wird die Bedeutung dieser Situation bewusst. Ich habe etwas gegen Kazimierz in der Hand. Ich habe etwas gegen Kazimierz in der Hand, dass ihn sein Leben kosten wird, wenn ich unserem Aufseher davon berichte, ihm die herausnehmbare Fliese zeige.

Ich grinse. Ein breites Grinsen zieht sich durch mein Gesicht. Die Angst verzieht. Die Zufriedenheit füllt meine Brust.

Kazimierz wird nervöser. Seine Finger zupfen an der gestreiften Kleidung. „Hör gefälligst auf, mich anzugrinsen!", hallt es durch den Raum. Sofort pulsiert meine Wange.

Mein Gesicht wird warm und das Grinsen schwindet. Es ist nicht der Schmerz, der mich erstaunen lässt. Kazimierz hat geschlagen und er hat nicht geschlagen, weil er seine Macht ausüben will. Kazimierz hat geschlagen, weil er Angst hat.

Dann stampft er kräftig auf den Boden und schreit. Angeschrien werde ich von meinem Kapo und kann die Worte, die er spricht, nicht verstehen.

Schwer atmet er, als seine Stimme verstummt. Gänzlich errötet ist sein Gesicht. Der Raum wird von einer Stille durchzogen, die nur sein schwerer Atem bricht.

Wir hören die Schritte. Die schweren Schritte marschieren über den knarrenden Holzboden. Schnell versucht Kazimierz, abzulenken, sagt leise zu mir: „Ich hoffe für dich, dass du alle Räume ordentlich hinterlassen hast."

Gemeinsam warten wir auf unseren Tod.

„Was geht hier vor sich? Gibt es ein Problem?" Ein zynisches Lächeln durchzieht das schmale, blassweiße Gesicht. Meine Muskeln spannen sich an, der Kopf sinkt tief auf die Brust. Die Mütze, die ich noch in meinen Händen halte, drücke ich zusammen.

Mein Kapo ist erstarrt, antwortet nicht. Der Hauptscharführer ist dieser Reaktion abgeneigt. „Lysak!", zischt Liebermann. „Nichts ist geschehen, Hauptscharführer Liebermann", mauschelt ihm Kazimierz entgegen. Die Luft kocht.

Liebermann beugt sich nach vorn. Die Hände stützt er auf die Knie. Er nimmt eine Haltung ein, als würde er mit einem Kind sprechen. Jedoch bin ich diejenige, an die er sich wendet: „Hast du etwas hinzuzufügen?" Spitz formt er seine Lippen beim Sprechen, hat die Augen weit aufgerissen. Beschämt und gedemütigt senke ich den Kopf weiter herunter.

Liebermann löst seine Haltung, verschränkt die Hände vor der Brust und sagt: „Dachte ich es mir doch. Du bist wirklich zu nichts zu gebrauchen. Dreh dich um." Ich drehe mich um, spüre den schweren Stiefel in meinem Rücken. Diesem Tritt kann ich nicht standhalten. Ich liege auf dem Bauch.
„Steh auf!", hallt es in einem dröhnenden Ton durch den Vorraum. Rasch stehe ich wieder auf.

„Bei dieser Lautstärke kann ich mich nicht konzentrieren. Sieh zu, dass alles seine Ordnung hat und beeile dich gefälligst ein bisschen damit. Ansonsten landest du morgen im Ofen! Ich habe keine Lust, wegen euch Hunden Überstunden zu schieben", wendet sich der Aufseher drohend an Kazimierz. „Ja, Hauptscharführer Liebermann", gibt Kazimierz klein bei.

Elegant dreht sich Liebermann auf der Stelle zur Hälfte um die eigene Achse und marschiert dann mit den Händen ordentlich hinter dem Rücken gefaltet aus dem Raum. Laut schlägt er die Tür zu.

„Verschwinde aus meinen Augen!", knurrt mich mein Kapo an. Schlankerhand habe ich die Beine in die Hand genommen.

Niemals würde ich Kazimierz verraten. Ich bin schließlich kein Lampenbauer. Doch es reicht mir, wenn er den Gedanken daran hegt.

*

Die Tage sind länger geworden. Doch am Morgen durchzieht die Kälte weiterhin das Lager. Zwei weitere Stunden nahm der heutige Appell in Anspruch. Ein Häftling ist nicht zur Zählung erschienen. Ein Vogel musste gesucht werden. Ich weiß, dass bald der Frühling einkehren wird, die nächtliche Kälte aus meinen Kleidern zu vertreiben.

Die Sonne scheint ununterbrochen. Keine Wolke ist am Himmel zu sehen. Auf dem Holzschemel sitze ich und blicke auf die Urnen herunter. Seit ich die Waffe entdeckte, kehrte ich täglich in diesen Raum zurück, überprüfte die Position der Metallkapseln.

Ich sehe eine Urne, die nicht korrekt an ihrem Platz steht. Als ich mich erhebe, um sie zu positionieren, vernehme ich die Schritte, die sich nähern, den Verbrennungsraum durchqueren.

„Was machst du da?", werde ich angesprochen. Herablassend ist die Tonlage. Vorsichtig blicke ich über meine Schulter und erschrecke innerlich. Glänzend sind die Stiefelspitzen. Schnell stehe ich auf, nehme Haltung ein. Dabei stoße ich die Urne um, die ich aufzustellen versuchte. Der dumpfe Klang hallt durch das kleine Zimmer. Liebermann schüttelt den Kopf.

Stark schlägt mein Herz gegen den Brustkorb. Ich sorge mich, dass er das Versteck finden oder Verdacht schöpfen könnte. Denn er weiß, dass es sich nicht um Willkür handelte, als ich die Urnen bewegte. Er wiederholt seine Frage. Meinem Aufseher ist bekannt, dass ich ihm keine Antwort gebe.

In den ersten Monaten wurde ich geschlagen, musste zusätzliche Aufgaben verrichten. Doch dann bemerkte er, dass mein Schweigen ihm zu einem späteren Zeitpunkt von Nutzen sein könnte.

Erneut den Kopf schüttelnd, beantwortet er sich seine Frage selbst: „Ich verstehe. Du hast natürlich nichts gemacht. Beweg gefälligst deinen lahmen Arsch und komm mit."

In den Vorraum des Krematoriums gehen wir. Ich warte auf einen Befehl und sehe die Kleidung. Mein Herzschlag beruhigt sich. „Bring die Kleidung in die Schneiderei. Die haben sich darum zu kümmern. Meine Aufgabe ist das nicht."

Den Zeigefinger richtet mein Aufseher auf die gestapelte Kleidung, die auf dem Boden neben dem Eingang des Gebäudes liegt. Ich nicke.

Das Gebäude des Krematoriums verlasse ich. Der Wind weht in mein Gesicht. Die schwarzen Schwaden, die aus dem Schornstein quellen, verdunkeln den Himmel, vertreiben die Sonne.

Um das Gebäude gehe ich herum und suche die Schubkarre. Ich kann sie nicht sofort erkennen. Leinensäcke und Holzbretter wurden darauf gelagert.

Mein Aufseher steht weiterhin inmitten des Vorraumes, beobachtet mich skeptisch, wie ich die Schubkarre in das Gebäude hineinziehe. Konzentriert nehme ich die Kleidungsstücke vom Boden auf, lege sie in die rostige Schubkarre hinein. Liebermann lässt mich für keine Sekunde aus den Augen. Seinen Blick spüre ich auf meinem Rücken.

Die Schubkarre ist beladen. Doch der Stapel der Kleidung hat nicht abgenommen. Ich werde mehrere Gänge unternehmen müssen. Als ich die Schubkarre über die Türschwelle schiebe, erwarte ich, dass ich von Liebermann angesprochen werde, dass er mich mit seinem Stiefel in den Rücken stößt. Doch es erfolgt keine Handlung seinerseits. Ich hoffe, dass er in sein Dienstzimmer zurückkehrt.

*

Die beladene Schubkarre lässt sich nur schwer durch den Kies den Hang hinaufschieben. Ich erreiche das Lagertor und spüre den Schweiß, der meine Stirn hinunterperlt. Die Wachposten vor dem Lagertor beginnen, zu schmunzeln.

Vor ihnen stehe ich. Die beiden Männer kennen mich, wissen, dass ich nicht spreche. Ich warte darauf, dass sie das Tor öffnen, mich passieren lassen. Meine offene Hand ist auf die Schubkarre gerichtet. Ihre Blicke ruhen auf mir.

Speichelleckerisch spricht einer der beiden Männer: „Hat es dir bei unserem Anblick erneut die Sprache verschlagen?" Er greift nach seiner Schirmmütze und streicht sich mit der anderen Hand durch die Haare. Sie sind gepflegt, gekämmt und zurechtgemacht. Der zweite Wachposten posiert. Daraufhin müssen die beiden Männer lachen.

Sie öffnen das Tor und lachen weiterhin. Meine Schubkarre nehme ich erneut auf. Doch sie wird umgestoßen. Die Kleidung fällt heraus, liegt auf dem Kiesboden.

Das Lachen wird lauter, als ich mich bücke, die Schubkarre erneut belade. Sie wissen, woher die Kleidung stammt und einer der Wachposten sagt: „Ich würde auch lieber sterben, als diese Lumpen tragen zu müssen!"

Dann werde ich gefragt: „Warum wurdest du eigentlich noch nicht erschossen?" Das Gelächter verstummt. Die Angst durchströmt meine Glieder. Ich werde beobachtet, wie ich die letzten Kleidungsstücke aufnehme, die Griffe der Schubkarre umfasse. Meine Mütze wird heruntergerissen. Ich ertrinke in meinem eigenen Schweiß.

Eine Pistole richtet sich auf mich. „Du trägst deine Mütze nicht", knurrt es furchterregend. Ich sehe nur den Lauf der Pistole. Den schwarzen Lauf der kalten Pistole.

Keinen Muskel rühre ich. Die Luft kocht. Der Tod. Ist. Nah. Für mehrere Minuten geschieht nichts. Jede Sekunde. Eine Kugel.

Mit einem Schlag auf den Kopf wird meine Mütze wieder auf meinen Kopf gesetzt. Die Pistole sinkt herunter. Das Tor öffnet sich. Ich höre nichts, als das eiserne Tor. Es schreit.

„Verschwinde!", wird die Stille durchbrochen. Rasch laufe ich mit der Schubkarre durch das Tor, blicke auf die Zufahrtsstraße. Wenige Sekunden später höre ich das laute Lachen der Wachposten. In einer ungeheuren Lautstärke lachen sie über mich. Niemals bin ich schneller die Zufahrtsstraße hinauf gelaufen. Unermesslich stark schlägt mein Herz. Ich darf nie wieder zulassen, dass nach meiner Mütze gegriffen wird. Es ist tödlich, seine Mütze nicht zu tragen.

Mein Körper mag sich nicht beruhigen. In wenigen Minuten werde ich erneut das Lagertor durchqueren müssen. Mit einer weiteren Schubkarre werde ich wieder vor den Wachposten stehen. Erneut werden sie lachen. Ich weiß nicht, ob ich am heutigen Tag das Lager verlassen werde.

Die Schneiderei wird am Rand der Straße sichtbar. Dann durchfährt mich der nächste Schauer. Der Kapo der Schneiderei ist ein gefährlicher Mann. Die Arbeiterinnen des Schneidereikommandos leiden unter ihm. Er schlägt, ist der Wachmannschaft verfallen. Ich weiß, dass er Tomasz bereits geschlagen hat, als er die Kleidung der Toten zur Schneiderei brachte.

Bei der Schneiderei angekommen, stelle ich die Schubkarre ab und öffne die Tür. Vorsichtig hebe ich die Schubkarre über die beiden Stufen in das Gebäude hinein. Blicke mich um. Der Aufseher ist nicht in der Nähe.

Inmitten des Gebäudes stehe ich. Einige Frauen tragen Kisten durch den Raum, legen auf den Theken Kleidungsstücke zusammen. Es scheint, als würden sie mich nicht bemerken. Im Vorraum warte ich. Das Kommando arbeitet.

Ein junger Mann erscheint in meinem Blickfeld. Frisch wirkt seine Gesichtsfarbe. Die Augen glänzen. Ordentliche Kleidung trägt er. Weich erscheint der Stoff seiner Jacke. Sein Gesicht ist mir nicht bekannt.

„Lass mich dir die Kleidung abnehmen", sagt er freundlich, sanft. Ich möchte daraufhin die Schubkarre leeren. Die Kleidung auf dem Tisch neben dem Eingang ablegen. „Das ist in Ordnung. Ich kümmere mich darum", unterbricht er mich. Regungslos bleibe ich neben der Schubkarre stehen und beobachte den Mann dabei, wie er die Kleidung aufnimmt. Als er sich umdreht, die Kleidung auf dem Tisch platzieren möchte, sehe ich die Binde an seinem Oberarm. Nach wenigen Handgriffen beendet er die Arbeit.

„Wie ist dein Name?", fragt er mich. Schüchtern blicke ich zu Boden. Der Kapo schmunzelt. Seine großen Hände umschließen die Griffe der Schubkarre. Er bringt sie für mich vor das Gebäude, stellt sie vor den Stufen ab.

Mehrfach kehre ich zur Schneiderei zurück, bis sich keine Kleidung mehr im Krematorium befindet. Der Kapo trägt die Schubkarre erneut die Treppenstufen herunter. „Bis zum nächsten Mal. Verrate mir dann bitte deinen Namen, in Ordnung?", verabschiedet er sich von mir. Dabei formen seine Lippen ein leichtes Lächeln.

Beim nächsten Mal werde ich mich freiwillig melden, die Kleidung zur Schneiderei zu bringen. Doch die Angst sitzt tief in meinen Knochen. Die Angst vor den Aufsehern am Lagertor.

*

„Nimmt der Tag denn nie ein Ende?", schimpft Tomasz und wirft dabei seinen Bleistift durch das Zimmer. Die Stimmen aus dem Verbrennungsraum schützen ihn. Wir schmunzeln.

Tomasz steht auf. Die Hosenbeine werden von seinen dünnen Beinen über die Holzdielen gezogen. Nach seinem Bleistift bückt er sich.

„Darf ich dich etwas fragen?", sagt er währenddessen zu mir. Interessiert sehe ich zu ihm herüber. Er richtet sich auf und erwidert meinen Blick.

Ein Lächeln möchte er mir schenken, als er innehält. Auf seiner Stirn bilden sich Falten. Krampfend umgreifen seine Finger den Bleistift. „Hast du diesen Ruf gehört?", fragt er skeptisch. Wir hören in die Stille hinein und versichern uns, dass das Geräusch, der Ruf nicht wiederkehrt. Schulterzuckend formen seine Lippen das zarte Lächeln.

„Zurück zu meiner Frage", fährt Tomasz fort. Sein Mund öffnet sich, möchte Worte formen, Dann hören wir den Ruf: „Kommando Krematorium antreten!"

Erschrocken lässt Tomasz seinen Bleistift fallen. Mit der Faust schlägt er sich auf die Handfläche. „Ich habe mich doch nicht verhört. Komm mit." Er greift nach meiner Hand.

Leise durchqueren wir den Verbrennungsraum. Neben der Tür zum Vorraum hält mich Tomasz an. Den Zeigefinger presst er auf die Lippen.

Die Tür steht nur einen kleinen Spalt offen. Seinen Oberkörper neigt er nach vorn, um einen Blick zu erhaschen. Kurzerhand dreht er sich zu mir, zieht seine Handkante an der Kehle entlang. Hässlich ist die Fratze, die sein Gesicht durchzieht. Ich kenne die Bedeutung, die sich hinter diesem Zeichen verbirgt.

Meine Hand lässt er los und öffnet die Tür. In der Reihe nehmen wir Platz. Alle Muskeln sind angespannt. Selbst Kazimierz steht strammer, als er jemals strammgestanden hat. In seinem Blick liegt die Angst.

„Kommando Krematorium bei der Arbeit! Vollzählig! Kein Arbeiter kommandiert!", lässt Kazimierz verlauten. Tief hängen die Köpfe herunter. Die Hände zu Fäusten geballt.

Ich weiß, wer das Krematorium aufgesucht hat. Die Stiefel reflektieren das Licht der kleinen Lampe im Vorraum. Die Hand kann ich sehen. Mehrere Narben. Eine Narbe zieht sich über den gesamten Handrücken. Taubes Fleisch. Durchschossen. Im Krieg verloren. In der Tür steht der Tod. Schutzhaftlagerführer Kröll hat den Raum betreten.

Mein Herz rast. Die Augen kneife ich zusammen. Ich möchte diesen Mann nicht sehen. Ich möchte diesem Mann nicht gegenüberstehen, nicht in seiner Nähe sein. Der Schweiß auf meinem Rücken durchnässt mein Hemd.

Die schweren Stiefel marschieren über den Holzboden. Bedrohlich knarren die Dielen. Sein Schweigen ist unerträglich. Die Zeit ist stehengeblieben. Er spielt mit unseren Seelen. Kröll spricht nicht, bis Liebermann den Vorraum betritt und sich erkundigt, weshalb Kröll das Krematorium aufgesucht hat.

„Eines deiner Schweine scheint nicht zählen zu können", lässt Kröll verlauten. Niemand vermag diese Worte zu verstehen. Den abgebrochenen, spitzgewordenen Fingernagel meines Zeigefingers drücke ich in meine Handfläche hinein. Liebermann wiederholt seine Frage.

„Hier auf dieser Liste", sagt Kröll daraufhin, „und hier in meiner Hand. Klingelt es vielleicht in euren hohlen Köpfen?" Wir verstehen nicht. Unsere Köpfe sind gesenkt. Wir können nicht sehen, was Kröll in den Händen hält. Stille durchzieht das Zimmer.

Kröll stöhnt und fährt fort: „Ihr Idioten! Ihr Schweine! Warum euch noch nicht das Hirn aus dem Schädel geschossen wurde, ist ein Rätsel! Eure Zahlen stimmen nicht mit der angegeben Menge auf dem Papier überein. Es fehlen fast einhundert Gramm Zahngold!"

Kein Muskel bewegt sich. Ich spüre, dass kein Arbeiter des Kommandos weiß, wohin das fehlende Zahngold verschwunden sein könnte.

Überzeugte Worte durchbrechen die kochende Stille: „Herr Standartenführer! Mir ist bekannt, wer das Gold entwendet hat!"

Ich reiße meine Augen auf. Wir heben die Köpfe, blicken zu Kazimierz. Sein knochiger Finger ist auf mich gerichtet. Das Blut gefriert in meinen Adern.

Ich arbeite nicht in der Pathologie und ziehe den Toten das Zahngold heraus. Ich bin nicht für die Sortierung des letzten Besitzes der Toten verantwortlich. Meine Hände sehnen sich danach, den dünnen Hals von Kazimierz zu packen, ihn zu drehen, bis ich höre, dass er keine Luft bekommt, an seiner eigenen Gier erstickt. Der Boden unter meinen Füßen zerbrach.

„Runter mit den Köpfen! Starrt euren Kapo nicht derartig an!", ruft Kröll uns zu. Laut ist diese Stimme. Doch in meine Ohren dringt sie nicht hinein. Ich reagiere nicht auf diesen Befehl, blicke unaufhörlich zu Kazimierz herüber. Kröll bemerkt meinen Blick, tritt an mich heran.

Weit herausgetreckt hält er seine Brust. Verhöhnend und finster ist das Lächeln. Dominant ist der Blick, der auf mich herunterfällt.

Diesem Mann direkt gegenüber zu stehen, ihm erneut nah gegenüber zu stehen, zerreißt mich im Inneren. Sofort senke ich meinen Blick wieder.

Die Haare sind kurz. Die schmalen Falten, die finsteren Augenbrauen machen sein Gesicht bedrohlich. Die Demut durchströmt meine Brust. Mein Rücken krümmt sich. „Braves Mädchen", spricht Kröll zu mir. Todesgeflüster. Er beugt sich nach vorn, zu mir herunter. Er steht zu nah vor meiner Brust.

Ich spüre seine Körperwärme als er flüstert: „Magst du nicht mit mir spazieren gehen? Das Wetter ist heute schön." Während er diese Worte spricht, steckt er das Dokument, das Leinensäckchen gefüllt mit Goldzähnen in die Taschen seiner Uniform.

Meine Angst steigt in die Unermesslichkeit hinein. Jeden Moment könnte er schießen, mich schlagen. Mit seiner Wortwahl treibt er mich in den Wahnsinn hinein. Rasende Wut mischt sich in meine Gefühle hinein. Rasende Wut, dass niemand an der Aussage von Kazimierz zweifelt.

Der Schutzhaftlagerführer greift nach meiner Hand, hebt sie leicht nach oben. Der schweinslederne Handschuh ist kalt. Meine Hand erblasst. „Lass uns spazieren gehen", sagt er hörbar laut. Seine Fingerkuppen platziert er auf den Gelenken meiner Finger.

Dann drückt er zu. Der Schmerz rauscht durch meine Hand. Neben mir steht Tomasz, beobachtet unsere Hände. Laut ruft er: „Nein!" Kröll drückt stärker auf die Gelenke. Ich unterdrücke den inneren Schrei. Sofort beißt sich Tomasz auf die Unterlippe und ich sehe, dass seine Knie zu zittern beginnen.

Scharf blickt Kröll auf Tomasz herunter. Kröll lässt meine Hand los. Er stellt sich vor Tomasz. Die Lippen formt er spitz und sagt zu ihm: „Mach dir keine Sorgen du Vogel, wenn sie spricht, ist sie morgen wieder zurück."

Tomasz laufen Tränen die Wangen herunter. Ich kann sehen, wie sie auf die Holzdielen fallen. Er weiß, dass er seinen Mund besser gehalten hätte.

„Du bist jetzt gefälligst still", spricht Kröll, als er das leise Schluchzen von Tomasz vernimmt. Anschließend entfernt sich Kröll einige Schritte von ihm. „Ansonsten kocht dir gleich das Wasser unterm Arsch!" Augenblicklich hat Kröll seinen Schlagstock vom Gürtel gelöst, ihn durch Tomasz Gesicht gezogen. Tomasz fällt zu Boden. Das Blut quillt aus seiner Nase heraus.

„Hast du mich verstanden, du Arsch?", brüllt der Schutzhaftlagerführer. Tomasz reagiert nicht. „Hast du mich verstanden!" Tomasz keucht: „Jawohl, Herr Standartenführer."

Zufrieden lächelnd steckt Kröll seinen Schlagstock zurück. „Es erfreut mich, dass wir dieses Problem ohne Gewalt lösen konnten", fügt er höhnisch hinzu. Finster und ernst ist sein Blick, der mir signalisiert, dass ich ihm folgen solle.

„Steht gefälligst nicht in der Gegend herum. Arbeitet, verdammt nochmal!", platzt es plötzlich aus Kröll heraus. Meine Mitgefangenen erschrecken. Über die Schulter blicke ich nochmals und sehe Tomasz. Seine Knie schlagen zu den Seiten aus. Das Blut aus seiner Nase tropft auf sein Hemd. Ich weiß, wie verletzlich er im Inneren ist.

*

Schutzhaftlagerführer Kröll läuft durch das Lager. Ich folge ihm. Er blickt nicht über seine Schulter, dreht sich nicht um. Er weiß, dass ich nicht fliehen kann. Ich bin zu schwach. Ich bin nicht ausreichend schnell. In wenigen Sekunden könnte er mir alle meine Knochen brechen. In wenigen Sekunden kann er mich erschießen.

Die schweren Stiefel wirbeln den Staub auf, der sich zwischen dem Kies abgesetzt hat. An einer prominenten Gruppe laufen wir vorbei. Sie sehen mich, flüstern. Einem der Häftlinge steht der Mund offen. Kröll bemerkt das Verhalten der Gruppe, blickt zu ihnen herüber, erstickt das Geflüster.

Mein Puls steigt mit jedem Schritt an. Meine Beine werden schwer und weigern sich, die Füße zu bewegen. Doch die Angst lenkt mich. Sie sorgt dafür, dass ich diesem Mann durch das Lagertor folge, nicht versuche, mich am Rand der Zufahrtsstraße hinter den Bäumen zu verstecken.

Die Möglichkeiten, wie dieser Mann mich quälen kann, sind nahezu unbegrenzt. Doch ich weiß, dass er nicht derjenige sein wird, der mich bestraft, meinen Rücken peitscht, mit dem Hammer auf meinen Kopf schlägt.

Seine schweinsledernen Handschuhe würden beschmutzt. Diese Arbeit überlässt er anderen Mitgliedern der Wachmannschaft.

Die Zufahrtsstraße sind wir hinaufgelaufen. An meiner Kleidung versuche ich, mich festzuhalten. Meine Konzentration schwindet, als ich das Gebäude sehe, als wir durch dessen Tür treten. Zwei kleine Fenster befinden sich am Ende der beiden langen Gänge. Karges Licht wird von zwei Glühbirnen gespendet. Ich weiß, welche Strafe droht.

Kröll dreht sich zu mir. „Solches Gesindel wie dich fasse ich nicht an. Deshalb gebe ich diese Arbeit weiter. Du hast unseren Staat, unser treues Volk hintergangen. Du stiehlst Gold, obwohl es unserem Volk an Nahrung mangelt." Dann beendet er seine Worte.

Für ihn ist es nicht von Bedeutung, ob Kazimierz Anschuldigung der Wahrheit entspricht. Für ihn ist es nicht von Bedeutung, ob die Folter mir das Leben nimmt. Für ihn ist es ebenso nicht von Bedeutung, ob ich weiß, wo sich das Zahngold befindet.

Er wird alle Häftlinge des Kommandos foltern, bis einer der Kameraden spricht. Doch ich werde meinen Willen nicht beugen. Ich werde überleben. Ich gab ihm meine letzten Worte. Meinen letzten Atemzug wird er nicht bekommen.

*

Das Flimmern der Glühbirne ist deutlich hörbar. Tiefes Stöhnen durchdringt eine der vielen hölzernen Türen. Niemals betrat ich dieses Gebäude.

Mein Blick fällt auf die schwere Eisentür, die sich zwischen den beiden Gängen befindet. Ich weiß nicht, ob sich Blut am Türrahmen abzeichnet. Die Kälte sitzt tief in diesen grauen Wänden. Der Boden nässt.

Ich kenne die Erzählungen über diesen Ort. Die Erzählungen von Qual und Pein. Der Tod zieht Schwaden gleich durch die Räume und sucht nach den Menschen, die er mit sich nehmen kann. Prunkvoll soll der Schreibtisch sein, der hinter der Eisentür steht. Die Klinke dieser Tür wird heruntergedrückt. Das Geräusch reibt sich in meine Ohren hinein.

Der Mann ist leicht korpulent, breit das Grinsen in seinem Gesicht. Jeder Häftling kennt sein Gesicht. Jeder Häftling fürchtet dieses Gesicht, fürchtet die Hände, an denen das Blut der Kameraden klebt.

Ich stehe in diesem Gebäude. Ich stehe im Bunker. Ich stehe an einem Ort, an dem sich die Gefahren des gesamten Lagers konzentrieren. Persönlich wurde ich an diesen Ort gebracht. Reinhard Kröll, der Schutzhaftlagerführer, brachte mich in dieses Gebäude. Ich beiße auf meine Unterlippe, bis das Blut an meinem Kinn hinunterläuft.

„Du weißt, was zu machen ist, Walter. Spiel mit ihr, bis sie redet und mach dir keine Sorgen. Sie ist nicht zerbrechlich. Nicht kaltmachen", weist Kröll Bunkerwart Bierbach ein.

Kröll wendet sich ab und öffnet die Tür, möchte das Gebäude verlassen. „Hier soll jeder seine Gerechtigkeit bekommen", spricht er zynisch, das Grinsen über beide Wangen erstreckend. Ich weiß, dass wir diesem Wort unterschiedliche Bedeutungen zumessen.
Die Tür fällt in das Schloss. Mit meiner Zunge lecke ich das Blut von meinem Kinn.

*

Krampfend balle ich meine Fäuste, spüre den Druck, den Bierbachs Anwesenheit auf mich ausübt. Ich versuche, Luft in meine Lungen zu pressen. Mein Atem stockt.

„Dann wollen wir dich nicht länger warten lassen", lässt Bierbach verlauten, deutet mir mit einem Wink, ihm zu folgen. Den linken Gang gehen wir hinunter, kaum passen zwei Menschen nebeneinander. An beiden Seiten befinden sich die Türen. Klappen sind darin eingelassen, Zahlen auf das Holz gezeichnet.

Im Lager wird erzählt, Bierbach sei einmal Rechtsanwalt gewesen, habe für seine Mandanten eingestanden. Doch seine Vorstellungen von Wahrheit, von Gerechtigkeit haben sich gewandelt. Neben Kröll gilt er als einer der Männer, die den stärksten Hass, die stärkste Wut gegen die Häftlinge hegen.

Seine Gewaltbereitschaft ist nicht auf den ersten Blick ersichtlich. Elegant lehnt er sich gegen die letzte Zellentür.

„Hier bleibst du vorerst eine Weile", spricht er freundlich und tippt mit seinem Zeigefinger auf die Tür. Einen Schlüssel holt er aus der Brusttasche seiner Uniform heraus. Ich schlucke heftig, lasse ihn für keinen Moment aus den Augen.

Er schließt die Tür auf, wandelt seine Gestalt. „Beweg deinen Arsch dort rein!" Seine laute Stimme lässt die Wände zittern. Der Hass bricht aus ihm heraus.

Rasch gehe ich in die Zelle hinein, bleibe in der Mitte stehen. Ich zittere, kann dies nicht unterbinden. Bierbach steht außerhalb der Zelle, lässt seinen eisernen Blick auf mir ruhen. Kalt läuft es meinen Rücken herunter. Unangenehm ist der Geruch, der in meine Nase steigt. Regungslos steht Bierbach im Türrahmen. Ich halte es nicht aus, von seinen Blicken durchbohrt zu werden. Er treibt mich in den Wahnsinn hinein.

Bierbach springt in die Zelle, holt zum Schlag aus, trifft mein Gesicht. Das Gleichgewicht kann ich nicht halten. An meinem Speichel verschlucke ich mich. Die Schläge sitzen tief. In meinem Bauch. In meiner Hüfte. In meinem Brustkorb. Schreie entweichen aus meiner Kehle.

„Steh auf!", lässt er plötzlich verlauten. Dann schlägt er erneut, gibt mir keine Möglichkeit, meinen Körper zu erheben. Meine Arme halte ich vor das Gesicht, möchte mich schützen. Dem Sturm aus Schlägen kann ich nicht ausweichen. Der Speichel und das Blut tropfen auf den Boden, bilden eine Lache.

Ich sehe nichts mehr. Ich höre nur meine eigenen Schreie, die von den Wänden der Zelle aufgenommen werden.

Bierbach verliert das Interesse, mich zu schlagen, als ich mich nicht länger wehre, der Bewusstlosigkeit näherkomme.

Am Kragen reißt er mich nach oben, packt meine Arme, bis er merkt, dass ich stehenbleibe. „Komm nicht auf den Gedanken, dich hinzusetzen, du räudiger Hund. Bist bereits jämmerlich genug. In einer halben Stunde komme ich wieder", droht mir der Bunkerwart. Ich höre nicht die Schritte, die er aus der Zelle hinaussetzt. Ich höre nicht die Tür, die laut zugeschlagen wird. Verschwommen bildet sich die Wand vor meinen Augen ab.

Es ist nicht das erste Mal, dass ich die Tritte, die Schläge erfahren habe. Es ist nicht das erste Mal, dass ich einem Mitglied der Besatzung des Lagers gegenüberstand. Uneingeschränkt bin ich der Gewalt ausgesetzt. Uneingeschränkt kann er mich aufsuchen, seine Wut an mir besänftigen.
Die letzte Konzentration hat er mir geraubt. Ich zittere, spüre die Starre, die Angst, die meinen Körper durchflutet.

In einer Zelle, in einem Gebäude, vom Lager entfernt, stehe ich, bin der Willkür eines Mannes ausgesetzt, dem es Freude bereitet, die bloße Gewalt zu verüben.

Er sagte mir, ich solle stehen. Er sagte mir, ich solle mich nicht setzen. Doch mein Körper bricht zusammen. Mit meiner letzten Kraft ziehe ich mich über den Boden, lehne mich an eine Wand. Kalt ist der Beton, der mir das Blut langsamer durch den Körper fließen lässt.

Die Angst schießt mir zischend durch den Körper, als ich die Schreie vernehme, die quälenden Schreie einer Frau. Binnen weniger Sekunden verstummen die Schreie.

Er sagte mir, ich solle stehen. Er sagte mir, ich solle mich nicht setzen. Doch für einen kurzen Moment werde ich sitzenbleiben, mich an die Wand lehnen. Gleich stehe ich auf.
Die Zeit an diesem Ort ist stehengeblieben.

*

Die kalte Wand stützt mich. Sie gibt mir Halt. Sie wärmt mich. Meine Hände halte ich um die Knie geschlungen, versuche, mich nicht zu bewegen. Die Worte Bierbachs hallen in meinen Ohren. Ich darf nicht sitzen. Der Schmerz wird stärker.

Mein Blick ist auf die Tür gerichtet. Jeden Moment könnte Bierbach erneut hindurchtreten. Ich kann nicht fliehen. Ich kann mich nicht verstecken. Unter seinen Schlägen werde ich zusammenbrechen. Meine Knochen werden mich im Inneren zerstechen.
Eine halbe Stunde sagte Bierbach. Sicherlich ist bereits der halbe Tag, der gesamte Tag vorbeigezogen. Ich weiß nicht, seit wie vielen Minuten, seit wie vielen Stunden ich an dieser Wand lehne. Ich weiß nicht, ob Bierbach durch den Spion geblickt hat.

Schnell hebt und senkt sich mein Brustkorb. Die Wunden werden verheilen. Die Bilder werden bleiben. Ich denke an Wojciech. Ich denke an seine Angst vor den Türen. Ich habe verstanden, was sich hinter dieser Angst verbirgt.

Ruckartig wird die Tür aufgerissen. Die Stimme dringt zu mir hervor: „Warum stehst du nicht!" Mein Körper reagiert nicht. Ich verstehe die Worte nicht. Sie dringen nicht zu mir hindurch.

Am Kragen packen mich die Handschuhe, ziehen mich in die Höhe. „Ich habe gesagt, du sollst aufstehen!" Der Schlagstock weckt mich auf. Ich habe verstanden. Gevatter Tod ist vor mich getreten.

Bierbach bemerkt meinen Blick, der jede seiner Bewegungen beobachtet. „Scheinst wieder bei Sinnen zu sein. Dann werde ich einmal schauen, ob ich Reinhard zufriedenstellen kann", spricht er zu sich selbst. Fragen wird er mir stellen. Antworten wird er verlangen. Fragen wird er mir stellen, deren Antworten ich nicht kenne. Aus der Zelle trete ich heraus, laufe vor Bierbach. Seinen Schlagstock stößt er in meinen Rücken, bis ich vor der schweren Eisentür stehe. Ich weiß nicht, ob es Blut ist, das sich am Türrahmen abzeichnet.

Die Eisentür öffnet sich. Der Schlagstock liegt in meinem Kreuz. Der Raum ist gefliest. Bis zur Decke ist der Raum gefliest. Dunkel ist der Boden, toter Beton. In der Mitte des Raumes. Ein Holztisch. Unbehandelt. Streichen die Finger darüber, fressen sich die Splitter in die Haut hinein. Eine Holzbank steht an der Wand. Darauf ein weißes Tuch. Darüber die Haken, poliert.

Die Werkzeuge bilden den Kontrast. Vom Rost zerfressen, vom Blut verklebt. Stacheldrähte, Hämmer, Knuten mit Metallbesatz, Zwingen, Nägel, Schlagstöcke. Die hintere Wand. Die rostigen Haken. Seile.
Der Boden ist mit einer Lache überzogen, blutend rot. Der Boden ertränkt. Gegenüber der Tür befindet sich die Nische. Ein Schreibtisch aus edlem Holz. Bücher stehen in einem Regal. Rouladen und Kartoffeln dampfen auf einem Porzellanteller.
Ein junger Mann kniet in der Lache, die Hose durchnässt. Verzweifelt ist sein Blick. Der unangenehme Geruch der Lache treibt Tränen in seine Augen. Er vermag es nicht, die Flüssigkeit mit seinem Lappen aufzuwischen. Der Bunkerkalfaktor.

„Jetzt hört einmal zu, ihr zwei bedauernswerten Kreaturen. Seht ihr den Teller dort? Ich werde jetzt in Ruhe mein Mittagessen einnehmen, während ihr zwei Bekanntschaft miteinander macht", lässt der Bunkerwart verlauten, wendet sich zu mir. „Du magst die Aussicht sicherlich von oben genießen, oder?"

Mein Herz bleibt stehen. Meine Augen werden groß. Flehend richte ich meinen Blick an den Bunkerwart. Er packt meinen Arm und zieht mich an die hintere Wand des Raumes. Dann tritt er hinter mich und greift nach dem Seil, am rostigen Haken hängend.

Meine Handgelenke drückt er aufeinander. Das raue Seil schnürt sie zusammen. Bierbach zieht es fest, bis ich meine Hände nicht länger spüre.

Seitlich steht er neben mir und lehnt seinen Kopf an mein Ohr heran. Das andere Ende des Seils, welches er in den Händen hält, zieht er nach oben. Meine Arme steigen in die Luft, die Schultern schmerzen. Tränen beginnen, zu fließen.

„Weine nicht", sagt Bierbach. Der Bunkerkalfaktor richtet seinen Blick auf den Bunkerwart. „Wisch weiter!", befiehlt Bierbach. Seine laute Stimme drückt auf meine Ohren. „Eigentlich bist du hübsch, aber du weißt", flüstert der Bunkerwart in mein Ohr, legt seine freie Hand auf meinen Oberkörper, „Strafe ist Strafe." Seine Hand gleitet unter mein Hemd. Der kalte Handschuh auf meiner dünnen Haut. Ich drücke die Augen fest zusammen, beiße auf meine Zunge. Lautlos weine ich.

Bierbach lässt mich los, geht einen Schritt zurück und zieht an dem rauen Seil. Meine Arme werden in die Höhe gerissen. Ich schreie auf. Die Gelenke in meiner Schulter drehen sich. Meine Handgelenke, meine Schultern drohen, zu zerbersten.

Die gesamte Last hängt an meinen schwachen Knochen. Ein unerträglicher Schmerz zischt durch meinen Körper hindurch. „Solltest du daran interessiert sein, den Boden wieder unter deinen Füßen zu spüren, musst du nur deinen Mund aufmachen", spricht Bierbach.

Meine Schreie lassen mich seine Worte nur spärlich verstehen. „Jetzt habt ihr Zeit", fährt er fort, „euch kennenzulernen. Wenn du es wagst, dort oben einzuschlafen, rauscht die hier durch dein Gesicht!" Hinter seinem Rücken holt Bierbach eine metallbesetzte Knute hervor, wirft sie vor meine Füße.
Wenige Zentimeter schwebe ich über dem Boden, ringe nach Luft. Meine Schreie halten an. Speichel läuft in Schwallen aus meinem Mund. Die Augen halte ich geschlossen, möchte diese Welt verlassen.

*

Meine Kraft versiegt. Meine Schreie verstummen. Erschöpft öffnen sich meine Augen. Ich kann sie nicht länger geschlossen halten. Der Kalfaktor sitzt auf dem Boden, sitzt in der Lache. Aus meinen verquollenen Augen sehe ich, dass er zu mir herüberschaut. Bierbach blättert in der Tageszeitung, hat sein Mittagessen bereits verspeist. Manchmal blickt er über die großen Seiten, um sich zu vergewissern, dass ich nicht bewusstlos bin.

Mein Blick ist auf den Bunkerkalfaktor gerichtet. Er kann bei seiner Arbeit keinen Erfolg verzeichnen. Einen Hocker zieht er unter dem Prügelbock hervor und versucht, die Lache unter dem Bock zu entfernen. Die Schmerzen sind dumpf. Sie zersetzen mich.

Ich spüre, dass die Adern in meinem Kopf zerplatzen. Inzwischen sitzt der Bunkerkalfaktor direkt vor mir. Eine Verkrustung auf den Fliesen. Ununterbrochen sieht er zu dem kleinen Hocker herüber, den er noch nicht wieder unter den Prügeltisch gestellt hat. Zentimeter um Zentimeter schiebt er diesen unauffällig in meine Richtung. Dann blickt er zu Bierbach hinauf. Mehrere Minuten ruht sein Blick auf diesem Mann.

Die dünnen Hände greifen nach dem Hocker, lassen ihn lautlos über den Boden gleiten. Unter meinen Füßen platziert er ihn. Vor mir bleibt er sitzen, schrubbt weiter den Boden. Ich möchte ihm danken. Für einen Moment kann ich stehen. Erschöpft lockern sich meine Muskeln. Würde mich das Seil nicht halten, falle ich zu Boden.

Ich kann das Blut hören, das durch meinen Kopf rauscht. Die kalte Luft, die sich schwach in meine Lungen presst, spüre ich. Bierbach legt seine Zeitung nieder. Der Bunkerwart erhebt sich von seinem ledernen Stuhl, blickt über den Rücken des Bunkerkalfaktors. In Rage gerät er, kommt auf mich zu, stößt den Hocker mit seinem schweren Stiefeln fort.

Ich werde in die Tiefe gerissen. „Denkt ihr Vögel wirklich, das wäre ein Spiel, dass wir hier einen Spaß veranstalten?" Bierbach übertönt meine Schreie.

Die Knute zu meinen Füßen nimmt er auf, lässt das Leder durch die Luft schnellen.

Der Bunkerkalfaktor erhebt sich, stürzt nach vorn, lässt den Lappen fallen. „Verschwinde! Komm nicht wieder! Morgen hänge ich dich auch gleich auf! Verrecken sollst du!" Binnen weniger Sekunden stürmt der Kalfaktor zur Tür hinaus.

„Wäre mir der andere nicht gestorben, hätte ich dich längst erschießen lassen, du widerliche Sau!" Blutig ist der dünne Rücken.

*

Erschöpft nimmt Bierbach auf dem ledernen Stuhl Platz. Die Knute peitschte durch den Raum, traf mich im Gesicht. Die Wangenknochen schmerzen. Das Blut rinnt meinen Hals hinunter. Bierbach beobachtet mich.

Als das Schreien zu einem Stöhnen wird, steht er auf. „Ich habe es", spricht er schnaufend, „mir anders überlegt." Das Seil hinter meinem Rücken schneidet er durch. Der Boden fängt mich auf. „Du machst jetzt hier sauber." Der Lappen fliegt in mein Gesicht.

Er stinkt.

„Ich gebe dir fünf Minuten, bis du anfängst. Dann hast du zehn Minuten, bis hier alles sauber ist. Ansonsten nehme ich nicht länger Rücksicht auf dich." Sofort verlässt der Bunkerwart den Raum. Laut fällt die Tür in das Schloss.

Bitter sind die Tränen, die über meine Lippen laufen. Regungslos liege ich auf dem Boden, spüre meinen Körper nicht, kann ihn nicht bewegen. Ich sollte das Putzen unterlassen. Ich sollte auf dem Boden liegen bleiben. Der Lappen fällt von meinem Gesicht herunter. Dann begreife ich.

Jeden Moment wird Bierbach zurückkehren. Ich muss zu Wojciech zurückkehren. Ich werde Bierbach und Kröll nicht meinen letzten Atemzug überlassen.

Zitternd geht mein Atem. Die Bewegungen sind unkontrolliert, als ich mich erheben möchte. Der Schmerz benebelt mich. Ich muss mich lediglich hinknien. Ich muss nicht aufstehen. Meinen Oberkörper muss ich aufrecht halten. Meine Beine können ruhen.

Die fünf Minuten, die mir Bierbach gab, könnten bereits verstrichen sein. In wenigen Sekunden wird er die Tür öffnen, den Raum betreten, mich töten. Die Angst reißt meinen Körper nach oben. Ich habe es geschafft. Ich sitze. Ich habe meinen Oberkörper aufgerichtet. Der Geruch der Lache, in der mein Gesicht lag, sitzt tief in meiner Nase.

In meiner Position verharre ich. Das Seil windet sich um meine Handgelenke. Den Knoten muss ich lösen. Es gelingt mir. Das Seil löst sich. Ich spüre, dass meine Handgelenke zerfließen.

Meine Arme muss ich nach vorn bewegen, den Lappen greifen. Auf die Schultern konzentriere ich mich, meine Arme nach vorn zu ziehen. Ich unterbreche diese Bewegung. Dann schließe ich meine Augen, zähle, reiße die Arme nach vorn. Schwer geht mein Atem. Eine Pause muss ich unternehmen. Mein Blick fällt auf meine Finger. Sie müssen den Lappen greifen. Sie müssen ihn halten, ihn bewegen. Ich schließe die Augen, zähle. Schnell lege ich meine Finger auf den Lappen.

Meinen Arm muss ich lediglich nach vorn bewegen, meinen Oberkörper neigen, den Lappen durch die Lache ziehen. Meine Arme. Bewegen. Ich beiße auf die Zunge, muss mich beherrschen, nicht zusammenzubrechen. Rasch führe ich die Bewegung aus, schreie auf.

Ausschalten muss ich ihn. Den Schmerz. Den Schmerz ausschalten. Muss ich. Erneut zähle ich, lege meine Kraft in die Bewegung des Armes, verschlucke den Schmerz. Ich kann die Aufgabe nicht bewältigen. Zehn Minuten. Der Lappen. Ertränkt. Die Flüssigkeit mag er nicht aufnehmen.

Meine Bewegung erzielte, dass sich die Lache weiter von mir entfernt verteilt. Ich versuche es erneut. Drücke meinen Arm. Nach vorn. Schiebe den Lappen. Nach vorn. Ziehe meinen Arm. Zurück. Und nichts. Geschieht.

Ich brauche Hilfe. Der Kalfaktor soll zurückkehren. Ich weiß nicht, wie viele Minuten mir noch bleiben, ob Bierbach mich bereits seit mehreren Stunden warten lässt. Der Puls steigt meinen Hals hinauf. Ich ziehe den Lappen. Über den. Boden. Bewege meinen Arm nach vorn. Die Gelenke. Zersprungen. Die Erschöpfung übernimmt die Kontrolle.

Meine Augenlider sinken hinab.

*

Ich reiße meine Augen auf. Denn die Tür. Die Tür wird aufgerissen. Der Schmerz verstummt, die Erschöpfung verzieht. Einer Starre bin ich verfallen.

Dominant baut sich der Bunkerwart vor mir auf. Emotionslos ist sein Blick. „Viel geschafft, hast du nicht." Gelassen ist sein Sprechton. Die raue Stimme bohrt sich in mein Ohr hinein. Es ist ein Spiel. Vertrauen möchte er schaffen. Sein Blick. Das Lächeln, welches sich auf seinen Lippen abzeichnet. Ich werde ihm mein Vertrauen nicht schenken. Ich weiß, dass er sich erhofft, dass ich rede.

Meine Lippen werden versiegelt bleiben. Den Bunkerkalfaktor sehe ich hinter Bierbach stehen. Gekrümmt ist seine Haltung. Rot sind seine Wangen. Getrocknetes Blut unterhalb seiner Nase.

Bierbach marschiert durch den Raum. Die schweren Stiefel schreiten über den Boden, lassen die Lache schmatzen. Blasen entstehen in der roten Flüssigkeit. Kreisende Bewegungen vollzieht mein Kopf, den ich nicht halten kann. Ich drohe, nach vorn zu fallen. Bierbach läuft weiterhin über den nassen Boden. Die Atmosphäre lädt sich auf.

„Du kannst mir ruhig verraten, warum du uns bestohlen hast. Wir haben schließlich alle unsere Probleme", sagt er leise, verständnisvoll.
Ich antworte nicht.

„Komm her zu mir. Ich möchte dir etwas verraten", sagt er plötzlich, bleibt stehen und wartet. Er wartet darauf, dass ich aufstehe. Er drängt mich nicht. Doch ich weiß, dass ich diesem Befehl nachkommen muss.
Schwer fällt es mir, mich zu erheben. Den Rücken kann ich nicht strecken. Gekrümmt setze ich die Schritte in Bierbachs Richtung. Es amüsiert ihn, zu sehen, dass ich leide, dass der Schmerz mich an der Hand nimmt. Meine Atemzüge sind tief, verbrennen meine Brust.

Während ich auf ihn zugehe, winkt Bierbach den Kalfaktor zu sich, zeigt auf die Werkbank. Der Kalfaktor versteht. Er wurde bestellt, Bierbach ein Werkzeug zu reichen. Bierbach hält es hinter seinem Rücken verdeckt.

Direkt stehe ich dem Mann gegenüber, der mich zu sich rief, um mich erneut der Gewalt zu überlassen. Bierbach setzt zwei Schritte auf mich zu, lehnt sich nach vorn. Seinen Atem kann ich an meiner Stirn spüren. Ich habe Angst. Die Furcht steigt von meinen Füßen hinauf.

„Lass mich dir mein Problem erklären. Ich habe ein großes Problem damit, wenn ich nicht bekomme, was ich will." Stille. Dann lehnt er sich zurück. Sein Blick haftet an mir. Die Stille zerreißt meine Nerven. Die Zeit bleibt stehen.

Mein Gesicht pulsiert. Nach hinten weiche ich aus. Ich kann nicht sehen, womit er schlug. Eine Gerte, ein Riemen, ein Holz mit Stacheldraht. Ich kann mich kaum mehr auf den Beinen halten. Bierbach bemerkt mein schwindendes Gleichgewicht. „Du scheinst nicht mehr stehen zu können. Leg dich doch hin", sagt er sanft, stützt mich, legt seine Hand auf meine Schulter.

Ein Schnipsen erhellt den Raum. Der Bunkerkalfaktor greift nach meinen Armen, zieht mich nach vorn. An den Prügeltisch heran. Sanft drückt der Kalfaktor in mein Kreuz.

Seine Finger gleichen Messerspitzen, tief in meinen Rücken grabend. Meine Schultern wehren sich, wollen sich nicht beugen. Dann liege ich auf dem rauen Holz. Einen ledernen Gurt legt der Kalfaktor um meinen Rücken, bindet die Arme an meinem Oberkörper fest. Ein zweiter Gurt fixiert mich an dem Prügelbock.

Ich weiß, was geschehen wird. Ich sehe die Bilder vor mir. Ich sehe die Bilder vor mir, als würde ich auf mich herunterblicken. Deutlich kann ich den Bunkerwart sehen. Die dünne Knute hält er in der Hand. Im Inneren zerreißt mich die Angst.

„Halt ihre Beine fest, du Vogel. Ich will nicht von diesen schmutzigen Füßen getreten werden", lässt der Bunkerwart verlauten. Binnen weniger Sekunden kommt der Kalfaktor diesem Befehl nach. Doch er greift nicht nur nach meinen Füßen. Meine Hose zieht er herunter. Heiß wird meine Stirn, sodass der Schweiß darauf verdampft. Hastig versuche ich, nach hinten zu blicken. Langsam umschließen die dünnen Arme des Kalfaktors meine nackten Beine. Fest ist der Griff. Diese Demut habe ich bis zum heutigen Tag niemals verspürt.

Die Geräusche, meine Gedanken verstummen. Die Stille herrscht. Dann höre ich meinen Atem, unsagbar laut. Das schnelle Zischen der Knute gleicht einem Donner.

Ununterbrochen trifft die Knute auf mein Gesäß. Ununterbrochen schnellt sie durch die Luft, trifft dieselbe Stelle. Die Beherrschung verliere ich, schreie auf, möchte treten, möchte schlagen. Ich drohe, in Flammen aufzugehen.

Meine Wehr bleibt ohne Erfolg. Der Kalfaktor hält meine Beine. Die Gurte halten meinen Körper. Nach wenigen Schlägen platzt die Haut auf meinem Gesäß auf. Das Blut läuft meinen Schenkel hinunter, mag nicht stoppen. Bierbach sieht die Wunde, wird angetrieben durch meine Schreie, den Blutfluss. Die Schläge prasseln auf die geschundene Haut. Im Inneren warte ich auf den nächsten Schlag, den nächsten Schnitt, tief in mein Fleisch hinein.

Die Schläge stoppen. Meine Schreie erhellen den Raum. „Hast du jetzt Lust, dich mit mir zu unterhalten?", werde ich unbekümmert gefragt. Ich halte inne, reflektiere die Worte. Die Tränen fließen. Kraftlos ist das Stöhnen. Das dünne Holz fällt zu Boden.

„Jetzt ist meine Peitsche heruntergefallen. Räum gefälligst hier auf. Bring diese armselige Kreatur in die Zelle zurück. Die Schuhe stellst du unter meinen Tisch. Vielleicht möchte sie morgen oder bereits heute Abend mit uns sprechen."

Laut wird die Tür in das Schloss geschlagen. In eine andere Welt versinke ich, als ich realisiere, dass Bierbach den Raum verlassen, die Schläge beendet hat.

Langsam schließen sich meine Augen. Speichel fließt aus meinem Mund auf das Holz des Prügelbocks. Der Geruch ist unerträglich.

Die zarten Finger streichen über meine Wange. Die Stimme meiner Mutter höre ich. Alles ist warm. Alles ist vertraut. Ich öffne meine Augen, um ihren warmen Blick zu erwidern. Doch vor mir steht der Kalfaktor. Seine Hand legt er auf meinen Kopf.

„Wir haben nicht viel Zeit", spricht er leise, geht hinter den Tisch. Meine Hose zieht er nach oben. Die Gurte löst er. Der Druck auf meinen Gelenken, auf meinem Rücken schwindet. Meinen Rahmen verliere ich. Die Arme sinken an den Seiten herunter. Ich sehe die Wunden des scharfen Leders. Sie reiben sich in mein Fleisch hinein.

Der Bunkerkalfaktor greift nach meiner rechten Hand, schüttelt sie energisch. „Pechkrantz. Ernst Pechkrantz", stellt er sich vor. Die Bewegung spüre ich tief in meinen Schultergelenken. Das Feuer brennt auf meinem Gesäß. Niemals sehnte es mich nach meiner Baracke. Diese erscheint mir der einzige sichere Ort zu sein.

Meine Kraft schwindet, sodass ich vom Prügelbock herunterrutsche. Auf meinem Gesäß lande ich, schreie, winde mich am Boden. Ängstlich erregt steht der Kalfaktor neben mir. Schnell hebt er mich vom Boden auf, legt mich über seine Schultern.

In diesem Moment verstehe ich. Die toten Körper, die ich seit all den Jahren in das Krematorium bringe, aus den Wäldern, aus den Waggons, aus dem Lager. Ich bin ein Teil von ihnen geworden.

*

„Du musst alsbald wieder aufstehen. Du darfst nicht sitzen, darfst nicht liegen. Du musst sobald du kannst aufstehen, in Ordnung?", werde ich belehrt. Teilnahmslos lehne ich an der Wand der Zelle. Meine Lippen kann ich nicht bewegen, den Mund nicht schließen. Ich sehe den Kalfaktor an.

Die Fingerspitzen krampfen und versuchen, die ledernen Gurte zu greifen. Der Bunkerkalfaktor schleicht aus der Zelle hinaus, verschließt leise die Tür.

Erneut haftet mein Blick an dieser Tür. Ich lasse sie nicht aus den Augen, versuche, nicht zu blinzeln. Vorsichtig hebe ich die Hände und berühre mein Gesicht, in Flammen stehend. Mein Körper ist mir fremd. Ich kenne mich nicht mehr.

Die Worte Pechkrantzs hallen in meinen Ohren. Schneller schlägt mein Herz. Es fürchtet sich vor Bierbach, der durch die Tür treten, mich wieder schlagen könnte. Ich muss aufstehen, mich erheben, stehenbleiben.

Langsam bewege ich meine Beine, deren Rührung mein Gesäß zerreißt. Die Handflächen stütze ich auf den Boden, drücke dagegen. Die Arme zittern und geben keinen Halt. Dann stehe ich. Nach vorn beugt sich mein Oberkörper. Doch ich stehe. Ich habe es geschafft, mich erneut zu erheben.

Ich weiß nicht, ob die Sonne bereits untergegangen, ob der nächste Tag bereits angebrochen ist. Die Augenlider senken sich. Doch der Schlaf mag nicht einkehren. Nach vorn drohe ich zu fallen und verspüre die Angst. Ununterbrochen versuche ich, den Kopf zu recken, die Tür besser sehen zu können.

Der Boden ist kalt und nass. Erstarrt sind meine Füße bereits. Meine Brust zieht sich zusammen, als ich an Wojciech denke. Er wird zusammenbrechen, wenn er in die Baracke zurückkehrt, mich nicht findet. Tomasz wird ihm berichten. Dann fließen die silbernen Tränen an seiner fahlen Haut herunter, versickern im Boden, verblassen.

Kröll sprach zu Tomasz, dass ich morgen zurückkehren würde. Mein Atem zittert. Der Boden ist kalt. Mein Herz rast. Auf die Tür starre ich und schließe meine Augen, reiße sie wieder auf und frage mich, wie viel Zeit vergangen ist.

*

Die Tür öffnet sich. Die Starre kehrt zurück. Pechkrantz senkt seinen Kopf, nachdem er meinen hoffnungsvollen Blick erkannte, in meine Baracke zurückkehren zu können. Der Puls steigt. Den Geruch der Lache vernehme ich. Die Gurte schnüren sich um meine Brust.

Lautlos tritt Pechkrantz in die Zelle hinein, greift nach meiner Hand. Er legt etwas hinein. Ich erkenne es nicht. In mein Ohr flüstert er: „Du kannst dich jetzt hinsetzen. Bierbach ist heute Nacht nicht im Gebäude geblieben. Er wird nichts bemerken." Nach diesen Worten schleicht er unverzüglich wieder aus der Zelle hinaus. Die Unsicherheit, seinen Worten Glauben zu schenken, setzt sich in meinem Kopf fest.

Die Kälte durchzieht meine Haut. Die Atmung lässt sich nicht kontrollieren. Erneut werde ich müde. Die Erschöpfung übermannt mich. Ich stürze nach vorn. Der Schmerz weckt mich auf. Auf dem kalten und nassen Boden liege ich, versuche, mich aufzurichten. An der Tür lehne ich mich an.

Erneut höre ich die Worte Pechkrantzs. Vielleicht werde ich für einen Moment sitzenbleiben.

Kraftlos hängen meine Armen herunter. Der Druck lastet an meinen Schultern. Die Finger entspanne ich und bemerke, dass etwas aus meiner Hand herausfällt. Zwischen Daumen und Zeigefinger nehme ich es, führe es vor mein Gesicht.

Die Dunkelheit lässt einen Blick darauf nicht zu. Den Geruch versuche ich, einzuordnen, streiche mit den Fingerspitzen darüber. Dann stecke ich den kleinen Kanten Brot in meinen Mund hinein.

Während ich kaue, realisiere ich, welche Gefahr der Kalfaktor auf sich genommen hat. Sein Leben riskierte er. Als ich das Brot herunterschlucke, kehrt der Schmerz zurück.

Meine Augen möchte ich nicht schließen. Ich fürchte mich davor, einzuschlafen. Ich weiß nicht, wann ich aufwache, ob ich aufwachen werde. Ich weiß nicht, wann Bierbach in das Gebäude zurückkehrt. Isoliert bin ich. Verloren. Erschöpft lausche ich meinem eigenen Atem.

Bei Wojciech möchte ich sein. Ich weiß, dass er mich vermisst. In seinen Armen möchte ich mich wärmen. Alles brennt. Der Schmerz treibt mich in den Wahnsinn, in den Tod.

Oft war ich krank. Oft spürte ich die Tritte, die einzelnen Schläge. Doch die Wunden heilten. Die Krankheiten überstand ich.

Wojciech hob mich hinauf.

In diesem Raum gibt es keine Wärme. Die Kälte hat sich in meine Knochen gefressen. Mein Hemd ist nass. Mein Hemd ist nass von Schweiß, Blut, Speichel, der Lache auf dem Boden des Folterraums.

Der Geruch in diesem Gebäude ist anders. Er gleicht nicht dem Geruch der verbrannten Seelen, des verbrannten Fleisches.

Ruhig sitze ich auf dem Boden. Den Verstand verliere ich. Jegliches Gefühl wird unerträglich. Alles wird zu einer Qual. Mein Kopf beginnt zu kratzen. Vorsichtig hebe ich meine Hand, die Schulter knackt. Mein Arm muss sich von meinem Körper getrennt haben. Mit der anderen Hand taste ich nach meiner Schulter, meinem Arm. Er ist nicht heruntergefallen.

Ich berühre meine Haare. Sie kleben an meinem Kopf, sind drahtig. Am Hinterkopf spüre ich die Platzwunde. Mehrere Wochen müssen seit diesem Appell bereits vergangen sein. Doch die Wunde mag nicht vollständig heilen. Den Arm lasse ich nach unten sinken. Die Augen schließe ich. Dann stehe ich wieder auf dem Appellplatz und sehe diesen Blick.

Dieser Blick, dessen Bedeutung ist mir nicht bewusst. Er ist nicht starr, nicht hasserfüllt. Aus den Blicken der Menschen, die mich umgeben, lese ich ihre Gefühle heraus, habe gelernt, die Sprache aus deren Augen zu verstehen. Die Sprache des Rapportführers verstehe ich nicht.

Doch das Mitleid, die Einfühlsamkeit sah ich in seinen Augen. Eine Sprache, die die anderen Aufseher nicht sprechen.

Nach einem Schluck Wasser verzehrt es mich. Ich weiß nicht, ob ich in diesem Gebäude die tägliche Ration erhalte. Mein Mund ist vertrocknet. Wieder ertaste ich mein Gesicht.

Die Augenbrauen, die Nase, an der ich mich kratze. Über den Hals, über mein Schlüsselbein, über die Schultern lasse ich meine Fingerspitzen gleiten. Dann sitze ich wieder regungslos an der Tür, drücke den Kopf nach hinten. Ich möchte die Augen schließen und schlafen. Die Angst übermannt mich.

Flach lege ich meine Handflächen auf den Boden, möchte mich nach oben drücken. Meine Beine sind zu schwach. Ich verliere das Gleichgewicht, als ich mich erhebe und stolpere über meine Füße.

Ein Scheppern ertönt, als ich zu Boden sinke. Sofort taste ich auf dem Boden, suche den Gegenstand, der das Scheppern erzeugt hat.

Ein Eimer. Ein kalter, blecherner Eimer. Zerbeult. Schnell ziehe ich meine Hand zurück. In dieser Position verharre ich, bis mir die Bedeutung dieses Eimers bewusst wird. Rasch stehe ich auf, nehme die Haltung ein.

Ich möchte in das Lager zurück. Ich möchte in meine Baracke zurückkehren, um nicht weiter über den Eimer nachdenken zu müssen.

Stattdessen denke ich erneut über den Rapportführer nach. Er ist der Rapportführer. Er verhängt die Lagerstrafen. Doch Kröll war es, der mich in den Bunker brachte, der Bierbach den Befehl gab.

Der Rapportführer verhängt die Lagerstrafen. Doch er ist es nicht gewesen, der diese Folter veranlasste. Er ist der Rapportführer. Ein Schauer durchfährt meine Glieder.

*

Den Kopf reiße ich hoch. Die Wände zittern. Der Boden bebt. Das Herz schlägt unermesslich schnell. Verschwitzt. Müde. Ausgehungert. Verkrümmt ist meine Haltung. Doch ich bin hellwach. Den Dämmerzustand habe ich verlassen, bin in die Realität zurückgekehrt.

Aus meinen brennenden Augen blicke ich zur Tür. Bierbachs Stimme tönte über den Gang. Doch die Worte verstand ich nicht. Ich fürchte mich, fürchte mich, dass die Worte an mich gerichtet waren. Bierbach könnte durch den Spion blicken.

Türen werden geöffnet. Türen werden geschlossen. Die Lautstärke auf dem Gang nimmt zu. Schritte. Scheppern. Das Geräusch der sich öffnenden Türen dringt in meine Richtung. Gleich wird Bierbach vor mir stehen.

Meine Tür wird geöffnet. Ich beiße auf die Zunge. Bierbach schreit: „Bewegt eure lahmen Ärsche!" Gleich wird er vor mir stehen. Ich beiße stärker auf meine Zunge. Die Tür steht offen. Doch die schwarzen Stiefel kann ich nicht sehen. Stattdessen sehe ich die Schuhe, die mir bekannt sind, die meinen Schuhen ähneln. Der Kalfaktor steht im Türrahmen. In die Zelle blickt er hinein, huscht davon. Die Tür wird nicht wieder geschlossen.

Bierbach erscheint in der Tür. Mein Körper gefriert. Mein Herz bleibt stehen, als er zu sprechen beginnt: „In ein paar Minuten werde ich wiederkommen und dich abholen. Du warst gestern nicht besonders gesprächig." Kräftig schlucke ich.

In die Zelle tritt er hinein und packt mein Kinn, zieht daran meinen Kopf zu sich. Unweigerlich blicke ich in die finsteren Augen hinein. Der Druck seiner Hand droht, meinen Kiefer zu zerbrechen. Die Zähne fletscht der Bunkerwart.

„Siehst du dieses schöne Hilfsmittel?", sagt er, hebt seine zweite Hand hinauf. Eine kleine Metalldose hält er zwischen seinen Fingern. Bierbach fährt nicht fort, frisst mich mit seinen Blicken auf. Mordlüstern glänzt es aus seinen Augen heraus.

Er stößt mich kraftvoll von sich fort. Zu Boden werde ich dadurch gerissen. „Steh auf!"

Ich stehe auf. Bierbach beginnt, um mich herumzulaufen. Zweimal umkreist er mich, pfeift dabei. Sofort setzt sich die Melodie dieses Liedes in meinen Ohren fest. Das Lied, welches täglich über das Lager zieht.

„Wie bereits gesagt, werde ich in ein paar Minuten wieder hier stehen. Vor dir. Wenn du es wagst, dich auch nur einen Zentimeter zu bewegen, setze ich dich den Schäferhunden vor", knurrt mich der Bunkerwart an. Auf meine Füße blicke ich herunter. Farbiges Pulver. Aus dem Augenwinkel sehe ich das zynische Lächeln. Für einen Moment bleibt er in der Zelle.

Der schwere Stiefel stampft auf den Boden. Ich erschrecke. Bierbach lacht daraufhin, als er sieht, dass ich das Zucken meines Körpers unterdrücke. Mein Herz überschlägt sich. Bierbach verlässt die Zelle. Laut schlägt die Tür zu.

Ich weiß, dass der Schmerz mich überrennen wird. Das Pulver juckt. Die Tränen fließen. Sie fallen auf meine Füße.

*

Blut tropft aus meinem Mund. Die Luft presse ich in meine Lunge hinein. Der Hemdkragen klebt an meinem Hals, trieft vor Speichel und Blut.

Ich versuchte, seinen Schlägen auszuweichen. Es gelang nicht. Auf dem Boden sitzend. An die Wand gelehnt. Die Arme hängen schlaff herunter. Bierbach hat mich wieder in diesem Raum sitzen lassen. Der Bunkerwart sagte, er würde gleich zurückkehren. Stoßartig ist meine Atmung. Fast schwarz ist das Bild vor meinen Augen. Ein erneuter Schlag auf meinen Kopf ließe die Bewusstlosigkeit einkehren.

Ohne jegliche Spannung im Körper warte ich auf die Rückkehr des Bunkerwarts. Stundenlang hat mich Bierbach warten lassen. Stundenlang habe ich versucht, keinen Muskel zu bewegen, den Juckreiz des Pulvers auszublenden.

Wenige Stunden, einen Tag, mehrere Tage könnte ich bereits in diesem Gebäude sein. Ich weiß nicht, ob ich geschlafen habe. Mehrmals schreckte ich auf. Die Töne, die Melodien aus den Lautsprechern des Lagers dringen nicht in dieses Gebäude hinein, durchdringen die toten Wände nicht. Mein Blick schweift durch den Raum.

Den Hemdkragen nehme ich in meinen Mund, kaue darauf. Die Fliesen an der Wand beobachte ich. Mit großen Schritten stampft Bierbach in den Raum hinein, reißt mich am Kragen nach oben.

Lauthals schreit er: „Jetzt sprich gefälligst! Mach deinen Mund auf! Wo ist das Zahngold?" Seine Wangen, seine Stirn erröten. Ich antworte nicht. Die Muskeln erstarren.

Auf den Boden lässt er mich fallen. Tiefe Atemzüge muss er nehmen, fährt fort: „Dann werde ich die Worte wohl aus dir herausschlagen müssen." Der Bunkerkalfaktor betritt den Raum und hebt mich vom Boden auf.
Alles geschieht rasend schnell. Auf den Bock werde ich geschnallt. Der Bunkerkalfaktor hält meine Beine fest. Bewegen kann ich mich nicht. Wieder liege ich auf dem Prügelbock. Wieder hängt meine Hose an den Knöcheln. Die Peitschenhiebe zerschneiden mein Gesäß.

Ich schreie nicht mehr. Ich bin zu erschöpft, um zu versuchen, den ledernen Gurten zu entkommen. Nah trete ich an die Dämmerung heran. Dann enden die Schläge. Eine Stimme spricht. Es ist nicht Bierbachs Stimme. Es ist die Stimme des Teufels, die mich aus diesem Gebäude befreit.

*

„Zisch ab!" Mit einem starken Tritt auf das Gesäß werde ich vor die Tür gesetzt. „Mach gefälligst, dass du in deine Baracke zurückkommst!", schreit Bierbach, bevor er die Tür des Bunkers schließt.

Ich stehe vor dem Gebäude, sehe auf die Zufahrtsstraße. Das helle Tageslicht verbrennt meine Augen.
Leichte Bewegungen lassen meine Knochen schmerzen. Zu den Baumkronen blicke ich hinauf, kann sie
nur unscharf erkennen. In meine Baracke möchte ich
zurückkehren.

In meine Baracke kann ich zurückkehren.

Eben ist die Zufahrtsstraße. Das Lager ist entfernt. Ich
muss mich beeilen, um nicht die Aufmerksamkeit
eines Wachpostens zu erregen. Kontrolliert setze ich
meine Schritte. Doch mit jedem Schritt fühle ich, als
würde ich stürzen, den Boden unter meinen Füßen
verlieren. Bierbach hat meine Schuhe behalten.

*

In meinen Gedanken gefangen stehe ich auf dem Appellplatz, habe das Lager erreicht. Ich höre das Tor,
dass hinter mir geschlossen wird. Die Wachposten
scheren sich nicht um mich. Den Hang blicke ich
hinunter. Der Nebel zieht in Schwaden durch meinen
Kopf. Die Schwaden der Schläge.

In das Krankenrevier sollte ich gehen, die offenen
Wunden versorgen lassen. Ichthyol würden sie mir
auf das Gesäß auftragen. Die Lautsprecher knacken,
spielen die Melodie.

In die Richtung der Krankenbaracken schaue ich und begreife, dass ich es vor dem heutigen Abpfeifen nicht mehr rechtzeitig schaffe, diese Baracken zu erreichen. In meine Baracke muss ich zurückkehren. Der Wind weht über mein nasses Hemd. Den Kragen stecke ich in meinen Mund.

Die ersten Schritte möchte ich nach vorn setzen, den Hang hinuntergehen. Doch das Stechen, der Druck auf meinen Knochen jagen durch meinen Körper hindurch und hindern mich. Ich warte. Ich warte, bis das Blut ruhiger durch meine Adern fließt. Der starke Luftzug streift meine krampfenden Fingerspitzen. Ich verweile auf dem Appellplatz.

Das Tor hinter mir scheppert. Eine Häftlingsgruppe überströmt den Appellplatz. Eimer halten sie in ihren Händen. Das Küchenkommando. Zwischen den klappernden Eimern dringt eine Stimme zu mir hervor, Wojciechs Stimme: „Was ist mit dir geschehen?" Hastig blickt er sich um, knufft mich in den Arm, flüstert mir zu, ich solle in die Baracke gehen und dort auf ihn warten. Er darf es nicht zum Ausdruck bringen, aber ich weiß, dass Wojciech der Verzweiflung nahe ist. Ich bin froh, ihn zu sehen. Es ist selten, dass er die Rationen verteilt.

Ich unternehme einen weiteren Versuch, setze einen Fuß langsam vor den anderen. Mit jedem Schritt wird mein Wille stärker als mein Leib und letztendlich gelingt es mir, langsam und gleichmäßig über den schroffen Kies zu gehen.

Am östlichen Lagerzaun gehe ich entlang. Nur selten patrouillieren die Wachposten am Tag hinter den Baracken. Speichel läuft an meinen Mundwinkeln herunter. Das innere Verlangen, den rauen Stoff meines Hemdkragens mit der Zunge zu umfassen, überrennt meine Gedanken. Ich vernehme den Geruch des getrockneten Speichels.

Der Zaun erscheint endlos. Während des Laufens blende ich meine Umgebung aus. Plötzlich vernehme ich einen furchtbaren Laut. Ein hungernder Wolf erscheint vor meinem inneren Auge.

Nach hinten weiche ich aus, stolpere, falle zu Boden. Der aufstoßende Schmerz reißt mich aus dem Wahn heraus.

Ich muss feststellen, dass mir kein ausgehungerter Wolf gegenübersteht. Es ist ein Aufseher. Ein Aufseher, der mich auslacht. Von der anderen Seite des Zaunes krächzt es amüsiert: „Willst du dich umbringen? Leicht machen wir dir das Sterben hier nicht!"

Der Uniformkragen des jungen Mannes steht hoch, sodass er an die hintere Kante seiner Schirmmütze stößt.

Neben ihm steht ein weiterer Aufseher. Der Rapportführer. Ich habe ihm nicht in das Gesicht gesehen. Der Kratzer auf der linken Stiefelspitze ließ mich ihn erkennen. Sofort bemerke ich, dass die Männer keine Schusswaffen mit sich tragen. Durch den geladenen Zaun greifen sie mit ihren Schlagstöcken nicht hindurch. Mit aller Kraft richte ich mich auf. Dann setze ich einen Schritt näher an den Zaun heran. Direkt richte ich meinen Blick auf den Rapportführer. Verkrümmt ist meine Haltung. Er erwidert meinen Blick. In meiner Brust wird es warm.

Der junge Aufseher macht eine unterbrechende Handbewegung. „Was wird das? Möchtest du dir Vorteile erbetteln, du Vogel?" Ich schenke ihm keine Aufmerksamkeit.

„Wenn du uns beim nächsten Mal wieder ansiehst oder deine Mütze nicht vor uns ziehst, dann nehme ich deine Arme, reiße sie dir hinter dem Rücken hoch und schieße dir das Hirn aus dem Schädel." „Es reicht jetzt! Die Pause ist vorbei! Zurück an deinen Posten!", unterbricht ihn der Rapportführer. Sein Gesicht verzieht sich zu einer hässlichen Fratze.
„Da spricht der Chef. Doch dich behalte ich im Auge", sagt der junge Aufseher speichelleckerisch und richtet seinen Zeigefinger auf mich.

Die beiden Männer wenden sich ab, begeben sich zurück zum Gelände der Wachmannschaft.

Mein Blick erhascht den Zigarettenstummel, der durch eine Masche im Zaun gefallen ist. Der Rapportführer muss ihn von sich geworfen haben. Hastig hebe ich ihn auf und ziehe daran. Die dünnen Rauchschwaden stoße ich aus, blicke durch den Zaun. Der Rapportführer ist noch nicht weit entfernt. Er hat mich beobachtet. Rasch lasse ich den Zigarettenstummel fallen. Meinen Hemdkragen stecke ich in den Mund.

„Hier bist du also. Du solltest doch bereits in die Baracke gehen. Komm mit", höre ich eine sanfte Stimme. Wojciech. Er ist aus der Baracke hinter mir herausgetreten. Die blechernen Eimer in seinen Händen sind fast leer.

Er sieht den Rapportführer, erschrickt und reißt sich die Mütze vom Kopf. „Skurwysyn", flüstert er in sich hinein. Nachdem der Rapportführer uns endgültig den Rücken gekehrt hat, folge ich Wojciech. Mit den letzten Resten des Brotes geht er voraus, betritt die nächste Baracke.

*

Schweigend sitzen wir am Tisch. Tomasz hält die Ellenbogen auf den Tisch gestützt. Seine Umgebung hat er ausgeblendet.

Direkt neben ihm streiten sich zwei Häftlinge, stoßen gegen ihn. Doch Tomasz nimmt dies nicht wahr. Konzentriert sehe ich auf eines der Holzbretter der Wand. Dieses Brett stört mich seit vielen Jahren. Im Vergleich zu den Brettern, die es begrenzen, besitzt es ein zusätzliches Astloch. Die Augen kneife ich leicht zusammen. Das Astloch verschwimmt, wird in die Länge gezogen.

Ein Schrei bricht aus mir heraus. Empört blicke ich zu Wojciech herüber. Einen langen, spitzen Span hält er mir entgegen. Sein Blick ist dem Entsetzen entglitten. Ich sehe an meiner Seite herunter. Mit den Fingerspitzen hat Wojciech nach meinem Hemd gegriffen und leicht nach oben gezogen.

Aus meiner Flanke zog er den Span heraus. Eine eitrige, verdreckte Wunde, deren Gestank in meine Nase steigt. Ich betrachte den Span. Von Eiter überzogen, verklebt.
Dieser Span stammt sicherlich vom Prügelbock. In meiner unkontrollierten Bewegung muss sich dieser Span von einer der Latten gelöst und tief in meine Haut gebohrt haben. Die Erinnerungen überschlagen sich. Phantomschmerzen rauschen durch meinen Körper hindurch. An meinem Hemd kralle ich mich fest und stehe auf. Ich kann nicht länger sitzen. Wojciech begreift meine Handlung nicht, greift vorsichtig nach meinen Handgelenken.

„Du musst nicht in das Krankenrevier. Ich werde mich um dich kümmern", versichert mir Wojciech. Die Wunden mögen verheilen. Doch die Bilder kann er mir nicht nehmen.

*

Fest drückt Wojciech mich an sich heran. Ich spüre deutlich, wie sein Herz in seiner dünnen Brust gegen die zerbrechlichen Knochen schlägt. „Du musst dich hüten. Sie spielen ihre Spiele mit dir und dann bist du nur noch eine Hülle. Ein seelenloser Raum, dem sie nichts abgewinnen können, weil er sich nicht mehr gegen ihre Gräueltaten mit Händen und Füßen zu wehren versucht.

Erst wenn du schweigst, dein Schrei verstummt oder dir der letzte Tropfen Blut nicht länger durch die Adern rauscht, erlischt ihre Gier nach dir. Die Gier nach Tod und Quälerei. Sie ist nicht zu erklären", spricht Wojciech beklemmt.

Langsam läuft ihm der Schweiß die Stirn hinunter, sammelt sich an seiner Nasenspitze. Still lässt er seinen Blick durch den Schlafsaal schweifen. Die tiefen Atemzüge vernehme ich. Dann lässt er seinen Gesang ertönen. Seine Stimme ist das einzige, was ich in dieser Baracke wahrnehme. Das Röcheln, die Stimmen, das Stöhnen verblenden. Am Abend fühle ich mich in meiner Baracke sicher.

Ich liege in Wojciechs Armen. Wir halten uns fest und hoffen auf einen besseren Tag. Wir hoffen auf einen Tag, an dem wir diesen Ort verlassen können.

Die letzte Strophe gleitet Rosenblüten gleich über seine Lippen. Vorsichtig lehne ich meinen Kopf näher an ihn heran. Die blasse Hand streicht über meinen Kopf. Die Augen schließe ich und möchte in der Dämmerung versinken.

Dann krallen sich die spitzen Fingernägel in meine Arme hinein. Wojciech erdrückt mich, presst mich an sich heran. Ich blicke mit aufgerissenen Augen nach oben, kann den Schrei des Schmerzes nur spärlich unterdrücken.

Die Pupillen geweitet. Der Mund geöffnet. Einen tiefen Atemzug nimmt er, beugt dann vorsichtig seinen Kopf zu mir herunter. „Es wird Tote geben", flüstert er. Mein Körper zerspringt.

Wojciech streckt seinen zitternden Zeigefinger aus. Er zeigt auf die Tür zum Tagsaal. Ein Mann und eine Frau stehen im Türrahmen. Scharf ist der Blick der jungen Frau in die glasigen Augen des älteren Mannes gerichtet. Die Worte, die sie spricht, kann ich nicht verstehen. Die Schritte setzt sie näher an den Mann heran, drängt ihn gegen den Türrahmen. Er kann nicht ausweichen.

„Was hast du in deine Tasche gesteckt?", fragt sie plötzlich laut. Der Mann hebt beide Hände nach oben und antwortet: „Darin ist nichts. Ich schwöre." „Doch! Ich habe es gesehen! Du hast Essen darin versteckt! Einen Brotkanten!", schreit sie daraufhin.

Diese Frau hat ihren Hunger noch nicht gebändigt. Ich denke nach und erinnere mich. Bevor ich in den Bunker gebracht wurde, zwei Tage zuvor, sah ich sie. Vor unserer Baracke hat sie in den Abfällen nach Nahrung gesucht. Ein Tonnenadler.

Der ältere Mann möchte seine Hände in die Taschen stecken, um ihr die leeren Taschen zu präsentieren. Ich kenne diesen Mann. Im Steinbruchkommando muss er arbeiten.

Oft erzählte er mir und Wojciech von seiner Familie, seiner Zeit vor der Inhaftierung. In seinen Taschen verbirgt sich nichts.

Wojciech drückt mich noch stärker an sich heran. In eine Angststarre ist er verfallen. Ich kann ihn nicht beruhigen, ihm nicht meine Hand auf den Kopf legen, da er mich an sich drückt. Kaum bewegen kann ich mich. Die Schmerzen in meinen Schultern kann ich kaum ertragen.

Der Mann hat seine Taschen nach außen gestülpt, zieht die Schultern nach oben, entschuldigt sich mehrfach.

„Ich habe es gesehen. Du hast etwas Essbares bei dir. Rück es raus", spricht die Frau leise und bedrohlich. Der Mann presst sich gegen den Türrahmen.

Einer Schlange gleichend packt die Frau die Kehle des Mannes. „Ich. Habe. Nichts", presst der Mann aus sich heraus. Die Frau drückt fester zu. Der Mann ist zu schwach, um sich zu wehren.

Langsam und leise flüstert Wojciech: „Nein. Nein. Nein." Ein letztes Röcheln dringt aus der Kehle des Mannes, bevor er zu Boden sinkt. Gierig beugt sich die Frau herunter, durchsucht die kleinen Taschen des Hemdes, der Hose. Dann holt sie etwas hervor. Ein enttäuschter Blick. Lediglich ein kleiner Stein fällt zu Boden. In der Falte der Taschen muss er sich verfangen haben.

Die Frau kehrt in den Tagsaal zurück. Der Mann ist tot. Andere Häftlinge steigen über ihn, als sie den Schlafsaal betreten.

Wojciech ist gänzlich aufgelöst. Die Tränen hängen in seinen Augenwinkeln. Der Situation möchte er entfliehen, drückt sich gegen die Barackenwand. „Vielleicht wird dich der Teufel auch zu solchen Taten treiben", flüstert er geheimnisvoll mit zittriger Stimme. Das Zittern greift auf seinen gesamten Körper über. Der Druck seiner spitzen Fingernägel auf meine Arme hat nicht abgenommen.

Plötzlich lässt er mich los, hält seine Hände an den Kopf. Schnell bewegen sich seine Augen. „Der Zug!", schreit er und springt auf. Nach seiner Hand greife ich, halte sie fest. Unsere Blicke kreuzen sich. Sanft ziehe ich ihn wieder zu mir herunter. Er scheint sich zu beruhigen, atmet tief. Wir nehmen unsere Haltung ein. Der Druck auf meinen geschundenen Körper nimmt ab. Wojciechs Blick haftet an diesem toten Körper im Türrahmen.

Schließlich lockert Wojciech seine Haltung, gewährt mir, meinen Kopf auf seinen Schoß zu legen. Ich liege auf der Seite, liege nicht mehr auf der großen Wunde meines Gesäßes. Wojciech streicht über meine Schulter und flüstert: „Du würdest mich niemals verletzen, nicht wahr?"

Meinen Kopf drehe ich nach oben, blicke ihm tief in die Augen. Nein. Wojciech. Niemals würde ich dich verletzen. Dann würde ich mich selbst verletzen. Ich drücke seine Hand. Zufrieden ist das zarte Lächeln auf seinen Lippen.

„Ich hasse Türen", platzt es nach einigen Minuten aus Wojciech heraus. Oft hat er diese Worte bereits ausgesprochen. Oft hat er seinen Blick nicht von der Tür des Schlafsaales lösen können.

Ich schmecke den Rauch der Zigarette. Ich höre die Stimme Kazimierz, die mich beschuldigt. Ich sehe den verletzlichen Blick des Rapportführers.

Ich spüre, wie sich die Angst vor der Tür des Schlafsaals in meiner Brust ausbreitet.

*

Es gibt Tage, an denen hält ein Laster vor dem eisernen Tor. Es gibt Nächte, in denen ich keinen Schlaf finde, weil die Bilder dieses Lasters vor meinem inneren Auge erscheinen. Einer dieser Tage ist heute angebrochen. Kazimierz wandte sich nach dem Morgenappell an Tomasz und mich: „In einer Stunde habt ihr zwei Taugenichtse am Lagertor zu erscheinen. Habt ihr mich verstanden?" Vor dem Lagertor nehmen wir unsere Haltung ein.

Mehrere Wachposten niedrigen Ranges stehen um einen hochrangigen Posten versammelt. Eine Gasse haben sie gebildet. Der Laster fährt durch das Tor. Die Bremsen quietschen. Der Name des hochrangigen Postens ist im gesamten Lager bekannt. Jedoch wird er selten gesehen, arbeitet in einem Gebäude jenseits des geladenen Zaunes. Eigene Baracken wurden für seine Arbeit errichtet. Ich kenne seinen Namen.

Die Latrinenparolen, die Tatsachen über diesen Mann widersprechen seinem Verhalten gegenüber den Häftlingen im Lager. Er spricht zu sanft. Offenherzig ist er gegenüber der Lagerprominenz. Jeden Morgen, wenn der Laster durch das Tor fährt, begrüßt er uns.

Der Gruppenführer befehligt zwei Aufseher, den Laster zu öffnen. Der Gruppenführer lächelt uns an. Die Laster sind kleiner als diejenigen, mit denen Häftlinge in das Lager gebracht werden. Der Laster wird geöffnet. Mit der offenen Handfläche zeigt der hochrangige Aufseher auf den Laster und sagt: „Bitte."
Die Lippen verzieht er dabei.
Tomasz und ich werden beobachtet. Schwer sind die Blicke, die auf unseren Schultern lasten. Ich richte meine Mütze aus dünngewordenem Stoff.

Tote Menschen im Inneren des Lasters. Die Leichen in den Lastern gleichen sich nicht. Doch gemein ist ihnen, dass sie entstellt sind.

Die Gesichter sind zerschossen. Die Gehirne drängen an den Seiten der Schädel hinaus. Der Boden verschmiert von Blut und Gehirnflüssigkeit. Einige Leichen verwesen bereits. Spitz ragen die Knochen aus den Knien, Ellenbogen, die Rippen aus den Brustkörben. Gedärme winden sich um zerschnittene Unterleibe. Diese Laster sind ein Geheimnis.

Es gibt keine bestätigten Informationen über diese Fahrzeuge. Sie kommen nur am frühen Morgen. Die Herkunft der Toten ist ebenfalls unbekannt. Einige sind Gefangene aus unserem Lager. Doch manchmal tragen sie auch Kleidung aus anderen Lagern, zivile Kleidung oder sind gänzlich unbekleidet.

Seit vielen Jahren sehe ich die toten Menschen täglich. Doch es sind nicht die toten Menschen, die mein Herz umdrehen. Zwischen diesen Leichen stehen Kinder.

Sie sind nicht älter als zehn Jahre. In ihren Augen spiegelt sich nichts. Traumatisiert, leer sind die Blicke. Die dünnen Körper zittern, wenn die Wachposten ihre Blicke abwenden.

Schmutzige kleine Hände. Zerkratzte dünne Beine. Blutverschmierte Hände. Schuhe tragen sie nicht. Die kleinen Zehenspitzen stoßen an kaltes, verwesendes Fleisch.

Sofort treten die Kinder aus dem Laster heraus. Fremdgesteuert greift jeder von ihnen einen der toten Menschen. Die Leichen sind schwer. Doch zu zweit dürfen sie die Körper nicht tragen.

Es ist ihnen verboten.

Ein Junge hat es bereits geschafft, einen der Toten aus dem Laster zu ziehen. Messerscharf ragt der gebrochene Oberschenkelknochen aus der klaffenden Wunde.

Der Junge muss die Leiche positionieren, um sie transportieren zu können. Über die krummen Beine des Toten steigt er, stolpert dabei, verletzt sich an den scharfen Knochen. Die Unterseite seines Fußes ist aufgerissen. Die Muskeln in seinem Gesicht ziehen sich zusammen. Unerträglich müssen die Schmerzen sein. Er umschließt die Handgelenke der Leiche, zieht sie hinter sich her.

Jedes Mal nimmt es viel Zeit in Anspruch, bis die Leichen in das Krematorium getragen wurden. Wir dürfen den Kindern nicht helfen. Sie dürfen sich nicht gegenseitig helfen. Tomasz und ich beeilen uns stets, damit die Kinder weniger Lasten tragen müssen. Oft nimmt Tomasz auf dem letzten Gang durch das Lager zum Krematorium den Kindern die Leichen ab, um ihnen zu helfen.

In den nächsten Nächten werde ich wieder die Bilder sehen. Ich werde die Bilder dieser leeren Augen sehen, in denen sich nichts spiegelt.
Sie haben alles verloren.
Wir alle haben alles verloren.
Wir haben uns selbst verloren.

*

Vollständig ist die Sonne aufgegangen. Der Laster ist geleert. Die Kinder legen die letzten Leichen vor den Raum der Pathologie im Krematorium ab.

Die kleinen Brustkörbe heben und senken sich stark. Schweiß glänzt den Kindern auf der Stirn.

Tomasz Gesicht ist bleich. Kein Wort sprach er bis zum jetzigen Zeitpunkt am heutigen Tag zu mir. Die Hände legt er in seinen Nacken hinein, blickt auf die Toten herunter.

Die ausdruckslosen Gesichter beobachten uns.

Tomasz geht zur Tür des Krematoriums und winkt die Kinder zu sich. Zum Laster wird er sie begleiten. Nachdem sich der Vorraum des Krematoriums leert, durchfährt mich ein Schauer.

Routiniert greife ich nach einem Lappen, knie mich auf den Boden im Vorraum. Auf den Lappen spucke ich und beginne, die kleinen, blutigen Fußspuren von den Dielen zu wischen.

*

Viele Nächte hat es in Anspruch genommen, bis die Alpträume verschwanden, bis sie nicht mehr wiederkehrten, mich aus dem Schlaf rissen. Die Alpträume der leeren Kinderaugen. Die Alpträume des Bunkerwarts, der nach mir jagt.

Die Zeit ist vorangeschritten. Die Wunden sind verheilt. Die Narben sind geblieben. Die Angst vor der Wachmannschaft ist größer geworden.

Oft ging ich vor der Ausgangssperre nach dem Krankenrevier, um die Wunden behandeln zu lassen.

Ich schließe meine Augen und vernehme den Geruch des Ichthyols. Wojciech sagte ich nicht, dass ich diese Baracken aufsuchte. Verdacht schöpfte er nicht.

Die Tage gleichen sich. Die Appelle finden statt. Die Menschen sterben. Die Öfen feuern. Am Abend wird zur Ausgangssperre abgepfiffen. Der nächste Appell folgt.

Gemeinsam mit Kazimierz stehe ich im Vorraum des Krematoriums. Dokumente sortieren wir. Karteien verstorbener Häftlinge, Urnenanforderungen, Listen. Der Karton, gefüllt mit Papieren, wurde uns von Liebermann übergeben. Er forderte, dass wir uns an seiner Stelle darum kümmern sollen. Kazimierz schweigt. Ruhig ist es im Krematorium. Aus dem Nebenraum dringt die Wärme der feuernden Öfen in den Vorraum hinein. Ein Mitgefangener trägt aus dem Raum der Pathologie Kleider in den Vorraum hinein. Ich blicke an mir herunter, erfreue mich an meinem neuen Hemd.

Zwei Tage, nachdem ich aus dem Arrestzellenbau entlassen wurde, ereilte mich der Befehl, die Kleider der Verstorbenen zur Schneiderei zu bringen. Der Kapo erinnerte sich an mich, war entsetzt über meinen Anblick. Meine Nummer, die Farbe meines Winkels notierte er und sagte, wenn ich das nächste Mal die Kleidung bringe, könne er mir ein neues Hemd geben.

Wenige Tage später kehrte ich zurück, bekam das neue Hemd. Der Gestank des getrockneten Speichels verschwand. Das Lächeln auf den Lippen des Kapos schenkte mir Hoffnung. „Dies ist unser kleines Geheimnis, in Ordnung?", sagte er und reichte mir die Hand.

Liebermann bemerkte das neue Hemd augenblicklich. Die Haltung nahm ich ein, als er direkt auf mich zukam. Den Kragen meines Hemdes nahm er zwischen Daumen und Zeigefinger.
Ein Schweißausbruch bahnte sich an. Doch Liebermann sprach gelassen: „Endlich hast du dein Hemd gewaschen. Der Geruch war unerträglich."
Bedrohlich nah kam er mir.

Seinen schweren Stiefel stellte er auf meinen Fuß, erhöhte stetig den Druck. Ich spürte das Blut, das in meinen Kopf schoss. Die dunklen Augenbrauen zog er hoch.

Abschließend drohte er mir: „Nächstes Mal wird nicht länger glimpflich mit dir umgegangen und beim nächsten Mal wirst du auch von mir deine gerechte Strafe erhalten."
Langsam lehnte er sich nach hinten, stieß mich von sich. Dabei betonte er: „Und jetzt besorge dir gefälligst neue Schuhe. Deine dreckigen Füße sollen nicht den Boden verschmutzen. Ich gebe dir fünf Minuten."

Mein Herz blieb stehen und ich beobachtete Lieber-mann, wie er den Raum in die Richtung seines Dienstzimmers verließ. Doch im Türrahmen blieb er stehen, drehte sich erneut zu mir um. „Denk an die fünf Minuten. Ansonsten benötigst du keine Schuhe mehr."

Rasch trat ich erneut den Weg zur Schneiderei an. Der junge Kapo half mir augenblicklich. Seit diesem Tag trage ich wieder Schuhe.

*

Tomasz stürzt plötzlich zur Tür herein, schlägt sie hinter sich zu, ringt nach Luft. Breitarmig lehnt er sich gegen die Holztür. Die blechernen Eimer, die er zuvor in den Händen hielt, fallen scheppernd zu Bo-den. Kohlen wollte er beschaffen. Doch die Eimer sind leer. Die Arbeiter des Kommandos treten in den Vorraum hinein. Kazimierz nimmt Tomasz Verhalten nicht wahr.

Es gelingt Tomasz, seinen Atem zu kontrollieren. Gänzlich aufgelöst sagt er: „Sie kommen zum Krema-torium! Sie haben einen Hund dabei!" Daraufhin wird Kazimierz hellhörig. „Einen Hund?", sagt er. Tomasz schluckt heftig und bestätigt: „Einen Hund!" Die Ar-beiter des Kommandos der Pathologie blicken eben-falls von ihrem Interesse getrieben durch einen Spalt der Tür zum Nebenraum.

„Dabrowski. Du bist dir sicher, dass sie in das Krematorium kommen?", fragt Kazimierz nach und zieht dabei an seinem Kragen. Es ist selten, dass er Tomasz beim Namen nennt. Ich beobachte den Blick meines Kapos. Er muss eine Vermutung haben. Die Angst steigt ihm zu Kopf.

Tomasz nickt, nimmt hastig die Eimer vom Boden auf und verschwindet in den Nebenraum. „Geht zurück an eure Arbeit!", befiehlt mein Kapo den Kameraden, die daraufhin den Vorraum verlassen.

Stöhnend atmet Kazimierz aus und wendet sich wieder den Karteien zu. Für wenige Sekunden ist es still im Raum. Dann wird die Tür eingetreten. Kazimierz Karteien segeln zu Boden. Ich erstarre.

Ein bellender, an seiner Leine reißender Schäferhund befindet sich im Vorraum des Krematoriums. Schwarz wird mir vor Augen, als ich sehe, wer den Hund führt, ihn kaum bei sich behalten kann.

In den Verbrennungsraum möchte ich fliehen. Kazimierz bemerkt meine Bewegung und greift nach dem unteren Rand meines Hemdes. Er hält mich auf.

„Ihr Schweine!", schreit Bierbach in den Raum hinein. Instinktiv ruft Kazimierz: „Kommando Krematorium antreten!" Durch das Gebell des Hundes ist mein Kapo kaum zu verstehen.

Die anderen Arbeiter nehmen die Haltung ein, stellen sich in der Reihe auf. Tomasz zittert am gesamten Leib. Kazimierz möchte sprechen, aber er wird unterbrochen: „Es ist mir scheißegal, was ihr Schweine hier macht!"

Der Hund zerrt an seiner Leine. Als Bierbach ihn unter Kontrolle bringen kann, brüllt er: „Wo ist Liebermann?" Es verlangt nicht nach einer Antwort von Kazimierz. Denn im selben Moment betritt unser Aufseher den Vorraum.
Gelassen ist seine Ausstrahlung.

„Ich bin hier, meine Herren. Gibt es ein Problem?", fragt Liebermann in einer neckischen Tonlage. Kröll, der hinter Bierbach steht, schüttelt den Kopf und verdreht die Augen.
Rasend vor Wut platzt es aus Bierbach heraus: „Diese Schweine haben sich erneut am Zahngold vergriffen!"

Langsam dreht sich Liebermann zu uns um. Ordentlich sind seine Hände hinter dem Rücken gefaltet. Die linke Augenbraue zieht er hoch. „Ich glaube, ich weiß, wer Ihnen in dieser Angelegenheit helfen kann."
Der schweinsledern umhüllte Zeigefinger seiner rechten Hand richtet sich auf mich. Tomasz ballt die Hände zu Fäusten und spricht leise zu sich selbst: „Nein. Nicht wieder."

„Du erinnerst die an meine Worte?", wendet sich Liebermann an mich. Keinen Muskel bewege ich. „Antworte mir!", schreit er, lässt seine Hand durch mein Gesicht fahren. Die Starre hält an. Doch ich nicke. Die Wut übermannt mich, sodass meine Schläfen pulsieren. Ich beiße auf meine Zunge.

*

Schwer schiebt sich eine klagende Wolkenfront über das Lager hinweg, angetrieben durch den lauen Wind. Ich stehe im Lager vor dem verschlossenen Tor. Das Tor schreit mich an. Dicht stehe ich an den Gitterstäben.

Mir gegenüber befindet sich der Schäferhund. Die dunklen Augen nehmen jede Bewegung wahr. Auf geringer Distanz wird er zu mir gehalten.

Mein Aufseher, Schutzhaftlagerführer Kröll und Bunkerwart Bierbach stehen mir ebenfalls gegenüber. Mein Kopf ist leer. Die Gedanken haben sich verzogen. Der Puls steigt mit jeder Sekunde, droht meine Adern zum Platzen zu bringen.

Kröll tritt vor den Hund. Der Hund beginnt, mit dem Schwanz zu wedeln und blickt zu Kröll hinauf. „Du Vogel weißt sicherlich, wo du hingehörst. Du hast fünf Sekunden", wird mir erklärt.
Meine Augen weiten sich.

„Lauf", sagt mein Aufseher spöttisch. Das Lachen der Wachposten am Tor nehme ich nicht wahr. Hastig versuche ich, nach der Klinke des Tores zu greifen. Der Hund reißt an seiner Leine. Laut ist das Bellen. „Vier", sagt Kröll. Liebermann lacht in sich hinein.

Schneller haben mich meine Beine niemals getragen. Über die Lagerstraße presche ich. Die dünnen, übergroßen Schuhe behindern meinen Lauf. In die Richtung des Bunkers laufe ich, versuche, das Gebäude am Horizont zu erblicken.

Dann sehe ich über meine Schulter, möchte wissen, wie weit ich der Bestie voraus bin. Diesen Fehler hätte ich nicht begehen dürfen. Die Muskeln in meinen Beinen brennen. Ich trete auf den Rand meiner Schuhe, stürze, versuche, meinen Sturz abzufangen und liege am Rand der Zufahrtsstraße.

Es gelingt mir nicht, mich aufzurichten. Der Schäferhund hat mich eingeholt. In meinem Unterschenkel beißt er sich fest. Der Schrei, der aus meiner Kehle herausbricht, ist markerschütternd. Mit meinen schwachen Gliedmaßen versuche ich, den Hund abzuwehren. Losreißen will ich mich. Doch jede Bewegung lässt ihn seine Zähne tiefer in mein Fleisch hineinstoßen. In der Angst um mein Leben gefangen, greife ich nach einem größeren Stein, der neben mir am Rand der Straße liegt. Mit meiner letzten Kraft schlage ich auf den Kopf des Tieres, zwischen seine Augen. Der Biss löst sich, ein Winseln ertönt.

Ich hieve mich nach oben und renne weiter. Den Bunker erreiche ich. Vor der Tür lasse ich mich fallen, kann nicht länger stehen. Die Beine ziehe ich an meinen Bauch heran. Die Arme lege ich schützend über mein Gesicht.

Als ich meine Augen öffne, sehe ich den Schäferhund. In drohender Haltung sitzt er vor mir. Schweißgebadet, vom Schmerz und von der Angst getrieben liege ich vor der Tür des Arrestzellenbaus, presse mich dagegen, warte darauf, dass der Hund seine Zähne in meinem Bein versenkt.

Der Hund knurrt mich an. Das warme Blut fließt an meiner Wade herunter. Der Hund springt mich nicht noch einmal an. Seine Aufgabe scheint er erfüllt zu haben. Doch er lässt mich für keine Sekunde aus seinen dunklen Augen.

*

Der Hund beginnt zu hecheln, wedelt mit dem Schwanz. Dann wendet er sich von mir ab. Vorsichtig drehe ich meinen Kopf zur Seite. Kröll und Bierbach gehen die Zufahrtsstraße hinauf. Die Hände haben sie auf ihren Rücken gelegt, unterhalten sich. Der Hund wird gestreichelt und gelobt. Brennend klafft meine Wunde.

Als die beiden Männer mich erreichen, befehlen sie dem Schäferhund, vor dem Gebäude zu warten. Er gehorcht. Kröll und Bierbach greifen jeweils eines meiner Handgelenke. Sie blicken nicht zu mir herunter, ziehen mich durch die Tür in den Bunker hinein. Sie sprechen kein Wort zu mir, schlagen und treten mich nicht. Sie unterhalten sich über einen Wein, den Kröll gemeinsam mit seiner Frau getrunken hat. Die Tür der Zelle, in der ich bereits meinen Verstand verloren habe, wird geöffnet.

*

Es ist still. Der Boden ist kalt. Mein Unterschenkel erwärmt sich. Mit dem Fingernagel streiche über die Wunde, ziehe meine Fingerspitzen schnell zurück. Das Blut tropft auf den toten Boden.

Rasant schlägt das Herz. Ich kann meinen Atem nicht hören, vernehme nur das Gebell, dass in meinen Ohren hallt. Meine Glieder zucken. Ich weiß nicht, was mich erwartet. Ich möchte fliehen.

Meine Beine bewegen und die Fußspitzen strecken sich. Doch diese Bewegungen sind nicht von Bedeutung. Ich verharre auf derselben Stelle.

*

Ich zähle die Sekunden, bin mir sicher, dass die Zeit vorangeschritten ist. In der gleichen Position liege ich am Boden, werde vom Hund getrieben. Er läuft durch diesen kleinen Raum. Das Knurren kann ich hören. In einem Trauma bin ich gefangen.

Die Augen brennen. Die Lippen sind ausgetrocknet. Schnell ziehe ich mein Hosenbein hinauf. Die losen Fäden werden aus der Wunde gerissen. Das Hosenbein streife ich wieder zurück und ziehe an meinen Haaren. Der Tag könnte längst verstrichen sein.

Ein Donner durchdringt das Bellen des Hundes. Ich blicke auf, sehe das Licht, das in die Zelle hineinfällt. Bierbach steht im Türrahmen. Das Gesicht erkenne ich, stehe sofort auf.

Die Reaktion des Bunkerwarts bleibt aus. Dann höre ich die Stimme: „Du musst mitkommen." Der Bunkerkalfaktor. Ich reibe meine Augen. Die Arme hält er dicht am Körper. Die Fingerspitzen tanzen an den Seiten seiner Oberschenkel.

*

Der Geruch des Zigarettenrauches steigt in meine Nase hinein. Der Blick Bierbachs ist eisern. Doch er ist nicht auf mich gerichtet. An seinem Schreibtisch sitzend blickt er auf Dokumente herunter.

„Schneller, du Hund!", wendet er sich mit abweisenden Handbewegungen an den Kalfaktor.

Die dünnen Finger des Kalfaktors spüre ich in meinem Kreuz. Er bringt mich an die hintere Wand des Raumes. Die rostigen Haken blicken auf mich herab. Das raue Seil umschlingt meine Handgelenke.

Ich beiße auf meine Unterlippe, spüre meinen Körper nicht, fühle mich fremd unter dieser dünnen Haut. Die Wunde pulsiert. Binnen weniger Sekunden hänge ich in der Luft, berühre den Boden nicht mehr.

Mein Rücken, mein Herz zerspringen. Die Schultern zerbersten, zerbrechen.

Der Kalfaktor wendet sich schlankerhand an den Bunkerwart: „Wann soll ich sie herunterholen?" Mit der flachen Hand schlägt Bierbach daraufhin auf den Tisch. Der Kalfaktor zuckt zusammen.

„Scheißegal! Ich kümmere mich darum. Jetzt verschwinde!", platzt es aus dem Bunkerwart heraus.

Schmatzend sind die Geräusche der schmalen Füße, als sie Pechkrantz aus dem Raum tragen. Vorsichtig öffne ich meine Augen. In mein Trauma falle ich erneut hinein. Der Hund sitzt auf dem Boden, blickt ununterbrochen auf meine Zehen. Die Zähne sind gefletscht und wollen nach meinen Zehen schnappen.

Meine Beine möchte ich an den Bauch ziehen, den Bissen entkommen. Das Knurren wird lauter. Ich kann sehen, dass sich das Fell auf seinem Rücken sträubt. Stechend und dumpf durchfährt mich der Schmerz.

*

Bierbach bereitete sich ein belegtes Brot, verspeiste es, nahm sich dafür viel Zeit. Kraftlos hängt mein Kopf herunter. Den Schmerz in meiner Schulter spüre ich kaum mehr. Stattdessen beobachte ich den Hund. Zum Schlafen hat er sich auf den Boden gelegt. Doch er bewacht mich. Ich weiß, dass er jeden Moment angreifen wird.

„Konntest du deine langen Finger wieder nicht bei dir behalten?", wendet sich Bierbachs Stimme plötzlich an mich. Er ist zu mir herangekommen.
Ich kann meinen Blick nicht auf ihn richten. Ich sehe nur den Hund zu meinen Füßen. Er springt hinauf, möchte zubeißen. Ich unterbreche meine Atmung.

Bierbach greift nach meinem Kinn und erhöht den Druck. „Sprich endlich! Wo ist das verdammte Zahngold?" Ich erschrecke. Da ich Bierbach keine Antwort gebe, löst er den Griff von meinem Kinn. Das Blut schießt in seinen Kopf hinein, lässt ihn erröten.

Bierbach scheint verstanden zu haben, dass ich nicht spreche, ihm niemals eine Antwort geben werde. Er weiß nicht, wie er weiterhin mit mir verfahren soll. Der Kalfaktor betritt den Raum.

Aus dem Augenwinkel sieht Pechkrantz zu mir herüber. Der Hund bellt. Bierbachs Blick haftet an mir. Der Bunkerwart verliert sich in seinen Gedanken.

„Herr Obersturmführer.

Obersturmbannführer Herzog möchte Sie sprechen", höre ich kleinlaut die Stimme von Pechkrantz.

„Johannes! Was führt dich zu mir?" Bierbach verlässt seine Gedanken und lacht dem Obersturmbannführer Herzog entgegen. Dieser Rang, die Bezeichnung für diesen Rang ist mir unbekannt. Hellhörig werde ich.

Der Hund stellt sich auf seine Hinterläufe und versucht, mein Gesicht zu erreichen.

„Walter? Was habe ich dir bereits unzählige Male zu erklären versucht?", fragt der Obersturmbannführer. Eine Reaktion von Bierbach bleibt aus. Die Stimme des Obersturmbannführers erhebt sich: „Walter! Am ersten Tag des Monats wird kein Häftling gefoltert! Wie oft habe ich bereits versucht, dir diese Regel verständlich zu machen?" Mein Stöhnen durchzieht den Raum.

„Johannes. Entschuldige, aber Reinhard hat gesagt, es wäre von oberster Dringlichkeit." Da der Obersturmbannführer schweigt, erklärt Bierbach ihm die Situation. Leise spricht der Bunkerwart. Lediglich den letzten Satz kann ich deutlich verstehen: „Damit darf dieser Vogel nicht durchkommen!"

Der Speichel fließt aus meinem offenstehenden Mund. Ein Röcheln durchdringt meine Kehle. „Ich wiederhole mich nur ungern, Walter. Jedoch bleibe ich derjenige, der die Regeln für dieses Gebäude aufstellt." Die Stimme des Obersturmbannführers.
Schritte werden hörbar. Sie durchschreiten die Nässe des Bodens. Bierbach kehrt zu seinem Schreibtisch zurück.
Die schweren Schritte des Obersturmbannführers nähern sich. Ich kenne seine Stimme. „Morgen kannst du weitermachen", betont der Obersturmbannführer. Dann stockt sein Atem.

Meine letzte Kraft habe ich zusammengenommen, um meinen Kopf zu heben, um in sein Gesicht zu blicken. Mein Herz bleibt sehen. Der Rapportführer.

Bierbach kann mich hinter dem Rapportführer nicht sehen. Die Anstrengung lässt meine Lippen beben. Dem Rapportführer steht der Mund offen. Niemals bin ich diesem Mann näher gewesen.

Nie konnte ich sein Gesicht aus dieser Nähe betrachten. Gerade ist seine Nase. Symmetrisch sind seine Lippen. Unentwegt blicke ich in die kräftigen Augen.

Das Zittern wird stärker, flutet meinen Nacken. Mein Kopf sinkt zurück auf meine Brust. Ein Pochen in meinen Schläfen. Die Umgebung blende ich aus, nehme die Bewegungen des Rapportführers kaum wahr.

Das Seil wird losgebunden. Gleich stürze ich auf den Boden herunter. Meine Knochen werden brechen. Der Druck löst sich von meinen Handgelenken. Ich falle. Doch der Fall endet sofort. Ich spüre die Wärme, werde gehalten. Sanft gleite ich zu Boden. Ich weiß nicht, ob ich gestorben bin. Dann stampfen die schweren Stiefel des Rapportführers mehrfach auf den Boden. Der kalte Boden kühlt meinen glühenden Kopf.

Die Stimme des Rapportführers höre ich: „Du wirst diesen Häftling jetzt sofort in seine Zelle zurückbringen." In Stößen geht meine Atmung. Näher rückt die Bewusstlosigkeit.

Bierbach befehligt den Kalfaktor. Wasserrauschen. Scheppern. Meine Nasenlöcher, mein offener Mund werden durchtränkt. Das kalte Wasser gelangt in meine Atemwege. Die Augen sind aufgerissen. Das Husten schmerzt und drückt auf meine Schultern. Ich schreie auf.

Das Wasser tropft von meinem Gesicht herunter. Aufgerichtet habe ich mich. Keuchend schaue ich zum Rapportführer hinauf.

Die dunklen Augen leiden.

Ich beruhige mich. Das Zittern durchzieht meine Glieder. Die Fliesen der Wand betrachte ich. Die Stimme des Rapportführers verschwimmt, als er zu Bierbach spricht. Ich höre nur das Bellen des Hundes.

Die schweren Schritte kommen auf mich zu. Nach oben werde ich gehoben. Kräftige Arme stützen meinen Rumpf. Bierbach hob mich vom Boden auf. Ich liege in den Armen des Todes.

Die kräftigen Arme geben mir einen Stoß. Den Halt verliere ich. Die Wand fängt mich auf, stößt mich von sich fort. Der Boden nähert sich.

Ich winde mich und realisiere. Die Schreie mögen nicht enden. Als ich die Augen wieder öffne, ist die Dunkelheit über mich hereingebrochen.

Ich taste meine Umgebung ab, finde den blechernen Eimer. Der Rapportführer ist fort. Auf dem Boden liege ich. Der Schäferhund ist in meiner Nähe. Mein Brustkorb. Zerschlagen.

*

Ich muss wachgeworden sein. Das kleine Licht in meiner Zelle. Es flackert. Die Nacht hat bereits begonnen. Der Bunkerwart schaltete das Licht ein, beobachtet mich. Einem Rausch bin ich verfallen.

An der Wand lehne ich. Meine rechte Hand auf meinem Bein. Die Beine verkrümmt, ohne Gefühl. Ein Messerstich in meiner Brust. Ununterbrochen sticht es zu. Die linke Hand über den Boden streichend. Langsam. Dröhnend nimmt der Schmerz meinen Verstand. Die Zelle klein und isoliert. Kalt. Nass. Rau.

Unentwegt geht ein Lächeln über das Gesicht. Dem Rausch des Schmerzes bin ich verfallen. Die linke Hand blicke ich an, betrachte die Fingerspitzen. Langsam folgt das Fleisch dem Willen, den ich nicht begreifen kann.

Die Hand greift nach dem Kragen, spürt den dünnen Stoff zwischen den Fingerspitzen. Kalt. Nass. Rau. Der Arm sinkt herunter, liegt auf dem Boden. Mit einem Lächeln sehe ich ihn an, spüre die Dankbarkeit. Die Adern in meinem Kopf pulsieren.

Der Arm hebt sich hinauf. Die Rippe schmerzt bei jeder Bewegung, droht, meine Lunge zu erdrücken. In die Luft halte ich die Hand und greife. Die Hand greift in die Leere. Die Finger drücke ich gegeneinander, öffne sie, beuge sie.

Das kleine Licht erscheint wie eine Sonne. Es blendet. Die Finger wollen es greifen. Die Hand sinkt herunter. Ich betrachte sie vor meinem Gesicht.

Die Blutspuren der Wunden auf meiner Haut. Dreck und Asche unter den Nägeln aus dem Krematorium. Mein Körper ist mir fremd. Durchfahren vom dumpfen Schmerz. Ich taste meinen Körper ab.

Ich kenne mich nicht mehr.

Der Wille möchte sich loslösen von dem Fleisch, das ihm die Form gibt. Klebend liegen meine Haare auf der schweißnassen Stirn. Langsam geht mein Atem. Die Lampe flackert. Das Licht blendet. Die Nacht ist hereingebrochen.

Mein Arm hebt sich hinauf. Die Finger greifen in die Luft. Ich habe mich wohl selbst verloren.

Dann bin ich plötzlich hellwach. Ein dünner Geist betritt meine Zelle. Streifen trägt er am gesamten Körper. Die Hand strecke ich nach ihm aus und möchte ihn zu fassen bekommen.

Doch er ist entfernt. Ich kann ihn nicht greifen.

Der Geist spricht zu mir: „Es tut mir leid." Meine Hand nimmt er auf. Ich erhebe mich. Das Flackern der Lampe wird schwächer.

*

Die ledernen Schritte entfernen sich. Bierbach ist fort. Ich lasse mich fallen. Speichel tropft auf meine zerschlagenen Knie. Die Luft in meiner Kehle ist kalt, lässt meine Lunge gefrieren.

Die Dämmerung drohte hereinzubrechen. Die Schreie erschöpften mich. Den nächsten Schlägen werde ich nicht standhalten.
Die Schläge vertrieben den Schäferhund.

Rasend schnell spielte es sich ab. Der Wahn verzog sich, der Hund, der Geist. Die dünne Knute rauschte durch die Luft. Ich stürzte. Am Boden liegend konnte ich dem Metallrohr nicht ausweichen.
Vorsichtig schließe ich meine Augen. Das hallende Geräusch des hohlen Rohres ertönt.
Die Schläge regnen auf mich herunter.

Schützend ziehe ich die Beine an meinen Bauch, ertrage den Schmerz und warte, bis der Regen endet. Die Fingerspitzen liegen auf der Bisswunde. Sie hat sich entzündet. In meinem Kopf spreche ich die Worte aus. Ich höre meine eigene Stimme.

Die Schläge enden. Der Klang des Rohres verstummt. Mein Mund ist verschlossen. Bierbach wird diese Worte niemals hören. Niemals wird er mir Glauben schenken, dass ich das Zahngold nicht entwendet habe. Ich löse den Griff um meine Beine, sehe in die Leere hinein.

Das Licht der kleinen Lampe leuchtet nicht. Ich kaue an meinen Nägel, reiße den Nagel des Zeigefingers heraus. Die Tränen fließen.

Ein fahler Lichtstrahl dringt in die Zelle hinein. Er drückt sich unter der Tür hindurch. Die Schritte höre ich. Der Gehorsam bleibt aus. Ich kann nicht aufstehen. Ich kann nicht länger standhalten.

Der Türgriff. Wird berührt. Ein Riegel. Wird geöffnet. Die Hände falte ich auf meiner Brust und schließe die Augen. Die Tür öffnet sich.

„Komm. Schnell!" Meine Hände werden gegriffen. Das Licht des Ganges bricht in die Zelle herein. Es umhüllt den Geist, der mich nach oben zieht. Von Messern werde ich zerstochen. Auf dem Gang stehe ich. Pechkrantz hält mich an der Hand.

„Du darfst gehen. Er schickt dich fort. Du nützt ihm nichts", lauten die Worte des Engels. Ich begreife nicht. Vor der Tür des Bunkers erstarre ich.

Der Kalfaktor ist in das Gebäude zurückgekehrt. Ich blicke auf die Zufahrtsstraße, weiß nicht, wohin ich gehen soll. Ich verweile auf dem Absatz der Tür, lasse meinen Kopf vom Wind kühlen.

Erneut wird die Tür aufgerissen. Ich kneife die Augen zusammen und hoffe, dass ich nicht gesehen werde.

Die Stimme des Engels wendet sich erneut an mich: „Schnell. Ich habe Bierbach gesagt, ich müsse dringend mit dem Lagerältesten sprechen. Ich begleite dich."

Die Hände hält er unter seiner dünnen Jacke, zieht sie hervor. „Diesmal behält er sie nicht", sagt Pechkrantz und hält meine Schuhe in den Händen. Er beugt sich herunter, um mir die Schuhe anzuziehen.

Ich spüre die Hoffnung. Ich spüre die Hoffnung, dass die Sonne wieder aufgehen wird. Warm wird es in meiner Brust.

*

Bis zum Tor begleitete mich der Kalfaktor. Vor den Wachposten am Tor sprach er laut zu mir, dass ich am morgigen Tag an meinen Posten zurückkehren solle, dass dies mit Liebermann abgesprochen sei.

Die Dankbarkeit durchströmte mich.

Seine Worte gewährten mir, auf der Treppe am Hauptgebäude Platz zu nehmen, darauf zu warten, dass der Tag vorüberzieht.

Auf Wojciech warte ich. Die Musik aus den knackenden Lautsprechern gab mir das Zeitgefühl zurück. In einer Stunde werden die Abendrationen verteilt. Dann wird Wojciech zurückkehren. Dann kehrt die Normalität zurück.

Geduldig verweile ich auf der Treppe, blicke durch das Tor hindurch. Die großen Nadelbäume wiegen sich im Wind, der meine brennenden Wunden kühlt. Die Wachposten am Tor beachten mich nicht.

An vielen Tagen sitze ich auf dieser Treppe, verbringe hier die letzte Zeit vor der Ausgangssperre. Tief atme ich ein, rieche die toten Brüder und Schwestern. Schwarzer Qualm steigt von der östlichen Seite des Lagers herauf.

An die Wand des Hauptgebäudes lehne ich mich. Hinter dieser Wand befinden sich Räume, in denen die Aufseher ihre Pausen verbringen. In diesen Räumen rauchen, trinken und lachen sie. Ich kann sie hören.

Wenn ich in den Mittagsstunden durch das Lager gehe, Kleider zur Schneiderei bringe, die toten Körper transportiere, nimmt die Lagerprominenz auf diesen Stufen Platz. Zigaretten haben sie.

Auch sie dürfen eine Pause machen. Manchmal lachen sie. Vorsichtig drücke ich mein Ohr gegen die Wand, lausche hinein. Die Augen schließe ich.

Stiefel schreiten über Parkett, Schubladen öffnen sich und Gläser klirren. Ein Quietschen, ein Knirschen und ein zittriger Atem lassen die Geräusche innerhalb des Gebäudes verziehen.

Die Augen öffne ich und drücke mich von der Wand fort. Ich blicke vor mich. Wojciech steht vor den Treppenstufen. Allein. Er hält keine Eimer, gefüllt mit trockenen Brotscheiben, in den Händen. Die Knie sind gebeugt. Er steht nicht aufrecht.

Eine Hand drückt er gegen den Bauch. Die andere Hand steckt in seiner Hemdtasche. Die Augen verquollen. Das Gesicht überströmt von Blut. Aus den Mundwinkeln rinnt der Speichel herunter, als er mir ein Lächeln schenken möchte. Sein Anblick lässt mein Herz gefrieren. Ich möchte zu ihm gehen, ihn stützen, ihn in meine Arme nehmen.

Es ist mir verboten.

Hinkend sind die Schritte, die er in meine Richtung setzt. Als er die Stufen erreicht, blicken wir uns in die Augen. Wojciech stürzt. Die Wachposten beachten uns nicht. Sie rauchen.

Unter starker Anstrengung drückt er sich nach oben, zieht sich zu meiner Stufe hinauf. An meiner Seite lässt er sich fallen. Mein Blick ist auf die beiden Wachposten gerichtet.

Wojciech verliert seine letzte Kraft, streckt die dünnen Finger nach meiner Hand aus. Er legt etwas in meine Hand hinein. Eine Kartoffel. Schnell lasse ich sie in meiner Tasche verschwinden.

Die Augen kann er nicht mehr offenhalten. Geschwollen, blutverklebt. Laut ist das Röcheln, bevor es verstummt. Wojciech reagiert nicht, als ich ihm über die Wange streiche. Das schwache Lächeln schwindet aus seinem Gesicht.

Sofort lehne ich ihn gegen die Wand des Hauptgebäudes, überwinde meine Schmerzen, eile nach dem Krankenrevier.
Die beiden Wachposten beachten uns nicht.

*

Die Blicke waren auf mich gerichtet. Einer der Arbeiter sprach, ich hätte meinen Verstand verloren, als ich um Hilfe für einen Kameraden bat. Sie sahen meine Wunden. Sie sahen meine verkrümmte Haltung.

Zwei Frauen des Kommandos schenkten meinen Worten Glauben, nahmen eine Trage und gingen fort. Auf einer der Bänke in der Hauptbaracke des Krankenreviers nahm ich Platz. Die Erschöpfung ließ mich zusammenbrechen. Ein Häftling kam daraufhin auf mich zu, behandelte mein Bein. Er gab mir einen Verband, trug die Salbe auf die Schnitte der Peitsche auf.

Allein sitze ich in der Baracke, drücke mich gegen die Wand. Mein Körper und mein Herz zerfallen. Die Angst um Wojciech frisst mich auf. Mein Gewissen belastet mich.

Wojciech fürchtet sich vor dem Krankenrevier. Doch ich brachte ihn in diese Baracken. Ich brachte ihn in diese Baracken, obwohl die Selektionen stattfinden. Er hat stets für mich gesorgt. Ich habe ihn verraten.

Kalte Luft zieht hinter meinem Rücken in die Baracke hinein. Sie kühlt meinen erwärmten Unterschenkel. Die Schuld belastet mich. Die Einsamkeit bricht herein. Seine Stimme, sein Gesang sind abwesend. Er wird mir heute Nacht nicht vorsingen.
In seinen Armen möchte ich liegen.

Ich stelle mir die Fragen, wer ihn geschlagen, verletzt, misshandelt hat. Er wird mir diese Frage nicht beantworten können. Dann erinnere ich mich an die Kartoffel, hole sie aus meiner Hemdtasche hervor. In kleinen Bissen verspeise ich sie. Ich spüre den Druck in meinen Beinen. Sie wollen aufstehen, sich erheben, mich zu ihm tragen. Morgen nach der Arbeit werde ich nach ihm sehen.
Einen tiefen Atemzug nehme ich. Der Schmerz durchdringt meinen Brustkorb. Mit den Fingerspitzen streiche ich über die unteren Rippen.
Die leichte Berührung lässt das Feuer entfachen.

In meinem Kopf sind die Gedanken. Wojciech wartete auf mich, als ich in den Bunker gebracht wurde. Wir werden diesen Ort gemeinsam verlassen. Ich werde auf dich warten, Wojciech.

Langsam streiche ich über die dunkeln, die rauen Dielen des Bodens. Ich sehe meine dunklen Fingernägel. Früher pflegte ich sie stets.

Die Asche bettete sie ein. Die Haut unter meinem herausgerissenen Zeigefingernagel pulsiert.

Wenn Wojciech stirbt, soll es auch mein Schicksal sein, diesen Ort zu verlassen. Ich lasse dich nicht zurück, Wojciech.

*

Ich öffne meine Augen, sehe den Hund. Die Schreie dringen aus meiner Kehle hinaus, erfüllen den Schlafsaal. Der Hund rennt auf mich zu, verbeißt sich in meinem Gesicht. Mit meinen Händen versuche ich, ihn abzuwehren.

„Bist du des Wahnsinns? Hast du etwa vergessen, dass", spricht der Hund zu mir, sieht aufgebracht zur Tür des Schlafsaales, „der Rapportführer um diese Zeit seinen Lagerrundgang macht?"

Die Realität kehrt ein. Tomasz hält seine Hand auf meinen Mund, erstickt meinen Schrei. Von der Pritsche kam er herunter, hält mich fest.

Ich drücke mich gegen seine Brust. Die Tränen fließen. Seine Arme legt er um mich.

Beruhigend flüstert er mir zu: „Es tut mir leid, dass dir dies widerfahren ist. Wojciech wird wiederkehren. Mach dir keine Sorgen. Er ist und bleibt ein Kämpfer. Aber bitte, verliere nicht auch du noch den Verstand." Der Hund wird nicht wiederkehren.

Ein Donner erschüttert den Schlafsaal. Tomasz zuckt zusammen. Er dreht sich um, sitzt vor mir. Vorsichtig blicke ich über seine Schultern und sehe, dass die Tür zwischen den Sälen kraftvoll geöffnet wurde. Ein Mann steht im Türrahmen.
Groß. Schlank. Mit einer Hand hält er sich ein Taschentuch vor die Nase. Langsam sind die Schritte, die er in den Schlafsaal hineinsetzt. In der Mitte des Saals bleibt er stehen.

„Mir scheint, als sei ein Häftling unter euch, dem die Lagerordnung nicht bekannt ist", sagt er höhnisch in den Raum hinein. Die Häftlinge, die nicht schlafen, senken die Köpfe. Der Rapportführer.
Tomasz und ich sitzen an der hinteren Wand des Pferdestalls. Die Arme breitet Tomasz aus, um mich zu verdecken. Der Rapportführer bemerkt die Bewegung. Ein Gespräch zwischen ihm und Tomasz entsteht:

„Du da! Was versteckst du?"
„Nichts, Herr Obersturmbannführer."
„Sicher? Dann macht es dir sicherlich nichts aus, aufzustehen."

„Ich habe mir heute im Krematorium das Bein gebrochen. Das Stehen fällt mir schwer, Herr Obersturmbannführer."

„Deine Ausrede ermüdet mich. Wie willst du dir im Krematorium das Bein gebrochen haben? Steh auf."

„Zu Befehl, Herr Obersturmbannführer."

Es ist erkenntlich, dass Tomasz nicht verletzt ist. Rasch steht er auf. Der Obersturmbannführer beachtet Tomasz nicht weiter, als er näher an uns herantritt. Die Dunkelheit lässt mich sein Gesicht erst erblicken, nachdem er sich direkt vor uns aufgestellt hat. Seine Stimme war es, die mich ihn erkennen ließ.

„Du kannst dich also nicht an die Lagerordnung halten. Dein Verhalten in letzter Zeit ist auffällig. Langsam habe ich genug. Komm mit", spricht er in einem leisen, bedrohlichen Ton. Mir gelingt es nicht, die Situation zu durchschauen. Doch ich spüre, dass ich das Lager vor Wojciech verlassen werde.

Ich erhebe mich. Tomasz fährt dazwischen: „Nehmen Sie mich mit, Herr Obersturmbannführer. Ich habe Sie schließlich angelogen."

Der Rapportführer beachtet diese Worte nicht, greift nach meinem Kragen. Mit Leichtigkeit zieht er mich an sich heran. Intensiv ist der kurze Augenkontakt. Er lässt mich herunter, wischt die Hand an seiner Uniformjacke ab. Dann dreht er sich um, bedeutet mir, ihm zu folgen.

Über die Schulter blicke ich zu Tomasz. Klagend sehen seine Augen auf den Boden. Er flüstert: „Nein. Nicht wieder." Sein Anblick schmerzt mich.

*

Wortlos schlägt der Rapportführer die Barackentür hinter sich zu. Sein Blick schweift über den Vorplatz der südlichen Baracken. Der Vollmond steht hoch am Himmel. Das Taschentuch, welches er sich vor die Nase hielt, steckt er in die Jackentasche seiner Uniform. Ich sehe seinen Gürtel. Er trägt keine Waffen mit sich. Sein Spazierstock, den er unter seinem Arm geklemmt hielt, kratzt über den staubigen Boden.

Zu mir dreht er sich um, packt meinen Arm. „Spiel mit oder es ist dein letzter Tag gewesen", werde ich angeraunt. Zum Bunker wird er mich bringen. Die letzten Schritte werde ich über die Lagerstraße setzen. Ich akzeptiere mein Schicksal.

Der Kies knirscht unter unseren Schuhen. Jeder Schritt ist ein weiterer Schlag mit dem Metallrohr auf meine Knie, auf meinen Brustkorb. Leise wimmere ich. Der Schmerz übermannt mich. Ich beginne, zu weinen. Ich habe Wojciech verraten. Ich werde ihn niemals wiedersehen.

Die Scheinwerfer werden nicht auf uns gerichtet. Die Wachposten am Lagertor blicken nicht zu uns herunter. Denn er ist der Rapportführer. Er ist der Rapportführer, der nachts durch das Lager geht und Lagerstrafen verhängt. Aus dem Rapportführer bricht die Verzweiflung heraus, obwohl uns keine Beachtung geschenkt wird.

„Sei gefälligst still!" Seine Hand presst er gegen meinen Mund und Kehle, sieht sich dabei erschrocken um. „Verdammt nochmal!", faucht er, „Benimm dich nicht wie ein angeschossener Hund!" Ich verstehe diese Worte nicht. Der Druck auf meine Kehle nimmt zu. Die Luft gelangt nicht länger in meine Lungen. Ich greife nach der Hand des Rapportführers, möchte sie abwehren.

Den Druck auf meine Kehle löst er, atmet dabei tief aus. Ich schließe die Augen, warte auf einen Schlag. Ich habe den Rapportführer berührt. Es erfolgt kein Schlag. Stattdessen sagt er: „Halt. Den. Mund."

Der Weg durch das Lager zersetzt mich. Die Schritte sind schwer. Die Knie zerbersten. Kaum kann ich mich auf den Beinen halten. Doch wir erreichen das Lagertor. Die Scheinwerfer schwenken herunter. Das Licht blendet.

Lachend heben die jungen Wachposten ihre Mützen vom Kopf. Im Gleichklang sagen sie: „Eine gute Nacht, Herr Rapportführer Herzog."

Der Rapportführer entgegnet: „Platz da!" Unwirsch drängt der Rapportführer durch das Lagertor.

Wir gehen die Lagerstraße nicht hinauf. Der Rapportführer zieht mich um das Hauptgebäude herum, drückt mich gegen die Wand. Am Gebäude läuft er entlang, richtet seinen Blick auf die Fenster in den oberen Etagen.

Hastig greift er nach meinem Arm, schließt die Tür auf, zieht mich hinein. Kaum hat er die Tür wieder verschlossen, nimmt er meinen Kragen und zieht mich zu einem Treppenaufgang. Schnell springt der Mann die Treppe hinauf. Auf der letzten Stufe stürze ich. Mit beiden Händen packt er mich, trägt mich zu einer weiteren Tür, die nicht abgeschlossen ist. In das Zimmer stößt er mich hinein. Regungslos verharre ich. In diesem Zimmer riecht es nicht nach kaltem Zigarettenrauch.

*

Die Tür wird verschlossen. Die Dunkelheit umhüllt das Zimmer. Meinen Herzschlag vernehme ich aus der Tiefe meines Brustkorbs. Die Atemzüge brennen.

Ich höre, dass der Rapportführer sich durch das Zimmer bewegt. Leicht sind seine Schritte. An das fahle Licht, welches durch das Fenster in den Raum dringt, gewöhnen sich meine Augen. Doch als ich beginne, das Mobiliar des Zimmers zu erkennen, wird das wenige Licht verschluckt. Die Vorhänge wurden zugezogen. Ich warte auf die Schläge, die sich über meinen Rücken ergießen werden.

Die Augen verschließe ich und nehme die schleichenden Schritte dröhnend wahr. Dann ertönt der Schuss. Langsam öffne ich meine Lider, löse mich aus der starren Haltung. Eine Lampe auf dem Schreibtisch erleuchtet den Raum. Der Schuss traf mich nicht.

Dieses Zimmer ist nicht vergleichbar mit den Orten, die ich in diesem Lager bereits gesehen habe. Karten an der Wand. Zerkratzt. Markiert. Unzählig oft müssen die schweinsledernen Handschuhe über die markierten Wege gestrichen sein. Dünn ist das Papier an diesen Stellen. Die Bilder der Persönlichkeiten, Urkunden, Auszeichnungen neben den Karten.

Die Angst kehrt zurück, als ich realisiere, welchen Ort dieses Lagers ich betreten habe. Tief in meinen Knochen setzt sie sich fest. Der Schweiß fließt meine Stirn hinunter. Ich richte meinen Blick auf den Rapportführer. Die Lagerordnung beschützt mich nicht länger.

Nervös erregt läuft der Mann vor dem Fenster entlang. Sein Verhalten ist mir unerklärlich. Sein Spazierstock liegt auf dem Boden. Er ließ ihn fallen. Die Schirmmütze drückt er sich gegen die Brust, streicht gleichzeitig über die Knöpfe seiner Uniform, fährt sich durch die Haare. Dann tritt er an mich heran. Direkt steht er vor mir.

Ich erkenne die feine Verarbeitung des Stoffes seiner Uniform. Die Jacke ist frei von Webfehlern. Makellos ist seine Haut, frei von Falten, frei von Narben. Die Knöpfe der Jacke glänzen im elektrischen Licht.

Die tiefschwarzen Brauen ziehen sich zusammen. Aus seinen dunklen Augen blitzt er mich an. In meiner Brusthöhle, in meinem Kopf ist es leer. Ich kann nicht fliehen. Ich kann mich nicht wehren.

Sein Blick haftet an mir. Er mustert mich. Mein Atem stockt. Ich verstehe nicht, weshalb er mich in dieses Zimmer brachte.

Einen weiteren Schritt setzt er an mich heran, steht dicht vor mir, sodass ich seinen Kopf nicht sehen kann. Ich spüre, dass er zu mir herunterschaut. Er durchdringt mich.
Als der Rapportführer ausatmet, spüre ich die kochende Luft auf meiner Stirn. Ich beginne, zu zittern. Der Druck steigt. Die Gedanken überschlagen sich.

Die Peitschenhiebe spüre ich auf meinem Gesicht. Die Knochen in meinen Schultern zerspringen. Der Rapportführer soll sprechen. Er soll mir sagen, weshalb er mich in diesen Raum brachte. Ich stehe im Dienstzimmer eines Mitgliedes der Wachmannschaft. Ich stehe im Dienstzimmer eines Mitgliedes der obersten Lagerleitung.

„Was möchtest du von mir?", spricht er plötzlich leise. Die Atmung unterbricht. Die Bedeutung dieser Frage ist mir nicht verständlich. Ich erkenne den Vorwurf, kann ihn nicht erklären, kann die Frage nicht deuten. Nervös schiebe ich die Zunge auf meine Unterlippe. Stark muss ich schlucken. „Sprich. Was möchtest du von mir?", betont er.
Ich kann diesen Mann nicht einschätzen, kann seine Absichten nicht erkennen. Seine Stimmung ändert, seine Pupillen weiten sich.

Deutlich freundlicher fragt er: „Du hast weder Zahngold entwendet noch ist dir bekannt, wer es entwendet haben könnte, nicht wahr?" Mein Herz vermag nicht langsamer zu schlagen. In der nächsten Sekunde könnte er in Tränen ausbrechen. Er könnte meine Knochen brechen, bis ich zu Staub zerfallen bin.
„Es ist nicht dein erster Aufenthalt im Bunker gewesen, oder?", fährt er fort. Diese Frage. Eine Falle. Er ist der Rapportführer.

Er kennt die Dokumente, die Namen, die Nummern. Sein Ziel ist es, dass ich spreche, verräterisch meinen Kopf bewege, ihm eine Antwort gebe, auf die er wartet. Schweigen.

*

Intensiv sind die Blicke, die wir austauschen. Mein Unterbewusstsein lässt mich dem Rapportführer den Rücken kehren, die Klinke der Tür greifen. Doch sofort erstarre ich. Der kalte Lederhandschuh an meinem Kragen. Die Schmerzen in meinem Körper drohen, mich zusammenbrechen zu lassen. Das Zittern kehrt zurück.

Ich sehe den Schatten, den meine dünnen Beine auf die Tür werfen. Leise wimmere ich, drücke meine Finger in meine Hüfte hinein. Den Ausweg finde ich nicht.

Kraftvoll werde ich umgedreht. Der Rapportführer. Der Tod. Vorsichtig blicke ich zu ihm herauf. Dann schreit er: „Sieh mich nicht ständig mit diesem Blick an!" Die Rage ergreift ihn. Er löst den Griff von mir, schlägt die Fäuste in die Luft. „Du bist nicht die einzige, die Probleme hat!", ergänzt er, geht auf das Fenster zu, richtet seinen Blick auf die geschlossenen Vorhänge. Die Mütze nimmt er vom Kopf herunter, drückt sie sich bestürzt gegen die Brust. Die Stille durchflutet das Dienstzimmer.

Der Rapportführer stampft zu mir, schreit erneut auf: „Habe ich Angst? Ja. Ja, ich habe Angst! Würde ich am liebsten meine Sachen packen und von hier verschwinden wollen? Ja! Ja, ich möchte verschwinden!"

Die Krämpfe in meinen Muskeln lösen sich. Ich verstehe diesen Mann nicht. Ich werde diesen Mann niemals verstehen.

Fest packt er mich an der vorderen Seite meines Kragens. Seine Finger umschließen den dreckigen Stoff. Durchtränkt von Speichel, Blut und Pein. Ich sehne mich nach Handschuhen. Er schüttelt mich, lässt mich herunter. Den Handrücken drückt er sich gegen die Stirn. Ich habe meinen Rahmen verloren.

Ich stürze auf mein Gesäß. Der Rapportführer bemerkt dies nicht. Erneut ist er an das Fenster herangetreten, blickt auf die Vorhänge. Ich unterdrücke den Schrei. Mein Brustkorb, mein Gesäß zerschellen. Ich muss diesen Ort verlassen. Ich ziehe mich über den Boden, erreiche die Tür. Den Arm strecke ich aus, umschließe die Klinke. Sacht drücke ich sie herunter. Der Schweiß auf meiner Haut lässt meine Finger abrutschen. Laut schnellt die Klinke in ihre vorherige Position zurück. Ich erstarre.

Der Rapportführer kommt auf mich zu. Heute werde ich diesen Ort verlassen. Ich werde das Versprechen nicht halten können. Langsam sind die Schritte, die der Rapportführer setzt.

Schweißtropfen sammeln sich an meiner Nasenspitze. Die Gesichtszüge kann ich nicht deuten. Stärker drücke ich mich gegen die Tür, stütze meine Arme gegen den Türrahmen. Ein Schmunzeln durchzieht das Gesicht des Rapportführers. Mordlust. Ein Lachen.

„Bitte verzeih", spricht er leise, wischt sich mit der Fingerkuppe in seinem linken Auge. „Ich habe mich noch nicht vorgestellt." Jeder Häftling, das gesamte Lager kennt seinen Namen. „Ich bin Johannes. Johannes Herzog." Die Hand möchte er mir reichen. Der Geruch des Blutes strömt in meine Nase hinein. Ein Aufseher. Ein Aufseher, der einer Gefangenen die Hand reicht. Ich reagiere nicht, woraufhin er die Hand näher zu mir streckt. Erwartungsvoll sieht er mich an.

Mein blinder Gehorsam lässt mich diese Geste erwidern. Sobald er nach meiner Hand gegriffen hat, wird er mich nach oben reißen. Unter den schweren Stiefeln werde ich begraben.

Unsere Hände berühren sich. Der lederne Handschuh ist kalt. Der lederne Handschuh ist weich. Viele Jahre liegt es zurück, dass ich solch ein hochwertiges Material berührt habe. Stark ist der Druck seiner Hand. Schnell ziehe ich meinen Arm zu mir heran, als sich seine Finger lösen. Den Türrahmen umgreife ich. Der Rapportführer akzeptiert dies nicht.

Vorsichtig löst er meinen Griff um den Türrahmen, zieht mich an meiner Hand nach oben. Mein Körper weigert sich und erbaut einen Gegendruck. Doch der Rapportführer ist stärker, sodass sich mein Brustkorb neigt. Das Messer sticht tief zwischen meine Rippen. Ich schreie auf.

Der Rapportführer erschrickt, löst den Griff um meine Hand. Zu Boden falle ich erneut. Die Schmerzen werden stärker, durchfluten mich. „Du bist verletzt!", platzt es aus dem Rapportführer heraus. Langsam vergeht mein Schrei. Jeder Atemzug zerreißt mich im Inneren. Zischend sind die Laute, die sich durch meine vertrockneten Lippen pressen. Ich warte auf einen Peitschenhieb.

Aufgelöst blickt der Rapportführer zu mir herunter. Eine Starre durchfährt ihn. Näher kommt er zu mir heran, kniet sich vor mich. Leere in seinen Augen. Erfroren.

Konzentriert schiebt er seinen linken Arm unter meinen Oberkörper, den rechten Arm unter die Knie. Er hebt mich hinauf. Das Herz beendet seine Schläge. Krampfend schließe ich meine Augen, warte auf den Fall. Wenige Schritte läuft der Rapportführer durch den Raum.

Die Unterlippe zerbeiße ich, schmecke das Blut, zähle die Sekunden, bis er mich von sich stößt, bis er seine Arme zurückzieht. Ich verabschiede mich von Wojciech. In die Tiefe stürze ich.

*

Ich rieche nicht den Speichel. Ich rieche nicht das Blut. Meine Knochen sind nicht zersprungen. Der Tod hat mich in seine Arme geschlossen. Mit den Fingerspitzen streiche ich über den Untergrund. Ich höre die Stimmen meiner Eltern. Sie rufen mich. Die Dunkelheit möchte ich vertreiben, öffne langsam meine Augen.

Verschwommen sind die Umrisse der Umgebung. Das Licht fällt in meine Augen hinein, die Schärfe kehrt zurück. Der Rapportführer steht vor mir. Sein Kopf ist gesenkt. Ineinander verschlungen hält er die Hände vor seinem Bauch.

Ein schmales zurückhaltendes Lächeln. Ich sitze auf einer Chaiselongue. In einem gleichmäßigen Rhythmus streiche ich über den weichen Stoff.

Ein Räuspern durchdringt mich. Die Anspannung hält mich fest. Vorsicht ist geboten. Jeden Moment könnte der Rapportführer in Rage geraten. Ich warte darauf, dass er sein wahres Gesicht offenbart. Der Mann kniet sich vor die Chaiselongue. Erwartungsvoll sieht er mich an. Es scheint, als glänze es aus seinen Augen heraus. Er spielt mit mir.

Auf das Vertrauen, welches auch Bierbach sich erhoffte, zielt er ab. Doch ich werde ihm nichts offenbaren. Seine weiche Stimme vertreibt die Stille: „Ist dies angenehmer?"

Leicht ist die Antwort auf diese Frage. Doch ich werde nicht reagieren. Meinen Brustkorb beobachtet er, betrachtet die gehemmten Atemzüge. „Lass mich einmal sehen", sagt er entschlossen. Ich verstehe nicht. Die Handschuhe streift er ab, nimmt den unteren Rand meines Hemdes zwischen Daumen und Zeigefinger. Behutsam zieht er die Seite des Hemdes nach oben. Er sucht die Verletzung, die bläulich verfärbte Haut. Dann wird er darauf schlagen. Die Schläge werden andauern, bis sich meine Lungen weigern, die Luft in meinen Körper zu bringen.

Er wird meinen Brustkorb abtasten. Er wird überprüfen, zwischen welche Rippe er stechen muss, um mein Herz zu erreichen.
Ich spüre die Phenolspritze.

Schwer fällt es mir, die Arme zu heben, als er mir das Hemd über den Kopf zieht. Die Atmung muss ich unterbinden. Tief sitzt der Schmerz. Die Erschöpfung lässt mich gegen die schmale Lehne fallen. Entblößt ist mein Oberkörper. Die blaue Haut ist sichtbar. Die Demut erfüllt meine Brusthöhle. Doch der Rapportführer blickt lediglich auf das Hemd.

Der dünne, zerriebene Stoff hängt zwischen seinen nackten Fingern. Ohne Handschuhe hält er das Hemd, sieht die Blutflecken und Brandlöcher. Für mehrere Minuten betrachtet er die Zebrastreifen, hält sie sich dann gegen die Nase. Sein Verhalten ist absonderlicher als das Verhalten einiger Kameraden, die mich umgeben.

Die großen, zarten Hände sinken herunter. Das Entsetzen ist in seinen Blick gefahren. Er schluckt. Langsam legt er das Hemd neben sich ab, sieht dann zu mir hinauf. Meine Augenbrauen verziehen sich. Dieser schwere Blick lastet auf meiner dünnen Haut. Ich weiß nicht, woran er sich erfreuen sollte.

An die Stirn greift er sich. Dann steht er auf. Wortlos durchsucht er die Schublade seines Schreibtisches, kehrt rasch zu mir zurück. Auf die Knie lässt er sich fallen und sieht aufgelöst auf seine Hände herunter. Pflaster, Verbände, eine Schere, Salbe und kleine Verpackungen türmen sich auf seinen Handflächen. Gegen die Brust drückt er sich das Verbandmaterial.

Er schließt den halboffenen Mund und schluckt. Vorsichtig fragt er: „Kann ich dir damit helfen?" Die Überforderung, das fehlende Vertrauen lassen keine Reaktion meinerseits zu.

Tief atmet der Rapportführer aus, verstaut das Verbandmaterial wieder in der Schublade des Schreibtisches. Durch das Zimmer läuft er, lässt das Parkett unter seinen Füßen knarzen.

Er tritt hinter die Chaiselongue. Meine Sinne nehmen die Schritte deutlicher, intensiver wahr. Dann öffnet sich eine Tür. Metall. Stoff. Knarzen. Die Geräusche erschlagen mich. Entblößt sitze ich auf der Chaiselongue. Ich sitze auf der Chaiselongue im Dienstzimmer des Rapportführers. Ich kann nicht fliehen. Mein Körper brennt.

„Hier!" Die Muskeln ziehen sich zusammen. Der Rapportführer tritt wieder vor die Chaiselongue. Ich weiß nicht, was er hinter dem Rücken hält. Eine Peitsche, eine Zwinge, Nägel, Hämmer, Lederriemen.

Die Augenbrauen zieht er hoch, schiebt sich nervös die Zunge auf die Unterlippe. Die Bewegung seiner Arme vernehme ich. Den Schlag spüre ich sich ausbreitend auf meinem Kopf. In meinen Fußspitzen bleibt er hängen, zerschlägt meine Seele.
Die Arme nimmt der Rapportführer hinter dem Rücken hervor. Ein Hemd. Ein weißes Hemd.
Ein weißes gebügeltes Hemd.

Mit einer Kopfbewegung bedeutet er mir, mich aufzusetzen. Ich komme diesem Befehl nach. Sacht legt er das Hemd über meine Schultern. Sein Atem zieht über die Schweißperlen auf meiner Stirn. Die Handgelenke nimmt er auf. Seine nackten Finger berühren meine Haut. Die Handschuhe weit entfernt.

Die Knöpfe schließt er, spricht zufriedengestellt zu sich selbst: „Fertig." Größer wird das Lächeln, das sein Gesicht durchzieht. Unsere Blicke kreuzen sich. Ich blicke in die klaren Augen des Rapportführers.

Ich erkenne die Angst, die seelischen Verletzungen. Seine eigenen Gedanken kann er nicht deuten. Seine Frau, seine Kinder warten auf dem Gelände der Wachmannschaft auf ihn.
Sein Verhalten unterscheidet sich. Er wurde nicht von der Unmenschlichkeit zerfressen. Doch seine Augen sind leer.

Plötzlich geht der Rapportführer an seinen Schreibtisch heran. Als er sich entfernt, vernehme ich den Geruch des Hemdes. Doch die Angst durchströmt mich weiterhin. Ich weiß nicht, was diesen Mann bewegt, mich in sein Dienstzimmer zu bringen, was ihn bewegt, mir eines seiner Hemden zu geben.
Eine Maske könnte sein Gesicht umgeben, seine wahren Absichten verbergen. Er wartet auf einen Fehltritt, eine falsche Bewegung meinerseits, um sich von dieser Maske befreien zu können. Er versteckt sich vor sich selbst.

Neben seinem Schreibtisch steht der Rapportführer und streicht über die Tischkante. Langsam dreht er seinen Kopf zu mir, sieht mich an und erschrickt, als er bemerkt, dass ich ihn beobachtet habe. Dann beginne ich, zu verstehen.

Dem Rapportführer ist selbst nicht bekannt, was ihn bewegt. Die Leere seiner Augen umhüllt ihn. Ungeduldig tippen die Fingerspitzen auf das glatte Holz. Die Faust schlägt auf den Tisch. Entschlossen geht er auf den kleinen gläsernen Tisch zu, der neben der Chaiselongue steht, umschließt die Flasche darauf mit seiner Hand.

Ich warte, dass sie auf meinem Kopf zerschellt.

Unerwartet spricht er: „Ich bin ein schlechter Gastgeber. Möchtest du?" Meinen Blick richte ich auf das gläserne Behältnis.

Der Rapportführer scheint keine Antwort zu erwarten, da er ein Glas zur Hand nimmt und einschenkt. Dies wiederholt er, reicht mir eines der Gläser. Er wartet, dass ich zugreife, das Glas aus meiner Hand gleitet und sich der Alkohol über seiner Chaiselongue ergießt. Auf diesen Fehler ist er aus.

„Nur zu", wird mir versichert. Langsam strecke ich meinen Arm, entfalte meine Finger, umschließe das Glas. Es fällt nicht herunter.

Ein zufriedenes Stöhnen verlautend, lässt sich der Rapportführer auf die Chaiselongue fallen, leert sein Glas in einem Zug. Dann wendet er seinen Blick zu mir und erwartet, dass ich trinke. Nur langsam hebe ich das Glas, setze es an meinen Mund. Die helle Flüssigkeit umschließt meine Lippen.

Rasch senke ich das Glas ab, schlucke und spüre den bitteren Geschmack auf meiner Zunge. Der Rapportführer ist zufrieden, blickt nach vorn. Ich hoffe, er erwartet nicht, dass ich dieses Glas leere. Niemals trank ich Alkohol.

Ein weiteres Glas schenkt er ein, trinkt und wiederholt dies erneut. Die Trunkenheit wird sein wahres Gesicht offenbaren.

Die Stille liegt schwerem Nebel gleich im Zimmer. In meinem Kopf zerfressen mich die Gedanken. Die Angst lässt mich zittern. Das Unheil ist nah.

Morgen werden meine Kameraden ausharren müssen. Der Morgenappell wird an ihnen zehren. Die Wachmannschaft wird nach mir suchen. Das Unheil ist nah.

Ich höre, dass der Rapportführer erneut die Flasche öffnet. Erneut verschwindet der Alkohol in seinem Mund. Dann platzt alles aus ihm heraus.

Er erzählt von seinem Werdegang, seinem Vater, seiner Arbeit im Lager. Ich höre ihm aufmerksam zu. Umso mehr er spricht, umso mehr Geheimnisse er mir offenbart, desto weicher erscheint mir die Chaiselongue unter meinem Gesäß.

Über das Lager spricht er, lässt Worte über seine Lippen gleiten, die niemals in die Ohren eines Häftlings gelangen sollten. Sicherlich gibt es Kameraden im Lager, die für diese Informationen töten würden.

*

Die Dunkelheit umhüllt das Lager. Ich weiß nicht, in wie vielen Stunden der Appell abgehalten werden wird. In einem Sessel sitzt der Rapportführer. Während er sprach, stand er auf und nahm darin Platz. Die Beine hängen über der Lehne, sein Rücken überstreckt sich. Schlaff hängen die Arme am Sessel herunter. Ein Lied scheint er singen zu wollen. Doch lediglich ein Lallen durchdringt seine Kehle.
Seine Stimmung wandelt sich.

„Manchmal bin ich äußerst traurig. Bist du auch manchmal traurig?", werde ich gefragt. Ich gebe ihm keine Antwort und denke, dass die Antwort auf diese Frage offensichtlich sein mag. „Du antwortest mir nicht", sagt er daraufhin. „Du musst jetzt schlafen gehen. Es ist spät." Die letzten Tropfen aus seinem Glas gießt er sich in den Mund hinein. Enttäuscht blickt er in die leere Flasche, die er in der anderen Hand hält. Auf den Knien kommt er an die Chaiselongue heran. Ich drücke mich gegen die schmale Lehne.

Groß werden seine Augen, als er das Glas sieht, dass ich in den Händen halte. „Dein Glas ist noch voll. Darf ich?", fragt er mich mit einer hohen Stimme.

Widerstandslos reiche ich ihm das Glas. Zufrieden reibt er sich den Bauch, als er das Glas geleert hat. Ich habe mich noch nie in der Gegenwart eines betrunkenen Menschen befunden. Ich habe mich noch nie in der Gegenwart eines betrunkenen Mitgliedes der Lagerleitung befunden.

Auf den Boden legt sich der Rapportführer. Die Glieder streckt er von sich. Die Atemzüge werden tiefer. Der Bauch hebt sich. Der Bauch senkt sich. Das Glas fällt aus seinen Fingern heraus. Mit der Fußspitze drücke ich gegen seine Hüfte. Er schläft.

Ich sitze im Dienstzimmer eines Mitgliedes der Lagerleitung. Allein. Wenn die Sonne aufgeht, könnten die anderen Wachposten dieses Zimmer aufsuchen, den Rapportführer sprechen wollen. Das Licht der Lampe auf dem Schreibtisch sollte ich umgehend löschen. Lautlos stehe ich auf.

Schwer atmend stütze ich mich gegen den Schreibtisch. Stechend ist der Schmerz in meinem Körper. Vorsichtig drücke ich auf den Schalter der kleinen Lampe. Sie erlischt.

Meine Augen gewöhnen sich an die Dunkelheit. Die Vorhänge wirken erleuchtet. Das Scheinwerferlicht, das auf das Lager heruntersinkt, möchte in diesen Raum dringen. Mit dem Zeigefinger schiebe ich den schweren Stoff beiseite, blicke vorsichtig hindurch.

Seit vielen Jahren blicke ich aus einem Fenster hinaus. Es ist ein befremdliches Gefühl. Mit einem Blick über die Schulter überprüfe ich, dass der Rapportführer mich nicht sieht.

Ich befinde mich im Hauptgebäude, schwebe über dem Lagertor. Fast das gesamte Lager kann ich erkennen. Schwarzer Rauch steigt aus dem Krematorium hinaus. Die klumpigen schweren Schwaden schlucken das gleißende Licht der Scheinwerfer. Eine geheime Verbrennung. Vor meinem inneren Auge sehe ich Tomasz, der die Ofentüren zuschlägt.

An den endlosen Dächern der Baracken bleiben die Schwaden hängen. Niemals habe ich diesen Ort aus der Luft betrachtet. Ich lehne mich zur Seite, werfe einen Blick auf die vorderen Baracken des Krankenreviers. In einer dieser Baracken befindet sich Wojciech. Morgen werde ich ihn wiedersehen. Fest glaube ich daran. Erneut lasse ich meinen Blick über die Dächer gleiten.

Das Lager gleicht einer kleinen Stadt. Eine Stadt, in der niemand leben möchte. Eine Stadt, in der sich alle danach sehnen, sie endlich verlassen zu können.

Als die Scheinwerfer schwenken, löse ich schnell meinen Blick und schiebe den Vorhang zurück. Erneut nehme ich auf der Chaiselongue Platz, lasse meine schmerzenden Knochen ruhen.

Doch ich darf es nicht zulassen, einzuschlafen. Ich muss wachsam bleiben. Mein Blick haftet am Rapportführer. Ich warte darauf, dass er aufwacht, mich schlägt, mich aus diesem Zimmer bringt.
Schließlich verändere ich meine Position und lege den Kopf auf die seitliche Lehne. Meine Augenlider werden schwer. Ich liege auf einer Chaiselongue. Ich liege auf einer sauberen, weichen Chaiselongue.

*

Ein dröhnendes Klopfen reißt mich aus dem Schlaf. Mein Kopf zerbirst, die Rippen zerbrechen, als ich mich aufrichte. Von tausenden Messern werde ich zerstochen. Ich lasse meinen Blick schweifen und sehe, dass die Ereignisse des gestrigen Tages kein Traum sind, sondern der Realität entsprechen.
Der Rapportführer liegt auf dem Boden. Speichel rinnt seitlich an seinen Wangen herunter. Ich muss warten, bis er aufwacht.

„Hallo? Johannes? Bist du hier drinnen?", höre ich eine Stimme rufen. Sie dringt von der anderen Seite der Tür in das Dienstzimmer hinein.

Ich erkenne, dass ich den Rapportführer wecken muss. Leise drücke ich mich von der Chaiselongue herunter, setze mich neben den Rapportführer.

Erneut wird sein Name durch die Tür hindurch gerufen. Mit der Fingerspitze berühre ich wiederholt seine Hüfte. Unruhig bewegt er sich daraufhin und wirft den Kopf zu den Seiten. Die Augenlider drücken sich zusammen.

Ich wiederhole diese Bewegung, erhöhe den Druck auf seine Hüfte. Dann reißt er die Augen auf, hebt seinen Kopf, sieht sich um. Er erstarrt, als er mich ansieht.
Auf die Tür des Dienstzimmers zeige ich. Seine Augen folgen. Tief sieht er mir fragend in die Augen, bis ein Schlag gegen die Tür gesetzt wird.

„Johannes! Der Appell!" Ein Schock fährt ihm durch den Körper, als er auf seine Taschenuhr sieht. Kraftvoll stößt er mich von sich fort.
Schützend halte ich meine Hände vor das Gesicht, werde vom Boden gehoben und sitze wieder auf der Chaiselongue. Ich löse meine Haltung und beobachte den Rapportführer.

Die Vorhänge zieht er auf, tritt vor den Spiegel und fährt sich hastig durch die Haare. An der Jacke seiner Uniform zupft er, überprüft den Geruch seines Atems.

Als er auf die Tür zugeht und die Hand nach dem Schlüssel in der Tür streckt, steigt mein Puls. Seine Finger legen sich auf den Schlüssel. Dann dreht er sich zu mir, sieht meinen flehenden Blick. Zwei große Schritte setzt er, rutscht dabei fast auf dem Boden aus. Vor der Chaiselongue kniend sieht er zu mir hinauf. Meine Hände hat er gegriffen und drückt sie fest zusammen.

„Johannes! Bist du da drin? Ich komme jetzt rein!", dröhnt ein weiterer Ruf vom Gang in dieses Zimmer hinein. „Ich komme gleich!", sagt der Rapportführer. Die Angst lässt mich seine Hände drücken. Ich kann nicht fliehen. Der Rapportführer beißt sich auf die Unterlippe.

Binnen weniger Sekunden hat er mich unter den Armen gegriffen und in den Wandschrank gesetzt. Die Tür des Wandschrankes wird zugeschlagen. Ich rühre keinen Muskel und verharre in der Position, in der ich im Wandschrank landete. Die Schmerzen durchziehen mich. Ich höre den Schlüssel, der im Schloss des Schrankes bewegt wird. Ich höre den Schlüssel, der sich in der Tür des Dienstzimmers dreht.

Eine weitere Person betritt den Raum. Ich versuche, meinen Atem flach zu halten, nicht bemerkt zu werden. „Ich dachte bereits, dir wäre etwas zugestoßen. Ich bin an deinem Haus gewesen, aber Mathilde war auch nicht da und dann", spricht eine Stimme.

Mein Herz rutscht tief in meine Hose, als die Stimme verstummt. Doch sie fährt fort: „Du hast gestern Abend einen Wein zu viel getrunken, nicht wahr?" Die Stimme spricht weiter. Das Gespräch rückt in den Hintergrund. Ich konzentriere mich auf die Schritte, die sich von mir abwenden, das Zimmer verlassen. Die Zimmertür wird verschlossen. Das Rauschen meines Atems erfüllt den Raum.

*

Ich sitze in einem Wandschrank. Ich sitze in einem Wandschrank und weiß nicht, wie lang ich ausharren werde, wie lang ich ausharren muss. Der Platz in diesem Schrank ist dürftig.

Für einen Moment schließe ich meine Augen. Ein angenehmer Duft strömt in meine Nase hinein und lässt mein Herz langsamer schlagen.

Vorsichtig berühre ich den Stoff der sauberen Uniformen. Das Hemd, welches an meinem Körper herunterhängt, berühre ich ebenfalls. Einen Schauer lässt dieses zarte Gefühl durch meinen Körper gleiten.

Ich versinke in diesem Gefühl der sauberen, wohlriechenden Uniformen. Ihre Verarbeitung ist nicht vergleichbar mit den harten Stoffen, den losen Fäden meines Hemdes, meiner Hose.

Ich versuche, mich zu drehen, um meine Beine ausstrecken zu können. Die Bewegungen sind unerträglich. Doch es gelingt mir, mich zu drehen, mich an den Kartons, die auf dem Boden des Schrankes stehen, anzulehnen. Vor meinem inneren Auge verstreicht der gestrige Tag. In meinem Kopf sehe ich die Bilder. Wojciech steht vor mir. Geschwächt brach er zusammen. Aus seinen glänzenden Augen flossen die Tränen. In das Krankenrevier brachte ich ihn. Ich brachte ihn an den Ort, den er im Herzen fürchtet.

Ich sehe den Blick des Rapportführers, als er mir das Glas reichte, als er mir von seinem Leben berichtete. Ich bin nicht im Bunker.

Ich bin in einem Wandschrank.

Ich bin im Wandschrank des Rapportführers.

Er verletzte mich nicht mit seinen Worten. Er verletzte mich nicht mit seinen Waffen. Er löste das Seil. Er stützte mich. Er gab mir eines seiner Hemden. Ich trage ein sauberes Hemd. Ich trage das Hemd des Rapportführers.

In diesem Schrank möchte ich bleiben. Der Schrank ist sauber. Der Schrank ist warm. Niemand kann mich in diesem Schrank finden. Niemand. Bis auf einer.

*

Auf die Uniformen, auf die Schranktür blicke ich, streiche über die Stoffe, schließe meine Augen.

Schmale Spalte befinden sich in der Schranktür. Fahles Licht fällt durch die schrägen Holzelemente in den Schrank hinein. Das wenige Licht lässt mich ermüden. Ein tiefes Gähnen dringt in die Stille hinein. Meine Rippe knirscht, bewegt sich dabei. Ich lege meinen Kopf auf den Knien ab.

Die zarten Lichtstrahlen verändern ihre Form. Sie strecken sich und verschmelzen mit dem dunklen Holz des Schrankes. Mit dem Zeigefinger streiche ich über die schrägen Latten der Schranktür.

Eine Erinnerung, die niemals verblassen wird, erscheint. Meine Augen schließen sich. Schwer sind die Lider. Den beißenden Wind spüre ich in meinem Nacken. Das grelle Licht blendet mich.

Die Stimmen, das Gedränge nehme ich wahr und sehe die Menschen vor mir. Die Nässe hängt in den Bäumen, auf den Straßen, in unseren Kleidern. Die Kraft ist uns verlorengegangen. Zwischen den Sprachen, den lauten Schreien sticht eine Stimme hervor. Die Stimme des Teufels.

*

Schwankend stehen wir im Zugwaggon. Zusammengedrängt stehen wir. Durch das Wanken des Zuges stoße ich mit den fremden Menschen zusammen. Ich entschuldige mich leise, erhalte keine Antwort. Seit mehreren Tagen fahren wir. Der Geruch in diesem hölzernen Waggon ist unerträglich. Die Luft ist schlecht.

Die Krämpfe in meinem Magen krümmen mich. Der kalte Schweiß klebt auf meiner Haut. Einige Menschen sprechen. Die anderen Menschen versinken in ihrem Schweigen. Sie kratzen sich an ihren Körpern, falten die Hände zum Gebet.

*

Der Zug stoppt. Lichtstrahlen durchdringen die Spalte der Holzlatten. Die Stimmen werden lauter. Sie brechen aus den Kehlen heraus. An die Brust des Nebenmannes krallen sich die Hände. Niemand weiß, was geschehen wird. Wir wissen nicht, was uns auf der anderen Seite des Waggons erwartet.

Ich spüre, dass sich der Boden unter meinen Füßen entfernt, dass ich zu meinen Eltern zurückkehren möchte. Mir gelingt es kaum, über die Schultern der Menschen vor mir zu sehen. Auf die Zehenspitzen stelle ich mich, sehe einen Mann.

Unruhig zupft er an seiner Kleidung. An den Hosenträgern zieht er. Den Kopf schüttelt er ununterbrochen, sucht den Waggon mit seinen Blicken ab. Dann
zieht er kraftvoll an seinen Haaren, lässt die Hände
heruntersinken.

Ich strecke meinen Arm zwischen den beiden Frauen
vor mir hindurch und greife die Hand des jungen
Mannes. Er dreht sich zu mir um, kann mich nicht
entdecken. Hoch steht der Kragen seines Hemdes.
In dem Moment, in dem ich sein Gesicht erblicke,
spüre ich sofort, dass ich diesem Mann vertrauen
kann.

*

Der Geruch des kalten Rauches durchströmt das
Zimmer. Ein Mann sitzt am Schreibtisch. Meine
nackten Füße pulsieren. Seit ich das Zimmer betreten
habe, hat der Mann noch nicht mit mir gesprochen.
Tief zieht er an seiner Zigarette. Entstellt ist die
Hand. Zusammengesetzt mit den letzten Mitteln.
Kaum bewegen sich die Finger. Die Art, auf die er die
Zigarette hält, sie an seinen Mund heranführt, erin-
nert mich an meine Mutter.

„Name?", sagt er plötzlich. Er bemerkt, dass ich ihm
nicht antworte. Sein Blick richtet sich auf mich. Die
Schirmmütze und der hohe Jackenkragen umrahmen
das Gesicht.

Abzeichen prangen auf der Brust. Seine Stirn ist von leichten Furchen durchzogen. In seinem Ausdruck liegen die Erinnerungen des Krieges.

Wortlos sehe ich in seine schmalen Augen. Mit ungeduldiger Stimme wiederholt er: „Name?" Breitbeinig stellt er sich vor mir auf, als ich ihm erneut nicht meinen Namen nenne.

„Sprichst du etwa nicht? Wurden dir im Waggon die Stimmbänder herausgerissen? Jetzt stell mir gefälligst die Angaben zur Verfügung, die ich benötige oder ich sorge wirklich dafür, dass dir die Stimmbänder herausgerissen werden", wird mir gedroht. Ich senke den Kopf. Der Mann verharrt in seiner Position und wiederholt sich ein drittes Mal: „Name?"

Meine Lippen weigern sich, ihm die Worte zu übermitteln. „Es reicht!" Ein schwerer Tritt in meinen Bauch. Ich stürze zu Boden.

Ohne seine Position verändert zu haben, sagt er: „Steh auf." Ich stehe auf, antworte widerwillig. Die Fragen wollen nicht enden. In meiner Brusthöhle ist es leer. Die Worte gehen schwer über meine Lippen. Die Ansage meiner Personalien sollen meine letzten Worte gewesen sein.

*

Die Atemzüge brennen. Desinfizierte Menschen stehen vor mir. Der Geruch verätzt meine Nase. Die Wunden schmerzen, erdrücken mich. Beschämt stehe ich unbekleidet vor den Männern und Frauen. Blut läuft meinen Nacken herunter. Vor einer hölzernen Theke stehen wir. Mein Körper bebt.

Regale, Reihe um Reihe, türmen sich hinter der Theke. Blaue und weiße Streifen. Männer in ziviler Kleidung führen Listen, stellen Fragen. Die Schritte setze ich nach vorn, bis ich vor der Theke stehe.

Fragend, erwartungsvoll werde ich angesehen. Der Mann hinter der Theke spricht mit mir. Seine Worte verschwimmen. Ich höre ihn nicht. Ich kann mich nicht bewegen. Mit großen Handbewegungen versucht der Mann, meine Aufmerksamkeit zu erlangen. Ein weiterer Mann tritt zwischen den Regalen hervor, tritt zu mir heran. Sanft spricht er mit mir. Ich höre nichts. Ich sehe die Bewegung seiner dünnen Lippen.

Mit der offenen Handfläche zeigt er mir, wohin ich gehen soll. Am Rand der Theke stehe ich. Tief sinkt mein Kopf auf die Brust. Nach meinem Handgelenk greift er, nickt. Zwischen den Regalen verschwindet er, kehrt zu mir zurück.

In meine Arme legt er einen Stapel Kleidung. Blaue und weiße Streifen. Ein zartes Lächeln schenkt er mir und betritt wieder die andere Seite der Theke.

Neben der Theke bleibe ich stehen, kann mich nicht bewegen. Ich beobachte die anderen Menschen. Einsam. Unbekleidet. Ich zittere in der Kälte. Erst später bemerke ich, dass eine Scheibe Brot zwischen den Kleidungsstücken liegt.

*

Ich betrete die Baracke. Ein langer Saal offenbart sich mir. Mehrere Menschen sitzen in diesem Raum. Ein älterer Mann sitzt am Tisch und winkt mich zu sich herüber, als er mich sieht. Ich gehe zu ihm. Er reicht mir seine Hand. „Dort hinten ist der Schlafsaal. Du solltest dir einen Schlafplatz suchen", sagt er sanft und deutet auf eine offenstehende Tür. Ein weiterer Saal befindet sich dahinter.

Dreistöckige Betten stehen an den Seiten. Pritschen. Einige Menschen liegen darauf, beachten mich nicht. Sie liegen dicht an dicht. Ich weiß nicht, ob ich mich auf eine dieser Pritschen legen soll.

Ich betrachte den Raum, sehe in die Gesichter der Menschen. Ausdruckslos. Am hinteren Ende des Saals sitzt ein Gefangener. Auf dem Boden. Die Beine hält er verschränkt. Die Arme hängen kraftlos herunter. Wunden bedecken seine Kopfhaut.

Die Hand umschließt krampfend die dünne Mütze.

Ich gehe auf ihn zu, knie mich vor ihn. Er bemerkt meine Anwesenheit nicht, ist in sich versunken. Ich spüre die Verbindung, möchte Kontakt aufnehmen. Vorsichtig lege ich meine Hand auf seinen Unterarm.

Nur langsam reagiert der Mann, mustert meine Hand. Dann hebt er seinen Kopf und sieht tief in meine Augen hinein. Ich erkenne ihn.

„Hast du im Zug meine Hand gehalten?", fragt er mich. Ich antworte mit einem zaghaften Nicken. Seine Stimme ist schön. Er stellt mir eine weitere Frage: „Du bist heute ebenfalls an diesem Ort angekommen, nicht wahr?" Ich spüre, dass ihn die Umstände belasten, spüre seine Angst, die ich teile. Ich nicke nochmals. Offenherzig breitet der junge Mann seine Arme aus. Ich rücke näher an ihn heran.

„Ich heiße Wojciech. Wojciech Czarnowski. Magst du mir auch deinen Namen verraten?", flüstert er in mein Ohr hinein. Ich antworte ihm nicht. Der junge Mann versteht.

„Du musst mir nichts über dich erzählen, aber dann musst du mir versprechen, mir deinen Namen zu verraten, sobald wir hier wieder freigekommen sind, ja? Dann verrate ich dir auch, woher ich komme. Was hältst du davon?" Ich nehme das Versprechen an, lächle ihm verlegen zu. Ich fühle mich wohl in seinen Armen, nehme seine Körperwärme auf.

Mit dem Kopf rückt er näher an mein Ohr heran und beginnt, zu singen. Leise singt er eine schöne Melodie. Ich kann seine Sprache nicht verstehen. Doch dieser Gesang macht seine Stimme noch schöner, als sie ohnehin bereits ist.

*

Ein starker Juckreiz in meiner Nase lässt mich aufschrecken. Ich muss eingeschlafen sein. An Wojciech denke ich. Eine Träne fließt über meine Wange. Auf meine Hand blicke ich herunter und spüre den Druck seiner Hand, die meine Finger umschließt, sie wärmt.

Meine Gedanken treiben durch die ersten Tage und Wochen im Lager. Alles befand sich im Aufbau. Den stromdurchflossenen Zaun gab es noch nicht.

Wenige Gebäude waren fertiggestellt. Das Hauptgebäude hingegen hat sich bis zum heutigen Tag nicht verändert. Die Besatzung war klein. Im Vergleich zu den folgenden Jahren waren es nur wenige Männer, die Aufsicht führten, Befehle und Strafen erteilten. Kröll war es, der meine Personalien aufnahm.
Der ältere Häftling berichtete mir später von der hohen Position Krölls. Zwei Monate und vier Tage lagen zwischen seiner und meiner Ankunft an diesem Ort.

Er weihte mich in Regeln des Lagers ein, die nicht festgeschrieben standen, teilte seine Geheimnisse mit mir. Ein halbes Jahr später verließ er diesen Ort.

Binnen weniger Monate begann das Lager zu wachsen. Weitere Baracken wurden errichtet. Unzählige Transporte trafen ein. Ein Jahr nach meiner Ankunft wurde der Bunker fertiggestellt, im Folgejahr das Krematorium. Die Zahl der Arbeitskommandos nahm zu. Wir Gefangenen waren es, die dieses Lager errichteten. Wir errichteten unsere eigenen Gräber.

Die Arbeit in den Kommandos unterscheidet sich. Es gibt Kommandos, die im Lager arbeiten, Reparaturen vornehmen. Es gibt Kommandos, die das Lager täglich verlassen, in Fabriken und Werken tätig sind, Bauarbeiten für die umliegenden Städte verrichten.

Ich bin nicht in die Werke gegangen. Ich errichtete keine Gebäude für das Lager. In den Steinbruch wurde ich geschickt. Zwei Jahre lang überlebte ich, stellte mein Fleisch unter die Kontrolle meines Willens. Unzählige Menschen sah ich unter der harten Arbeit im Steinbruch zerbrechen.

Nach der Fertigstellung und Inbetriebnahme des Krematoriums wurde ich sofort für die Arbeit in diesem Gebäude eingeteilt. Die körperliche Last wurde minimiert. Der Regen, der Schnee durchnässen nicht länger meine Kleidung. Ich bekomme seitdem eine zusätzliche Ration Nahrung.

Doch ich sah die toten Menschen. Ich sah die toten Menschen unbekleidet, mit offenen Mündern, den Wunden, den Narben vor meinen Füßen. Seitdem stoße ich sie in die Öfen hinein und verkoche in der Hitze des Verbrennungsraumes.

Seit diesem Tag stelle ich mir die Frage, weshalb ich für die Arbeit in diesem Kommando eingeteilt wurde. Liebermann war der Aufseher des Kommandos im Steinbruch, in dem ich tätig war. Ich war die erste, die er für das Kommando des Krematoriums auswählte. Die Narbe seiner Peitsche teilt meinen Rücken.

*

Mehrfach schließe ich die Augen. Die Erinnerungen holen mich ein. Meine Haltung verändere ich, drücke auf meine Rippe. Der Duft der sauberen Kleidung umgibt mich.

Erneut umschließen mich meine Gedanken und die Augenlider werden schwer. Fremde Klänge werden hörbar. Sie sind leise.

Die Tür des Dienstzimmers wurde geöffnet. Die Schritte sind nicht schwer. Doch sie werden lauter. Sie kommen näher.

Sofort unterdrücke ich meine Atmung. Ich darf nicht gefunden werden, umschließe meine Beine und verstecke mich dahinter. Dann höre ich den Schlüssel.

Ein warmes Licht dringt in den Schrank hinein. Rapportführer Herzog blickt zu mir herunter. An die Stirn greift er sich. Das Zittern setzt ein, als er sich zu mir herunterbeugt. Vom Boden hebt er mich auf. Die finsteren Gedanken ziehen an mir vorbei. Auf der Chaiselongue setzt er mich ab. Die Uniform hat er noch nicht abgelegt. Seine Stiefel betrachte ich. Sie glänzen und spiegeln das Licht. Lediglich an der Ferse befinden sich leichte Spuren schlammiger Böden.

Ich sehe das Licht. Es stammt von einer Kerze. Die Dunkelheit ist bereits über das Lager gezogen, umhüllt uns. Neben mir nimmt der Rapportführer Platz. Auf die Wand seines Dienstzimmers sieht er. Ich nutze diesen Moment, um vorsichtig von ihm wegzurutschen. Zu nah hat er sich neben mich gesetzt. Doch ich werde bemerkt.

Erschrocken sehe ich ihn an. Ein Lächeln gibt er mir zurück. „Bitte verzeih mein forsches Handeln heute Morgen. Bitte verzeih, dass ich dich in den Schrank gesetzt habe", entschuldigt er sich.

Er lacht dabei. Er lacht über sich selbst. Es ist ein unbeschwertes Lachen. Wieder betrachtet er die Wand. Ich betrachte seine Gesichtszüge.

Wir verharren in unserer Haltung, bis ein tiefes Gähnen aus mir herausbricht. Meine Glieder strecken sich. Der Schmerz lässt sie mich zurückziehen.

Ich gähnte neben dem Rapportführer. Ich gähnte und hielt nicht einmal die Hand vor meinen Mund. Angst steigt in mir auf.

Doch Rapportführer Herzog fokussiert meinen Oberkörper. „Darf ich einmal deinen Brustkorb ansehen?", fragt er. Seine Reaktion lässt mich nachdenken. Die Handschuhe streift er ab, rutscht näher an mich heran, senkt den Kopf und sieht auf meine Rippen.

Ich lasse seine Blicke über mich ergehen. Lasse ihn für einen kurzen Augenblick aus meinem Sichtfeld. Ich spüre, dass er seinen Zeigefinger auf meinen Beckenknochen drückt. Ich unterdrücke den Drang, ihn anzusehen. Der Druck nimmt ab. Sein Finger löst sich von meinen Beckenknochen.

Wenige Sekunden später kehrt der Druck zurück. Auf meinem Rippenbogen. Die Intensität erhöht sich. Das Messer dringt in mein Fleisch hinein, zerreißt meine Organe.

Hastig drehe ich meinen Kopf zu Rapportführer Herzog, verziehe die Augenbrauen. „Bitte bewege deinen Oberkörper. Eine kleine Neigung ist ausreichend", bittet er mich. Sein Ohr legt er an meine Rippen.
Es ist warm.

Heftig erschrecke ich, als Rapportführer Herzog von der Chaiselongue aufspringt, zu seinem Schreibtisch geht, die Schublade aufreißt. Mit einem Glas Wasser kehrt er zurück. Die andere Hand hält er verschlossen. Eine Kugel. Eine Kugel, die er durch mein Herz jagen wird.

Er präsentiert seine Handfläche. Eine Tablette. Rapportführer Herzog bietet mir Medikamente an. Rapportführer Herzog bietet mir seine Medikamente an. Niemals nahm ich eine Tablette ein. „Habe keine Angst. Diese Tablette soll dir helfen. Sie lindert deine Schmerzen", sagt er beruhigend zu mir.
Ich glaube ihm.

Ich halte ihm meine Hände entgegen und greife nach dem Glas, nach der Tablette. Ich lege die Tablette auf meine Zunge. Sie beginnt, sich aufzulösen. Der Geschmack ist mir zuwider, sodass ich sie zerbeiße, sie schnell herunterschlucken möchte.
Mein Hals trocknet aus.

Rapportführer Herzog möchte seine Uniform ablegen. Doch er vernimmt mein Husten und dreht sich zu mir. Er schmunzelt, während er sich neben mich setzt und mir erklärt, wie diese Tablette eingenommen wird. Vorsichtig nicke ich daraufhin. In seinen Augen liegt ein Glanz, als er mein Nicken vernimmt. Dann steht er auf und legt seine Uniform ab.

Sorgfältig löst er die Schnürung seiner Stiefel. Die Jacke wird an den Haken neben seinen Schreibtisch gehangen. Seine Bewegungen wirken elegant. Die Hosenträger lässt er schnipsen, als er wieder neben mir Platz nimmt. Die Stille nimmt den Raum zwischen uns ein. Ich sehe, dass er nachdenkt.

Plötzlich springt er auf, wirkt begeistert. Hinter die Chaiselongue geht er und bringt eine kleine lederne Tasche zu mir heran. Seine Hand taucht in die Tasche hinein und zieht zwei Scheiben Vollkornbrot hervor. In meiner Brust, in meinem Bauch kann ich meinen sich weitenden Herzschlag spüren. Speichel durchflutet meine Mundhöhle. Ich blicke auf die dunklen Scheiben des Brotes. Sie sind nicht vertrocknet. Ich sehe das Glas, gefüllt mit Wasser, in meinen Händen. Fragend sehe ich Rapportführer Herzog an.

„Bitte. Du musst essen", sagt er, reicht mir die Scheiben des Vollkornbrotes. Zaghaft beiße ich hinein, erstarre, genieße den Geschmack, lasse das Wasser langsam meine Kehle hinunterfließen.

Rot werde ich, als Brot und Wasser verschwunden sind und mein Blick auf den Rapportführer fällt, der mich beobachtet hat.

Er greift in die Brusttasche seines Hemdes. Erneut streckt er mir seine geschlossene Hand entgegen. Jeden seiner blassen Finger streckt er einzeln aus, bis sich die Hand vollständig öffnet.

Mit der anderen Hand öffnet er die kreisförmige Dose, die in seiner Handfläche zum Vorschein kommt. „Du darfst dieses letzte Stück Schokolade haben. Doch ich gebe es dir nur, wenn du mir einige Fragen beantwortest", nennt er seine Bedingung. Schokolade. Zucker. Wärme durchströmt meine Brust. Ich blinzle, nicke ihm zu. Er öffnet die Dose, reicht mir die Schokolade. Sie zergeht auf meiner Zunge.

Ich beginne, zu verstehen.
Er spielt nicht mit mir.
Er wird mich nicht töten.
Er erfreut sich nicht an meinem Leid.
Die Arme vor der Brust verschränkend lehnt er sich zurück und denkt nach. Ich beginne, zu verstehen, dass ich in seiner Gegenwart keine Angst verspüren muss.

*

Leicht fiel es mir, seine Fragen zu beantworten. Ein Kopfschütteln, ein Nicken genügte. Sein Durst nach Antworten scheint gestillt zu sein. Mir scheint, als wenn er die Antworten erwartet habe. Dennoch entsetzen sie ihn. Sein Blick ist starr an die Wand gerichtet. Über den Handrücken, durch die Haare streicht er dabei.

Wieder steht Rapportführer Herzog auf, geht auf die Wand zu, die er ununterbrochen beobachtet. Ein Radio, ein kleines Radio schaltet er ein, dreht am Regler. Ein Rauschen ertönt. Innere Unruhe steigt in mir auf. Erstaunt bin ich, dass mein Brustkorb nicht schmerzt, als ich mich aufsetze. Ein Lied beginnt zu spielen. Mit einem schiefen Lächeln im Gesicht setzt sich Rapportführer Herzog wieder neben mich.

Dem Klang der Melodie verfallen, schließe ich meine Augen.

Die Komposition verstummt. Rapportführer Herzog möchte sich erheben, um den Sender zu wechseln. Doch ein weiteres Lied ertönt. Zufrieden lässt er sich fallen. Ich sehe seine Augen. Ich sehe seine Hände. Leicht sind die Bewegungen. Er ist in seinen Gedanken versunken. Ich sehe tief in seine Augen hinein. Er bemerkt nicht, dass ich in ihnen versinke.

*

Das Lied verstummt. Er nimmt ein Glas, füllt die helle Flüssigkeit hinein. Vor dem Radio beugt er sich herunter, dreht an dem schwarzen Regler. Sein Rücken ist schlank. Er nimmt zu wenig Nahrung zu sich. Absichtlich.

Wieder sitzen wir nebeneinander. Eine tiefe Stimme, eine männliche Stimme ertönt aus dem Lautsprecher. Ich erkenne die Worte der mir unbekannten Sprache. Wojciechs Muttersprache.

Wenige Sätze werden gesprochen. Instrumente spielen harmonisch im Einklang. Eine tiefe weiche Stimme. Der erste Ton. Meine Gefühle brechen auf mich herein. Das Herz presst sich gegen das Brustbein. Ich spüre Wojciechs Hand, die mich hält. Seine Arme umschließen mich. Das dünne Hemd. Der warme Atem.

In meiner Baracke sitze ich, höre Wojciechs Stimme. Die Augen schließen sich. Langsam lehne ich mich an ihn heran. Die dünnen Beine stützen meinen Kopf. Die Spannung in meinem Körper löst sich.

Ich öffne meine linke Hand, lege sie neben mir ab und warte, bis er mich festhält. Zart streichen seine Finger durch meine Haare. Die Musik zieht einem süßen Dunst gleichend um mein Gesicht, legt sich um meinen Körper. Sein Arm auf meinem Rücken wärmt mich.

Die Musik zieht in die Stille hinein. Eine harte Stimme spricht. Mein Herz schlägt heftiger. Ich liege nicht in Wojciechs Armen.

Spärlich öffne ich meine Augenlider. Das Licht wird schwächer. Die Wärme bleibt. Ich bin nicht in meiner Baracke. Eine Decke umhüllt mich. Ein Arm liegt auf mir. Eine Hand umschließt meine Finger. Blasse Haut. Die Adern kann ich sehen.

Ich fühle mich wohl. Ich fühle mich wohl an diesem Ort. Die Müdigkeit umhüllt mich. Die Stimme im Radio wird zu einem Rauschen. Leise zieht es durch den Raum. Warm ist es in meiner Brust. Mein Herz schlägt. Ich höre, wie Johannes Herzog das Licht der Kerze löscht. Ich ziehe meine Beine näher an meinen Bauch heran. Ich drücke seine Hand.

*

Der Schnee fällt herunter. Wir stehen auf dem Appellplatz. Die Wachposten tragen Mäntel, lederne Handschuhe, warmhaltende Schals. Der kalte Wind bläst durch unsere Hemden hindurch.
Schwer fällt es mir, zu stehen. Unerwartet brach der Stein aus dem toten Felsen. Mein Fuß, mein Knöchel erstarren in der blauen Kälte unter dem Geröll.
Der Rapportführer tritt an das Mikrofon. Korpulent. Herrisch. Die Stimme reibt sich in die Ohren hinein. Laut nennt er die Kommandos. Die Marschkappelle spielt neben dem Lagertor.

*

Der Weg zum Steinbruch ist weit. Jeden Morgen reißt dieser Marsch die Menschen von der Straße herunter. Sie stürzen über ihre wunden Füße, brechen unter der Last ihrer eigenen Körper zusammen. Sie versuchen, sich zu erheben. Der Schuss jagt ihnen durch den Kopf.

Schnell greifen wir nach den Werkzeugen, gehen an unsere Posten. Die Schläge auf das leblose Gestein strengen die Muskeln an, zerbrechen die Knochen, zerdrücken die Herzen.

Im Winter zerfrisst die Kälte die Füße, das Gesicht. Jeden Tag folgen wir dem gleichen Rhythmus. Die Bewegungen sind vorhersehbar.
Ich folge dem Rhythmus des klagenden toten Gesteins. Dem Rhythmus der fortwährenden Schläge.

*

Die Dunkelheit beginnt, sich über die Felswände zu legen. Das Ende des Tages ist noch weit entfernt. Ich schlage den Stein aus dem Fels heraus, warte, dass er abtransportiert wird.
Mein Kamerad kommt zu mir herüber. In seinem Gesicht sehe ich den Schmerz. Über den Stein beugt er sich, will ihn heben. Nach wenigen Schritten bricht er zusammen. Ich darf ihm nicht zur Hilfe kommen. Gegen den Stein lehnt er sich und ringt nach Luft. Einem stillen Jäger gleicht der junge Wachposten, die Hände hinter dem Rücken haltend.

„Heb den Stein auf. Das kann doch nicht schwer sein", spricht er herablassend zu meinem Kameraden. Dieser versucht, sich mit seiner letzten Kraft zu erheben. Neben dem Stein sinkt er erneut zu Boden.

„Wird das heute noch was?", spottet der Wachposten. Ungeduldig sieht der junge Mann auf seine Taschenuhr. Aus dem Augenwinkel beobachte ich das Geschehen, schlage weiter gegen den Fels. Mein Kamerad kann nicht reagieren. Vollends ist die Erschöpfung über ihn hereingebrochen. Die Kugel rauscht durch seine Brust. Der Schuss hallt zwischen den Felswänden hindurch.

Das Schürfen, das Schlagen, das Kratzen der kalten Werkzeuge gegen die Felswände dröhnt in meinen Ohren und setzt sich darin fest. Ich halte inne, warte darauf, dass mein Herz wieder schlägt. Der Wachposten tritt hinterrücks an mich heran. Ich spüre seine Anwesenheit, werde beobachtet.

Er verweilt hinter mir, bis ich mehrere Felsstücke herausgeschlagen habe. „Kümmere dich um deine eigenen Angelegenheiten", knurrt er in mein Ohr hinein. Er lässt von mir ab, beobachtet eine andere Gefangene.

Unaufhörlich schlage ich weiter auf das Gestein. Nach jedem Schlag sehnt es mich nach einem Moment der Ruhe. Ich möchte mich setzen.

Unweit von mir entfernt steht eine hölzerne Hütte, die für die Wachposten errichtet wurde. Aus dem Augenwinkel blicke ich zu ihr herüber.

Liebermann, nur wenige Jahre älter als ich, sitzt auf einer hölzernen Bank. In seiner Hand hält er eine Peitsche, die er auf den Boden schnellen lässt.

*

Stöhnend wache ich auf, versuche, mich zu strecken. Sofort schlief ich ein, als Rapportführer Herzog mich am heutigen Morgen in den Schrank setzte. Auf meine linke Hand sehe ich, spüre den leichten Druck. Meine Füße sind kalt. Ich frage mich, wie weit der Tag bereits vorangeschritten ist. Ich frage mich, wann Johannes Herzog wiederkehren mag.

Die kalten Tage im Winter. Die heißen Tage im Sommer. Die endlosen Tage, die der Steinbruch mich an sich kettete. Meine Fingerspitzen spüren den Griff meiner Spitzhacke und die rauen Felswände.
Ich erinnere mich an die Sommer im Steinbruch. Im eigenen Schweiß ertränkt. Doch auch wenn einige Tropfen des Schweißes in den Mund gelangen mögen, reichen diese Tropfen nicht aus, um den Durst zu stillen. Unerträglich. Die Sonnenstrahlen verbrennen die Haut, bohren sich stechend in die Stirn.

Die Zahl der Aufseher war gering. Wir Gefangenen waren in der Überzahl. Unsere Spitzhacken hätten wir erheben können, als sie uns die Rücken kehrten.

Während der Appelle stehen wir vor ihnen, sind in der Überzahl. Wir haben Angst. Wir erheben unsere Fäuste, unsere Spitzhacken nicht.

*

Schroff der Asphalt unter deinen Füßen.
Zerrissen die Kleidung an deinem Körper.
Blutig stinkend wie der Tod.
In Angst getränkt.
In Schweiß gebadet.
Der Schenkel zerbissen.
Der Kopf zerschlagen.
Das Herz zerdrückt.
Spürst das Seil an deinen Händen.
Es schnürt dir deinen Atem ab.
Es fängt dich ein.
Zerreibt die Hand.
Du suchst die Hoffnung.
Du suchst das Glück.
Hast du es einmal gefunden,
Erschlägt dich die Realität.

*

„Johannes, wir haben dies nicht abgesprochen", höre ich eine Stimme sprechen. Mein Kopf schmerzt. Ich schwebe in der Dämmerung, öffne vorsichtig meine Augen, hebe langsam den Kopf. Fahles Licht erhellt die Wand neben mir.

Kälte und Nässe haben sich tief in den Boden hineingefressen. Der Geruch ist unerträglich. Ich versuche, mich aufzurichten. Ein Druck an meinen Armen hindert mich. Von der Angst getrieben, reiße ich an meinem Körper. Die Füße erfroren. Das Seil zerreibt meine Handgelenke. Ich habe Angst. Ich weiß nicht, wo ich bin.

„Ich weiß, ich weiß, Walter", spricht eine weitere Stimme. Diese Stimme ist mir bekannt. Sofort spüre ich die Reue, als ich meinen Kopf hebe. Rapportführer Herzog und Bunkerwart Bierbach stehen vor mir. Der schwere Stiefel des Bunkerwarts drückt meinen Kopf zu Boden. Mein Schädel droht zu zerbrechen.

„Warum hast du sie nicht umgelegt? Du weißt doch jetzt, wo das Gold ist. Wofür brauchst du sie noch?", fragt der Bunkerwart. Johannes antwortet: „Sie arbeitet doch im Krematorium."

„Es ist mir dermaßen egal, wo dieses erbärmliche Wesen sich den lieben langen Tag aufhält. Ich weiß nur, dass", antwortet der Bunkerwart resigniert, „sich ein Häftling zu viel in meinem Gebäude befindet und dieser Häftling stört. Es stimmt doch, dass du jetzt weißt, wo das Gold abgeblieben ist, oder?" Schweigen. Die Angst liegt in der Luft. Der Tod ist nah. Das Blut pulsiert in meinen Adern.

„Natürlich!", sagt Herzog. Der Bunkerwart antwortet nicht. „Ich nehme die Gefangene jetzt mit. Sie soll mir eigenhändig das Gold geben und vor dem gesamten Arbeitskommando des Krematoriums zugeben, das Gold entwendet zu haben. Über die spätere Strafe mache ich mir am heutigen Nachmittag Gedanken. Das Gold wiederzufinden, steht jetzt an erster Stelle." Ich denke an Wojciech.

„Jetzt heb deinen Arsch! Bring uns gefälligst das entwendete Zahngold, du Vogel!", donnert der Aufruf Herzogs auf mich herein. Mir ist nicht bekannt, dass ihm diese Worte leicht über die Lippen gehen.
Gewaltvoll reißt er mich nach oben. Es ist mir kaum möglich, dass Gleichgewicht zu halten. Finster sind die Blicke, die auf mich gerichtet werden. Das Seil um meine Hände wird gelöst. Am Kragen werde ich gepackt. Herzog zieht mich hinter sich her.

„Bis später, Walter", ruft er dem Bunkerwart zu. Wir gehen zur Tür. „Johannes!" Der Rapportführer blickt über seine Schulter. Mit einem schiefen Lächeln und seine Mütze ziehend sagt Bierbach: „Bei der Bestrafung helfe ich dir gern." Meine Rippe zerbirst.

*

Über die Zufahrtsstraße zieht mich Herzog zwischen die Bäume am Straßenrand. Überprüfend blickt er seitlich an den Bäumen vorbei. Dann dreht er sich zu mir.

Ich lasse meinen Kopf auf die Brust sinken, schließe die Augen, warte auf die Kugel. Seinen tiefen Atem höre ich. Der Wind weht nicht. Die Vögel singen nicht. Tiefe Stille umgibt uns. Er schießt nicht.

Langsam öffne ich meine Augen und hebe meinen Kopf. Herzog sitzt auf einem Baumstumpf, legt das Gesicht in seine Hände. Er bemerkt mich nicht, als ich zu ihm gehe, mich vor ihn setze.

In seine Hände spricht er hinein: „Du weißt doch, wo das Gold ist, oder?"

Er sieht mich an. Ich senke meinen Kopf.

„Inzwischen ist bekannt, dass du das Zahngold nicht entwendet hast. Sie wollten demjenigen drohen, der es tatsächlich entwendet hat und dafür musstest du herhalten. Wenn ich das Gold nicht bis heute Mittag finde und es auf Krölls Schreibtisch gelegt habe, bringt er uns beide um", jammert Herzog.

Ich ziehe meine Augenbrauen hoch. Denn ich bin mir sicher, dass Kröll nur einen von uns töten wird. Wir denken nach.

„Hast du wirklich nichts gesehen oder gehört? Kann vielleicht dein Kapo etwas wissen?", fragt Herzog mich. Dann steht er auf, greift einen Stein und wirft ihn durch die Bäume auf die Zufahrtsstraße.

„Verdammt", sagt er zu sich selbst.

Der Klang des Steines, der auf den schroffen Asphalt fällt, hallt in meinen Ohren. Ich denke über Kazimierz nach und dann erinnere ich mich.

Rasch stehe ich auf, möchte auf die Zufahrtsstraße, möchte das Lager betreten. Herzog folgt mir mit großen Schritten, hält mich auf. „Lauf jetzt nicht weg! Wenn du gesehen wirst, dann", flüstert er in mein Ohr. Sein Gesicht ist nah, sodass ich seinen Atem spüren kann. Angenehm ist seine Stimme. Mit einer Handbewegung unterbreche ich ihn.

„Hast du eine Idee?", fragt er vorsichtig. Ich nicke, greife nach seiner Hand, ziehe ihn in die Richtung der Zufahrtsstraße. Herzog lacht, als ich versuche, ihn zu bewegen. Es gelingt nicht.

Ich löse den Griff um seine Hand und betrete die Straße. Am Kragen hält mich Johannes fest, als ich den ersten Schritt auf die Straße setze.

„Langsam. Du kannst nicht ohne einen Grund über die Straße marschieren. Niemand weiß, dass du nicht im Lager bist", ermahnt er mich. Die Gerechtigkeit zieht mich fort.

„Halte deinen Kopf gesenkt und höre bitte zu lächeln auf", sagt er verzweifelt. „Du weißt wirklich, wo das Gold ist?" Ein hoffnungsvoller Glanz liegt in seinen Augen. Ich möchte gehen. Doch am Kragen hält er mich. „Langsam." Er fragt mich, wohin wir gehen sollen. Ich strecke meinen Zeigefinger in den Himmel und deute auf die Rauchschwaden.

„Zum Krematorium?" Ich nicke. Johannes schluckt. Ich kann die Bedeutung nicht erkennen. Doch ich weiß, wohin es mich zieht. Das Zimmer der Pathologie. Die kalten Fliesen bergen ein Geheimnis.

*

„Was soll das?", ertönt hinter mir der Protest. Die Arbeiter des Kommandos der Pathologie sind nicht erfreut, dass ich die gefliese Wand untersuche. Johannes Herzog betritt hinter mir den Raum, erstickt die Worte der aufgebrachten Mitgefangenen mit einem scharfen Blick.

Unaufhörlich streichen meine Fingerspitzen über die Fliesen, tasten die Ecken ab. Dann finde ich die Fliese. Hereindrücken kann ich sie an der oberen rechten Ecke. Ich höre das Geräusch der Fliese, die ich zwischen den anderen herausnehme. Später Abend. Der Schweiß auf Kazimierz Stirn. Zufrieden schließe ich die Augen und lausche diesem Klang.

Ein Hohlraum offenbart sich. Mehrere dünne Lappen ziehe ich heraus. Dahinter finde ich ein Tuch. Ein weißes Tuch. Ein feines weißes Tuch. Ich lege es auf meine Handfläche, drehe mich zu Herzog und den Arbeitern der Pathologie. Golden schimmern die herausgebrochenen Zähne. Überrascht sind die Blicke. Johannes nimmt das Tuch an sich.

Ich lege meinen Kopf auf die Brust. Herzog verfinstert seinen Blick, spricht zu mir herab: „Du bereicherst dich an unserem Zahngold und behältst es für dich. Du weigerst dich, mit uns zu sprechen. Der letzte Aufenthalt im Bunker scheint nicht einprägsam genug gewesen zu sein." Dominant marschiert er durch den Raum. Ich habe keine Angst.

„Du hast es gewagt, dich an fremden Besitztümern zu vergreifen, sie zu verstecken. Niemand lässt dich aus dem Lager heraus. Du brauchst kein Gold."

Mit einer Handbewegung zeigt er den Häftlingen des Pathologiekommandos, dass sie den Raum verlassen sollen. Die Tür fällt in das Schloss.

Dumpfe, schwere Laute erfüllen den Raum. Ich hebe den Kopf. Herzog stampft auf den Boden, schlägt den Spazierstock gegen die Wand. Eine Täuschung.

Langsam und leise setzt er die Schritte zu mir. Wir sehen uns in die Augen. Er flüstert: „Du weißt, wer das Gold dort versteckt hat, nicht wahr?" Ich nicke leicht.

„Und selbst wenn ich dich darum bitten und du sprechen würdest, verrätst du mir nicht, wer es gewesen ist, richtig?" Wieder nicke ich. „Du sagst es nicht, weil du niemanden verraten möchtest, um selbst nicht verraten zu werden, stimmt das?" Ich senke verlegen meinen Kopf.

Ich sprach kein Wort, doch Johannes verstand. Die Ereignisse der letzten Tage beginnen, sich in meinem Kopf zu überschlagen. Ich trug sein Hemd. Er gab mir seine Medikamente, gab mir Nahrung. Dankbarkeit durchströmt meine Brust.

Johannes tritt näher an mich heran. Meine Muskeln kann ich nicht rühren. Die Leere herrscht in meinem Kopf. Seine Arme umschließen mich. Sanft ist der Druck. Ich weiß nicht, ob es mir erlaubt ist, mich wohlzufühlen. Kräftig schlucke ich und zittere leicht.

„Ich werde dich aus dieser Baracke, aus diesem Lager herausholen. Du hast mein Wort." Mein Herzschlag setzt aus. Die Wärme flutet meinen Körper. Dies ist keine Falle. Ich weiß nicht, welche Gefühle mich bewegen.
Vorsichtig drückt er mich stärker an sich heran, stützt sein Kinn auf meinen Kopf. Ich bin nah an seinem Hals, kann nicht fassen, wie nah ich diesem Mann gekommen bin, dass ich Vertrauen zu ihm gefunden habe.

Seinen Körpergeruch nehme ich wahr, schließe für einen kurzen Moment meine Augen. Seine letzten Worte erklingen in meinen Ohren.

Johannes löst die Umarmung, sieht wieder direkt in meine Augen hinein. Aus dem Augenwinkel sieht er zur Tür des Pathologieraumes herüber. Ohne zu zögern, streift er seinen Handschuh ab, nimmt meine Hand.

Die Muskeln erstarren. Intensiv betrachtet er meine Finger. Die kleinen Narben. Die ungepflegten Nägel. Leicht öffnet sich mein Mund, sodass die Lippen austrocknen. Ich sehe die kreisrunden Narben auf seiner Hand, auf der blassen Haut.

Dann beugt er sich leicht herunter, hebt meine Hand. Den Blickkontakt zu mir löst er nicht. Die Luft kocht. Sie kocht in einer angenehmen Wärme. Sein Atem nähert sich meinem Handrücken, bis seine Lippen diesen berühren. Ein kurzer Augenblick. Ich verliere meinen Rahmen.

Leiser werdend flüstert er: „Du musst durchhalten. Du musst nur noch für einen kurzen Moment durchhalten. Ich werde mich beeilen, dies versichere ich dir." Die Zeit ist stehengeblieben. In meinem eigenen Wahn bin ich gefangen, weiß nicht, wie ich mich verhalten soll, wie ich mich verhalten darf. „Du hast mein Wort", sagt er abschließend.

Ich senke meine Hand herunter, die er längst nicht mehr hält, schließe meinen trockenen Mund.

Er tritt zurück. Bedrückend ist das Lächeln, welches er mir schenkt. Dann schreit er auf: „Jetzt mach gefälligst deine Arbeit, du Vogel! Deine Strafe wird dir noch rechtzeitig mitgeteilt werden! Abtreten!" Stark schlägt er seine offene Handfläche gegen die Wand, wiederholt dies mit seinem Schlagstock, den er von seinem Gürtel löste. Ich schenke ihm ein Lächeln. Dann verlasse ich den Raum, nehme eine gedemütigte Haltung ein.

Schritte aus dem Verbrennungsraum nehme ich wahr und sehe Tomasz, der den Vorraum betritt. Er bemerkt Herzog nicht.

„Du bist wieder da! Du bist wieder da!"

Mit verschränkten Armen betritt Kazimierz den Raum und sagt: „Was für einen Anlass gibt es, hier herumzuschreien? Geht gefälligst an eure Posten zurück." Tomasz schüttelt den Kopf, zieht die Ärmel seines Hemdes nach oben und möchte seine Stimme gegen Kazimierz erheben.

„Haltet eure Mäuler und geht eurer Arbeit nach! Wenn hier noch einer ein einziges Wort sagt, schicke ich euch die Hunde, bis euch das Wasser unterm Arsch kocht und sie hole ich zurück in den Bunker. Zu mir!", dröhnt die Stimme Herzogs durch den Raum. Heiser wird er, wenn er laut spricht.

Kazimierz und Tomasz senken beschämt die Köpfe, verlassen daraufhin den Vorraum. Ich möchte ihnen folgen.

Johannes bewegt sich zum Eingang des Gebäudes. Ich spüre seinen warmen Blick im Nacken, drehe mich um. Die Fingerspitzen streichen über den Handrücken. Seine Lippen sind weich. Leise wird die Tür geschlossen.
Seinen schlanken Rücken sehe ich vor mir. Ich weiß, dass das Hemd an seinem Oberkörper herunterhängt.

Ich weiß, dass seine Wirbelsäule den dünnen Stoff durchbricht. Die kreisrunden Narben auf seiner Hand, auf seiner blassen Haut.

*

Ich betrete meine Baracke. Ich warte auf die Abendration, warte auf Wojciech und hoffe, dass er sich erholt hat. Am Tisch im Tagsaal nehme ich Platz. Die Ungeduld zerreißt mich.
Eine lange Zeit vergeht, bis die Barackentür geöffnet wird. Der Tagsaal wird geflutet. Die Suppenschüsseln klirren. Die Körper drängen sich an den Tisch im Tagsaal, drängen nach vorn, um die Abendration zu erhalten. Ich bleibe sitzen. Ich warte.

Der große Suppentopf wird unter Schwanken auf den Tisch gestellt. Den Träger kann ich zwischen den vielen Köpfen nicht erkennen. Dann sehe ich das Gesicht. Der Topf wurde nicht von Wojciech getragen. Wojciech hat die Baracke nicht betreten. Ich muss ihn finden. Ich muss Wojciech wiedersehen.

Schnell stehe ich auf und schiebe mich zwischen den gestreiften Körpern hindurch, bis ich den Träger des Topfes erreiche. Es gelingt mir, auf seine Schulter zu tippen. Erschrocken dreht er sich zu mir und sieht in meine Augen.
Scharf denkt er nach, als er bemerkt, dass ich ihn nicht anspreche. „Bist du die, von der Wojciech oft erzählt?"

Es erstaunt mich, macht mich froh, dass Wojciech von mir berichtet. Ich nicke. Das Gesicht des Mannes friert ein. Er löst sich aus seiner Starre. Langsam zieht er seine Mütze.

Ich verstehe nicht. Ich versuche, zur Barackentür zu drängen, nach dem Krankenrevier zu gehen. Sicherlich konnte Wojciech das Krankenrevier noch nicht verlassen. Der Träger des Topfes streckt seinen Arm, um mich aufzuhalten.
„Ich glaube, ich weiß, wohin du möchtest. Doch dort wirst du ihn nicht finden. Du hast mein tiefstes Beileid." Dann setzt er sich seine Mütze wieder auf und verlässt die Baracke.

Ich stehe neben der Bank des langen Tisches. Ich blicke auf die Tür. Ich suche die Klinke, die heruntergedrückt wird. Ich suche den Schatten, der unter dem Türspalt erkennbar wird.

Die Klinke senkt sich. Die Tür wird geöffnet. Der Lagerälteste Wilhelm Ernst Klär betritt unsere Baracke. Seine Stimme gleicht dumpfen Stichen in meinen Ohren.

Schnell betrat er die Baracke. Schnell verließ er die Baracke. Die unangenehmen Nachrichten lassen die Menschen in der Baracke erwachen. Ich bemerke nicht die Angst der Menschen, die sie verspüren, seit sie erfahren haben, dass am morgigen Tag ein Teil der Gefangenen der südlichen Baracken auf Transport gehen wird. Ein eiliger Transport.

Ich spüre nicht die Angst vor dem Tod, wenn die Wachposten die Schreie hören, in die Baracke kommen. Ich spüre die Leere. Ich habe verstanden, wohin Wojciech gegangen ist.

*

An der hinteren Wand des Pferdestalls sitze ich. Ich höre nichts. Ich sehe nichts. Die Tränen fließen. All die Jahre, all die Tage waren gleich. Die Rhythmen, die mich an den Tagen begleiteten, veränderten sich nicht.

Dann überschlugen sich die Tage. Die Minuten jagten sich. Der Tod rückte näher. Dann wich er von mir ab.

Die Lügen umgeben mich. Die Schuld belastet mich. Ich realisiere nicht.

Ich möchte mit dir sprechen, Wojciech.
Du hast mich verstanden. Du hast mich ohne meine Worte verstanden. Ich möchte dir danken, all die Fragen beantworten, die du mir stelltest.

Die Realität umfängt mich. Die Angst ertränkt mich. Ich verstehe nicht.

Ich möchte zu dir zurück, Johannes.
Ich weiß nicht, wonach ich mich sehne.
Ich weiß nicht, wohin ich gehöre.

Ihr habt mich alleingelassen.
Ihr könnt eure Versprechen nicht halten.

Ich habe dich alleingelassen, Wojciech.
Ich habe dir nicht beigestanden, brachte dich in das Krankenrevier.

Ich habe dich in Bedrängnis gebracht, Johannes.
Ich gab dir mein Vertrauen.

Den Tod spüre ich in meinem Nacken. Am morgigen Tag reißt der Boden unter meinen Füßen auf. Die Tränen schmerzen in den Lungen.

Morgen lasse ich diesen Ort hinter mir. Das Krematorium, meinen Kapo, Rapportführer Herzog. Ich werde Wojciech näher sein und das Lager verlassen.

Die Kraft schwindet. Die Tränen hören zu fließen auf. Eine letzte Frage stelle ich mir.

Bist du wirklich gegangen? Bist du wirklich gegangen, Wojciech? Warum bist du ohne mich in deine Heimat zurückgekehrt?

*

Die Zahlen werden verlesen. Monoton ist die Stimme unseres Barackenältesten. Ein dünnes Papier hält er in seinen Händen. Die Müdigkeit hängt aus seinen Augen heraus.

Auf dem Appellplatz sollen wir uns einfinden. Ich drücke mich gegen die Wand, warte darauf, dass meine Nummer genannt wird. Dann stehe ich auf, strecke meinen verkrümmten Rücken. Ich spüre nicht den Schmerz, der durch meinen Körper fährt.

Die Menschen verlassen den Vorplatz der Baracken, begeben sich auf den Appellplatz. Ich nehme meine Umgebung nicht wahr. Es ist nicht von Bedeutung, an welchen Ort sie mich bringen. Ich habe meine Hoffnung verloren. Die Kieselsteine gelangen beim Laufen in meine Schuhe, bohren sich in meine Fußsohle hinein.

Ich sehe das eiserne Tor. Aus blutigen Augen sieht es mich an. Es wird mich verschlingen, wenn ich hindurchtrete. Dunkle Wolken behängen den Himmel. Ich habe keine Tränen mehr. Die jungen Wachposten stehen am Tor. Sie erkennen mich. Sie lachen nicht.

*

Am Bahnhof stehen die Menschen. Wir warten.
Das Heulen. Das Schreien. Das stumme Leiden.
Die Menge wurde geordnet, steht in Reihen vor den Gleisen. Das laute Bellen der Schäferhunde beachte ich nicht. Ich sehne mich nach einem tiefen Biss in meine Kehle hinein.

Die Zugpfeife wird hörbar. Das Atmen fällt mir schwer. Die Brust zerbirst unter der Last der Schuld. Der Rauch des Zuges wird am Himmel sichtbar. Stetig sinkt mein Kopf tiefer auf die Brust. Die Pfeife zischt lauter.

Der Wahnsinn fährt in die Menschen hinein. Laut schreien sie auf, sprechen und rufen. Sie halten sich aneinander fest. Der Zug rollt auf den Gleisen des Bahnhofes ein, kommt zum Stehen.

Die Reihen brechen auf. Die Hunde werden losgelassen. Die Menschen versuchen, in den Wald hineinzulaufen, werden eingekesselt von den Schlägen und den Schüssen, wenn sie zu fliehen versuchen.

Es ist nicht hörbar, wenn die Erschossenen zu Boden fallen. Die Stimmen übertönen die Befehle der Wachposten, das Gebell der Hunde.

Mich treffen die Schlagstöcke, die Schüsse, die Bisse der Hunde nicht. Ein Muselmann bin ich geworden und stehe an meinem Platz, bewege mich nicht. Niemand spricht mit mir. Niemand sucht mich in der Menge.

Der Wachmannschaft gelingt es nicht, die Menge unter Kontrolle zu bringen. Der Wind weht kalt durch meine kurzen Haare. Stoßend öffnen sich die ersten Türen der Zugwaggons. Die Menschen werden hineingetrieben.

Listenführende Wachposten stehen am Rand der Waggons. Die Stimmen der Aufseher schreien und beleidigen. Die Stimmen der Häftlinge schreien und weinen. Ich stehe Rand der tobenden Menge, bleibe geduldig stehen, beobachte die Menschen.

Der Himmel ist wolkenverhangen. Die Wunden sind verkrustet. Das Herz ist schwer. Die Brust ist kalt. Ich hebe meinen Kopf, um zu sehen, wann ich in einen der Waggons steigen soll, wann ich in einen der Waggons steigen kann.

Ich möchte diesen Ort verlassen.

Eine weitere Gruppe wird in den nächsten Waggon getrieben. Meinen Blick lasse ich über die Menschen schweifen.

Am Rand des Bahnhofes sehe ich ihn. Ein Mann. Keine Uniform. Weißes Hemd. Hosenträger. Ich sehe seinen Rücken.

Die Bilder in meinem Kopf spielen mir die Lügen vor. Die Einbildung übernimmt die Lenkung meiner Gedanken. Ich möchte mich abwenden, erneut tief auf den Boden blicken, als sich der Mann umdreht.

Ich sehe sein Gesicht. Die schwarzen Haare. Der schlanke Körper. Die blasse Haut. Die dünnen Finger halten eine Pistole. Die Pistole. An seiner Kehle. Mein Herz zerschlägt meine Brust. Schweiß bricht aus. Der Atem stockt.

Ich dränge mich durch die verirrten Menschen. Ich stoße sie beiseite. Ich werde nicht bemerkt. Ich erreiche ihn. Ich drücke seinen Arm. Ich spüre den weichen Stoff des Hemdes an meinen Fingerspitzen.

Der Druck in meiner Kehle erhöht sich. „Nein!", rufe ich. Die Leere in meiner Brust verzieht. Ich blicke auf seine geschlossenen Augen, die er langsam öffnet. Ungläubig sieht er zu mir herunter. Die Pistole fällt zu Boden.

Seine Hände liegen auf meinen Schultern. Ein zögerndes Lächeln. Ein unbeschwertes Lachen. Seine Arme umfassen mich. Meine Arme umfassen ihn. Seine Wirbelsäule spüre ich durch den dünnen Stoff seines Hemdes hindurch.

Ich fühle mich frei. Ich fühle mich sicher. Die lauten Rufe der Menschen um mich herum vernehme ich nicht. Ich höre nur seinen Atem, sein inneres Lachen. Alles um mich herum verstummt. Die Wärme umgibt mich.

Der Krampf durchzieht meine Beine. Zu Boden fallen wir. Ich liege auf seiner Brust. In meinem Rücken zentriert sich die Wärme. Er wird heißer als meine Stirn. Der Wind streift über meine warme Seite. Ein schmaler Streifen des Glücks.

Ein Kreis aus Häftlingen bildet sich um uns. Sie rufen. Ich höre sie nicht. Ich spüre, dass die Dunkelheit naht, dass die Nacht hereinbricht. Ich halte mich an ihm fest.

Sein Lächeln kann ich sehen. Seinen Herzschlag kann ich spüren. Mit der letzten Kraft hebe ich meinen Kopf. Ich schenke ihm ein zartes Lächeln.

Das Blut, das an seiner Seite herunterläuft, wärmt meine Arme. Ein Schrei durchbricht die schützende Wand, die uns umgibt: „Rapportführer Herzog! Ein Arzt! Ein Arzt!" Ich schließe meine Augen und umfasse den Stoff seines Hemdes.

Die Kälte bricht über mich herein. Er erhöht den Druck, mit dem er mich hält. Die Umgebung beginnt, zusammenzubrechen.

„Der Schuss. Ich habe Sie nicht gesehen. Ihre zivile Kleidung. Der Häftling gehört zu meinem Transport. Der Arzt ist gleich da." Ein Wimmern. Ein fremdes Wimmern. Mir wird kalt. Johannes löst eine Hand von mir. Er bedankt sich bei der fremden Stimme.

Fremder Druck wird an meinem Rücken spürbar. Ein Ziehen. Ein Reißen. Johannes lässt es nicht zu, dass ich aus seinen Armen gelöst werde. Der Boden bebt. Schritte im Kies. Ich verspüre keinen Schmerz. Ich verspüre nur das Glück.

Ich rieche den Duft des sauberen Hemdes.

„Herr Herzog, lassen sie diesen Menschen los. Sie ist zu schwach." Johannes sagt daraufhin zu mir: „Hörst du?" Ihm fällt es schwer, zu sprechen. Ihm fällt es schwer, zu atmen. „Du bist ein Mensch", haucht er. Seine Fingerspitzen streichen über meinen Kopf. Stark zittert seine Hand. Johannes hat mich gerettet. Er hat sein Versprechen gehalten.

Ich muss ihm danken.

Ich möchte ihn nicht mehr loslassen. Ich möchte nicht mehr losgelassen werden. Ich möchte ihm alles erzählen, ihm meinen Namen nennen. Den Druck in meiner Kehle spüre ich. Meine Lippen spanne ich an, möchte meinen Namen sagen. Leicht öffne ich den Mund und möchte es aussprechen.

Ich kann nichts mehr hören. Die Luft zum Atmen wird knapp. Ich stöhne leicht. An seiner Brust ist es warm. Seine dünnen Finger pulsieren. Mein Herz fliegt davon. Es verlässt diesen Ort.
Ich bin endlich wieder frei.

II

Der Schweiß ist kalt, läuft meinen Rücken herunter. Ich muss mich vergewissern. Niemand darf in meiner Nähe sein. Dieser Ort. Das Tor zur Hölle.

Sie werden mich erschießen!

Routiniert schneidet die Hand das Brot. Trocken. In die Eimer lege ich die Scheiben hinein. Blechern. Aus dem Augenwinkel betrachte ich den Raum. Vorsicht. Bereits den gesamten Tag kundschafte ich das Hauptzimmer der Küchenbaracke aus.

Die Ecken. Die Schränke. Die Fliesen.

Der Aufseher hält sich in seinem Dienstzimmer auf. Während die Rationen verteilt werden, heftet er stets die Dokumente ab. Listen.

In schwarzer Tinte stehen die Namen, die Vorhaben auf den Listen. Die Namen der nächsten Opfer.

Ich weiß, dass mein Name auf einer dieser Listen steht. Ich habe es zuerst gewusst.

Routiniert schneidet meine Hand das Brot. Schneidet tief in mein Fleisch hinein. Heute werde ich mich den Regeln widersetzen. Heute werde ich auf der Liste stehen. Heute werden sie mich erschießen!

Ich bin nicht gefährlich. Ich zinke nicht. Ich füge niemandem Schaden zu. Ich schlage nicht. Ich werde auf der Liste stehen! Sie werden mich erschießen! Denn heute werde ich mich den Regeln widersetzen!

Erneut wurde sie in den Bunker gebracht. In den Wahnsinn hat es mich getrieben. Tomasz, dieser schmierige Kerl, berichtete.

Seinen Namen will ich nicht aussprechen. In meinem Kopf will ich seinen Namen nicht hören. Fernhalten soll er sich von ihr. Im Bunker sitzt sie. In den Wahnsinn treibt es mich. Der Zug ist nah. Den Rauch kann ich riechen.

Ihr Kapo ist es gewesen! Sie trifft keine Schuld!

Pechkrantz kam heute nach der Küchenbaracke. Die Brote sollte er abholen, sagte mir, sie würde heute freigelassen. Ein Geschenk werde ich ihr bringen.

Beim Zubereiten des Mittagsmahls der Wachposten fiel eine Kartoffel zu Boden. Ich hob sie auf, legte sie auf einem Teller ab. Den Teller ließ ich nicht aus den Augen. Der Zeitpunkt ist gekommen.

Ich nehme den Teller auf, trete an das Fass heran. Kartoffelschalen lagerte ich auf dem Teller, lasse sie in das Fass fallen. Die Kartoffel gleitet in meine Hemdtasche. Ein Lächeln durchzieht mein Gesicht. Ihr Lächeln kann ich vor meinem inneren Auge sehen.

Rasch kehre ich an die Arbeitsfläche zurück, nehme das Messer, schneide das Brot. Schneide tief in mein Fleisch hinein. In die blechernen Eimer fliegen die Scheiben, schlagen Steinen gleich gegen die kalte Wand.

„Czarnowski! Bist du fertig?", höre ich es aus dem Vorraum rufen. Ich reagiere nicht, blicke nur vorsichtig über meine Schulter. Mein Mitarbeiter betritt die Küche.

Die letzten Eimer greift er sich, nickt mir zu, verlässt den Raum. Die Arbeit kann ich niederlegen. Ich wische den Tisch, spüle das Messer. Den Schlüssel muss ich dem Aufseher übergeben. Die Arbeit ist für den heutigen Tag beendet.

Erneut schnitt ich tief in mein eigenes Fleisch hinein.

Ich verlasse das Hauptzimmer der Küche, erreiche das Dienstzimmer. Vor der blassbraunen Tür erstarre ich. Die Augenlider zucken, mögen sich nicht beruhigen. Ich habe Angst vor diesem Mann. Ich fürchte seine Waffen. Der Geruch des Zuges verpestet die Luft und lässt mich kaum mehr atmen.

Vorsichtig klopfe ich an die Tür und spüre das Zittern in meiner Hand. Wir alle fürchten diesen Mann, fürchten uns davor, ihn anzusprechen. Es stört ihn.

Auf mein Klopfen erfolgt keine Reaktion. Ich weiß, dass er hinter der Tür steht und durch das dünne Holz auf mich schießen wird. Ich habe es zuerst gewusst. Wenn ich nochmals klopfe, drückt er ab. Ich lausche. Das Radio ist nicht eingeschaltet. Ich muss in diesen Raum hinein. Ich muss unserem Aufseher den Schlüssel geben. Die Tür gleicht meinem Feind.

Das Zittern wird stärker, als ich die Hand auf die Klinke lege. Unbändige Gefahr, die Tür ohne Aufforderung zu öffnen. Schweiß läuft die Stirn hinunter.
Durch einen Spalt in der Tür blicke ich und beruhige mich. Der Aufseher befindet sich nicht in seinem Dienstzimmer. Doch die Krämpfe lösen sich nicht.

Der Aufseher könnte mich beobachten, warten, mich zu erschießen. Gesehen haben muss er mich. Er muss gesehen haben, wie ich die Kartoffel in meiner Hemdtasche verschwinden ließ. Mein Puls steigt an.
Dann erinnere ich mich. Oft steht er vor dem Küchengebäude, raucht, macht Pause. Er gehört zu den wenigen Aufsehern, die den Geruch des kalten Rauches in den Gebäuden nicht mögen.
Er duldet dies nicht.

Ich habe keine Wahl. Ich muss draußen nachsehen. Während der Pause würde ich ihn stören.

Dann erschießt er mich. Den Schlüssel muss ich ihm bringen.

Zum Haupteingang gehe ich. Die Tür. Öffne ich. Vorsichtig. Im Fenster hat er mich bereits gesehen, richtet seine Pistole auf mich. Ein Blick durch den Türspalt lässt meinen Puls sinken.

Kein Pistolenlauf ist auf meinen Kopf gerichtet.

Ich trete aus dem Küchengebäude heraus und lasse meinen Blick über die Lagerstraße schweifen. Der Aufseher sitzt nicht auf der Bank, steht nicht auf der Zufahrtsstraße.

Der Windstoß kühlt den Schweiß auf meiner Stirn. Dann beruhige ich mich. Der Aufseher wird gleich wiederkehren. Ich werde im Gebäude auf ihn warten.

Umdrehen möchte ich mich, um wieder in das Gebäude zurückzukehren. Hinterrücks ertönt ein Ruf. Sofort richte ich meinen Blick wieder auf die Lagerstraße, sehe drei junge uniformierte Männer.

Sie rauchen.

Erneut spüre ich, dass der Schweiß auf meiner Stirn zu perlen beginnt. Ich bleibe stehen und beobachte die Männer. Mit breitem Gang kommen sie auf mich zu. Die Mütze nehme ich herunter und spüre das Unbehagen, welches sich in mir ausbreitet.

Mein Aufseher hat mich verraten.

Meine Nummer und mein Kommando nenne ich, senke den Kopf. Ich bemerke, dass ihr Blick auf der Binde an meinem Oberarm ruht. Wortlos werde ich gemustert. Der Rauch der Zigaretten streift an meinem Gesicht vorbei.

Nachdem sie mich musterten, laufen sie um mich herum. Langsam sind ihre Schritte. Ein finsteres Lächeln durchzieht die schmalen Lippen der Männer.

„Was hat dieses dürre Gespenst auf der Lagerstraße verloren?", spricht einer der Männer. Den Kopf gesenkt haltend lasse ich sie dennoch nicht aus den Augen. Sie spielen mit mir.

Der Mann fährt fort: „Suchst du deinen Aufseher?" Mein Herz erstarrt. Tief sinkt es mir im Körper hinab. Ich spüre die Kugel, die meinen Schädel zum Bersten bringt. Mein Aufseher hat mich verraten.

Ohne eine Regung zu präsentieren, verharre ich in meiner Position. Leicht runzle ich die Stirn. Der Nagel meines Zeigefingers bohrt sich tief in mein Fleisch hinein. Sie bleiben vor mir stehen.

Der Anführer dieser Gruppe hält seine Arme vor der Brust verschränkt. Die anderen beiden blasen mir den Rauch ihrer Zigaretten in das Gesicht. Meine Augenlider zucken. Die Angst breitet sich aus, zerfrisst mich im Inneren. Ich habe ihnen meine Angst präsentiert.

Die Männer treten näher an mich heran. Ich weiche aus, kleine Schritte nach hinten. An der Hauswand stehe ich, kann nicht weiter ausweichen. Meine Hand lasse ich in die Hemdtasche gleiten, umschließe die Kartoffel.

„Weißt du, uns ist langweilig und mir scheint, als wenn du gerade nicht beschäftigt wärst", erklärt der Anführer. An ihren Kragenspiegeln erkenne ich ihren niedrigen Rang.

Erneut das Schweigen. Erneut die finsteren Blicke. Sie blecken ihre Zähne und streichen mit der Zunge über ihre Lippen. Der Anführer zieht seine Hand aus der Hosentasche hervor, greift nach seinem Schlagstock. Tiefer fällt mein Kopf auf die Brust.

„Mein Aufseher erwartet mich. Ich muss an meinen Posten zurückkehren", sage ich, die Stimme zitternd. Stark drücke ich mich gegen die Wand.

„Du Schwein gehst nirgendwo hin", wird mir spöttisch gedroht. Ununterbrochen schlucke ich, möchte in die Küchenbaracke zurückkehren. Ich kann nicht fliehen.

Nach oben strecke ich meinen Hals, versuche, Luft zu bekommen. Der Schweiß lässt mich ersticken. Die Spitze der Zigarette berührt meine Hand, verbrennt meine dünne Haut.

Der Schmerz reicht tief in mein Fleisch hinein.

Der erste Faustschlag in meinen Bauch. Ich falle zu Boden, lege die Arme über meinen Magen. Der Schlagstock in meinem Nacken. Mein Körper hält diesem Schlag nicht stand, fällt nach vorn, ringt nach Luft.

Mein Kragen wird gepackt. Über die Lagerstraße werde ich gezogen. Die schroffe Straße unter meiner Haut. Losgelassen werde ich, versuche, aufzustehen. Die Männer sind schneller. Meine Hand sucht nach der Kartoffel in meiner Hemdtasche, hält sie fest. Ihr darf nichts geschehen.

Die schweren Stiefel drücken mich zu Boden. Die Schlagstöcke peitschen meinen Rücken, mein Gesäß, meine Hüfte. Die Übelkeit nimmt zu. Mein Augenlicht verschwimmt. Ich bin zu schwach, kann mich nicht wehren. Meine Beine werden gegriffen. Ich schreie fürchterlich, als einer der Männer meinen Kopf packt, ihn wiederholt auf den harten Boden schlägt. An Tränen, Blut und Speichel ersticke ich.

Meine Schreie verstummen. Schwarz wird mir vor Augen. Mein Atem stockt. Kaum rege ich mich mehr. Der Mann lässt meinen Kopf los, hat das Interesse verloren. Die Stiefelspitzen stoßen gegen meine Hüfte. Ich spüre nur den Schmerz, der sich durch meinen Körper frisst. „Lasst den Scheiß! Ich brauch den noch! Verdammt nochmal!"

Eine Stimme. Die Geister haben mich erreicht und holen mich zu sich. Deutlich fühle ich meinen Körper. Das Blut schmecke ich. Ich möchte schlafen. Ich möchte nicht mehr aufstehen. Die Stimmen erklingen. Mein Kopf pulsiert. Dann ist es still. Kalter Wind zieht über meinen Körper. Die Kleidung und das Haar verklebt.

Plötzlich werde ich nach oben gerissen, sehe das Licht. Kaum halten mich meine Beine. Der Rücken vermag sich nicht zu richten. Ich schwebe. Ich sehe nichts. Das Blinzeln schmerzt. Ich unterlasse es.
Erneut höre ich die Stimme: „Sieh zu, dass du in das Krankenrevier kommst!" Laut ist die Stimme. Sie gleicht einem Schrei. Ich erkenne die Stimme, strecke meine rechte Hand nach vorn, präsentiere den Schlüssel.

Das Licht kehrt zurück. Verschwommen sehe ich die Umrisse des Aufsehers. Er hält inne, zeigt keine deutliche Reaktion. Eine Pistole hält er nicht in der Hand. Er wird mich nicht erschießen.
„Abtreten!", wird mir befohlen. Der Aufseher tritt mit großen Schritten in das Küchengebäude.

Unkontrolliert bewegt sich mein Körper. Er nimmt die Stille in sich auf. Ich schwanke. Dem Befehl des Aufsehers werde ich folgen. In das Lager werde ich zurückkehren. Dort werde ich sie finden. Vorsichtig umschließen meine Fingerspitzen die Kartoffel.

Schwer sind meine Beine und tätigen nur kleine Schritte. Die innere Freude lässt den Schmerz verstummen. Jeder Atemzug ist intensiv. Die Luft rauscht durch meine Brust. Ungeheuerlich ist dieses Brennen der kalten Luft. Doch ich muss weitergehen. Ich darf nicht zusammenbrechen.

Sie dürfen nicht gewinnen.

Auf meinen Rücken scheint die Sonne und wärmt mich. Nach dem Krankenrevier solle ich gehen, befahl der Aufseher. Ich werde diese Baracken nicht betreten.

Das Lagertor gelangt in Sichtweite. Vorsichtig blicke ich noch einmal über meine Schulter. Der Aufseher steht nicht auf der Straße.

Er steht nicht hinter mir. Er richtet seine Pistole nicht auf mich. Er kann mich nicht erschießen.

Im Inneren bin ich bereits erschossen worden.

*

Das Tor. Ich habe das Tor erreicht. Ich bin erschöpft. Niederlegen möchte ich mich. Konzentriert lege ich meine Fingerspitzen auf die Klinke des Tores. Niemals ist mir dies schwergefallen. Kaum spüre ich meine Hand. Mir ist kalt. Der Atem zittert.

Den ersten Schritt setze ich in das Lager hinein. Skeptisch blicken die beiden Wachposten auf mich herab. Anstrengend ist es, die Mütze vom Kopf zu ziehen.

Ich forme meine Lippen, die Worte auszusprechen, meine Nummer zu nennen. Doch kein Laut dringt hervor. Das Blut presst sich zwischen meinen Lippen hindurch.

„Geh weiter", spricht einer der beiden Wachposten zu mir. Angewidert ist sein Blick. Dann lachen sie leise, als ich mich von ihnen abwende.

Ich sehe sie. Sie hat auf mich gewartet. Auf der Treppe am Hauptgebäude sitzt sie. Der Rausch der Freude, sie wiederzusehen, lässt meinen inneren Schmerz verschwimmen.

Ich gehe auf sie zu und lächle dabei. Der Speichel rinnt die Mundwinkel herunter. Ihren warmen Blick fühle ich auf meinem Gesicht.

Die Hand, die die Kartoffel umschließt, ziehe ich heraus. Neben ihr auf der Treppe möchte ich Platz nehmen. Meine Beine tragen mich nicht. Ich stürze, falle auf die Stufe vor ihr. Mit der letzten Kraft meiner Arme ziehe ich mich zu ihr hinauf.

Streng verboten.

An ihrer Seite lasse ich mich fallen. An ihrer Schulter lehne ich. Langsam lege ich die Kartoffel in ihre Hand, schließe die Augen. Schmerzhaft ist es, sie offenzuhalten. Die Atemzüge werden flacher. Mein Körper beruhigt sich.

An ihrer Seite lässt es sich aushalten. Sicherlich wird die Ausgangssperre noch nicht eingeläutet werden. Für einen Moment bleibe ich sitzen.

Ich werde nicht einschlafen. Ich werde wenige Minuten auf dieser Stufe sitzen, eine kurze Pause machen. Ich mache eine kurze Pause, werde in wenigen Minuten in die Baracke zurückkehren. Ein kurzer Augenblick. Ich schlafe nicht ein. Versprochen.

*

Rasch öffne ich meine Augen. Schlagartig richte ich meinen Oberkörper auf. Schmerzen. Dunkelheit. Penetranter Wundgestank liegt in der Luft. Die Wärme erdrückt meine Brust.

Hastig werfe ich meinen Kopf zu den Seiten. Doch ich kann nichts sehen. Ich taste die Umgebung ab, spüre die Holzlatten. Verdreckte Holzlatten.
Auf einer Pritsche muss ich liegen.
Strähnig liegen die nassen kurzen Haare auf meinem Kopf. Das Hemd klebt an meiner Brust. Ich ersticke, rufe um Hilfe. Aus der Dunkelheit drückt sich eine Hand auf meinen Mund. Mein Herz bleibt stehen.
Sie haben mich. Ich bin tot. Schutzlos der Gewalt ausgeliefert.

Fest drücke ich die Augen zusammen, unterbreche meinen Atem und lausche in die Stille hinein. Dann ertönt die sanfte Stimme: „Beruhige dich, Bruder." Diese Worte lösen den Krampf in meiner Brust.

Meine Augen öffne ich wieder. Verklebt.

Die Hand löst sich von meinem Mund und ich höre die Schritte. Schritte, die sich von mir entfernen. Langsam gewöhnen sich meine Augen an das fahle Licht.

Ein kleines Fenster lässt es in die Baracke hinein.

Mit dem Handrücken wische ich den Schweiß von der Stirn. Die Anspannung der Muskeln lässt meinen Arm zittern. Den Verband an meinem Kopf ertaste ich. Die Substanz auf meinem Jochbein berühre ich. Gift. Für ein Experiment wurde ich missbraucht. Der Puls steigt. Der Schweiß fließt. Ich rieche an dem Gift. Der Geruch ist es, der mich erneut beruhigt.

Ich bin nicht in einer Versuchsbaracke. Das Krankenrevier. Die Substanz auf meinem Jochbein. Ichthyol.

Erleichtert atme ich aus, entspanne meine Muskeln. Meinen Körper spüre ich. Die Muskeln. Das Blut. In Flammen stehe ich. Alles pulsiert.

Die Erinnerung kehrt zurück. Die Begegnung, die Wachposten. Unerklärlich. Keinen Grund erkenne ich für ihren Angriff. Schwer geht mein Atem. Schuldig fühle ich mich. Dieser Ort. Unerklärlich.

Ordnungsgemäß habe ich ihnen meine Nummer, mein Kommando genannt. Keinen Blickkontakt nahm ich auf. Mein Kopf war stets gesenkt. Meine Haltung. Stramm. Ununterbrochen.

Leise beginne ich, höhnisch zu lachen. Sie dachten, sie würden mich töten. Sie dachten, dass sie mich erschlagen könnten, dass ich an ihren Schlägen zerbreche. Dies ist ihnen nicht gelungen.

Die Schmerzen werden bald vergehen. Die Kartoffel habe ich gestohlen. Ich habe überlebt. Ich strecke meine Arme und streiche mit meinen Fingern über das raue Holz der Decke der Baracke. Auf der obersten Pritsche liege ich. Die Arme nehme ich wieder herunter, falte sie auf meinem Bauch.

Froh bin ich, in einer Baracke zu sein, die von der Wachmannschaft gemieden wird.

Eine Täuschung. Sie spielen erneut mit mir. Ich werde wachsam bleiben.

Schwer werden meine Augenlider.

*

Der Geruch ist unerträglich. Durch das Schaukeln steigt die Übelkeit. Die Körper unserer Nebenmänner stützen uns. Unsere Knochen sind müde. Unsere Mägen sind leer. Wir wissen nicht, wohin wir fahren, wohin wir gebracht werden.

Aus der Heimat wurden wir gerissen. Vertrieben wurden wir aus unseren Häusern, in den Zug gestoßen. Wir tragen die Kleider auf unserer nackten Haut. Unsere Hände sind leer.

Das Stroh auf dem Boden knirscht. Wenig Licht fällt durch die schmalen Spalte der Holzlatten. Mein gesamter Körper wird von einem starken Juckreiz durchflutet. Endlos müssen die Tage sein.

Plötzlich hält der Zug an. Wir verlieren das Gleichgewicht. Gegen unsere Nachbarn, gegen die Wand werden wir gedrückt. Der Zug ist endgültig zum Stehen gekommen. Gleißendes Licht fällt durch die Spalte. Die Angst fährt durch meine Glieder.

An meinen Hosenträgern halte ich mich fest, ziehe an meinen Ärmeln. Ich werde nicht aussteigen.

Ich bleibe im Zug.

Deutlich höre ich, dass die Stimmen mich rufen. Ich blicke mich um. Niemand richtet seinen Blick auf mich. Meinen Kopf schüttle ich und lege die Hände darauf.

Jeden Moment wird die Waggontür aufgerissen. Herausreißen werden sie uns. Nein! Nein! Nicht noch einmal! Der Wahnsinn ist unter meine Haut gefahren. Mit den Händen ziehe ich an meinen Haaren und kneife die Augen fest zusammen.

Der Zug mag nicht weiterfahren. Er hat tatsächlich angehalten. Ich weine.

Meine Haustür sehe ich vor meinem inneren Auge und diesen Mann. Gleich wird er in diesen Waggon stürmen und mich wieder hinausreißen. Die tiefen Atemzüge mögen mich nicht beruhigen.

Vor der Tür des Waggons werden sie stehen. Ich kann mich ihnen nicht entgegenstellen können. Ich bin zu schwach. Ich war bereits einmal zu schwach, um mich zu wehren.

Mutlos lasse ich den Kopf hängen und spüre, wie die Kälte meine Hand umschnürt. Das Blut gefriert in meinen Venen. Dem Tod komme ich näher. Mein Blick fällt auf meine kalte Hand, die von einem schmalen Lichtstrahl beleuchtet wird.

Ich sterbe nicht. Ich erfriere nicht. Eine zarte Hand hat meine Finger umschlossen. Die Haut ist blass. Jede Ader ist sichtbar. Ich möchte wissen, wem diese feine Hand gehört. Gepflegt sind die Fingernägel.

Plötzlich lässt mich die kleine Hand wieder los. Die Waggontür wird aufgerissen. Der Waggon wird geflutet durch das grelle Licht. Es verbrennt meine Augen. Nacht. Blendende Scheinwerfer.

Die Ereignisse beginnen, sich zu überschlagen.

„Raus da!", dröhnt es in unsere Ohren hinein. Die Menschen bewegen sich aus den Waggons, überschwemmen den Vorplatz. Die Flut trägt mich mit sich. Ich stürze.

Die Menschen gehen in verschiedene Richtungen. Ich richte mich auf, bleibe stehen. Auf einer Waldlichtung stehen wir. Fremde Stimmen.

Ich höre die Befehle. Ich sehe die Schläge, die auf die Menschen am Rand der Masse niedergehen. Die Uniformierten versuchen, die Flut mit ihrer Gewalt zu bändigen. Sie sind deutlich in der Unterzahl.

Die Menschen knien sich vor den Zug. Ich mache es ihnen nach, möchte nicht unter die Schlagstöcke geraten. Tief senke ich den Kopf hinab.

Eine Stimme durchdringt die nächtliche Schwärze und ich weiß, dass ich sie nie wieder vergessen werde: „Das hier ist ein Arbeitslager. Zu brauchbaren Menschen sollt ihr erzogen werden. Es wird nicht lang dauern, bis ihr die Regeln verstanden habt. Wer nicht folgt, wird hart bestraft. Der Straße werdet ihr jetzt mit Karacho folgen. Wer zurückbleibt, wird erschossen. Steht auf, ihr Vögel!" Die Masse erhebt sich.

„Rechtsum!" Die Masse dreht sich nach rechts.
„Abmarsch!", lautet der letzte Befehl.
Ich laufe an dem Mann vorbei, der zu uns sprach. Seine Uniform erkenne ich. Sie gleicht der, die der Mann trug, der in mein Haus stürmte. Die Abzeichen, die Farbe. Alles gleicht sich. Sie haben mich.

*

Schwerer Nebel hängt über dem Hang. Ein leichter Regen durchnässt meine Kleidung. Schuhe trage ich nicht. Die Kälte des Bodens spüre ich bis in die Fingerspitzen hinein. Müde sind meine Füße. Wund. Wollen mich nicht tragen. Der scharfe Asphalt reibt sich in meine Fußsohlen. Erschöpft bin ich. Die Straße verschwindet in der Dunkelheit.

Weitere Schweinwerfer werden sichtbar. Ihr Licht wird in der Nässe der Straße reflektiert. Die Schreie, die Stimmen kann ich hören. Jeder hörbare Schlag lässt mich zusammenzucken. Jeder hörbare Schlag verstärkt meine Angst. In meinem Kopf sind die Gedanken. In meinem Kopf ist die Leere.
Die schweren Stiefel der bewaffneten Männer peitschen die Wasserlachen auf der Straße. Ich betrachte die glänzenden Stiefel, die an mir vorbeimarschieren. Ich sehne mich nach Schuhen.

Ein großes Gebäude erscheint im dichten Nebel. Die Straße teilt sich auf. Die Masse wird befohlen, stehenzubleiben. Meine Füße pulsieren. Sie bluten. Die Späne des Waggonbodens und die kleinen Steine der Straße bohren sich tief in mein Fleisch hinein.

Zwei Holztürme ragen in den finsteren Nachthimmel hinein. Notdürftig sehen sie aus. Gleißendes Licht drängt von den Türmen auf uns hinab.

Das Gebäude, vor dem wir stehen, sieht nicht notdürftig aus. Kalkweiße Mauern. Die oberen Etagen sind hölzern verkleidet. Einem Bahnhofsgebäude kommt es gleich. Ein eisernes Tor. Es schreit mich an.

Mein Herz schlägt schnell und weiß, dass wenn es durch dieses Tor gehen muss, es niemals unversehrt hinauskommen wird.

*

Zwei Flügel. Zwei weite Gänge. Kleine Räume. Uniformierte Männer stehen in den Gängen und lassen kleine Gruppen der Masse eintreten, weisen sie in die Räume.

Eingeschüchtert und erstarrt betrete ich eines dieser Zimmer. Zigarettenrauch steigt in meine Nase, als ich über die Türschwelle trete. Ein äußerst junger Mann sitzt an einem Schreibtisch. Akten türmen darauf. Ein Dienstzimmer.
Dieser Mann, dieser Junge ist nicht älter als ich. Vielleicht ist er sogar jünger. Sein Lächeln verfinstert sich. Dabei zieht er an der Zigarette.

„Verrätst du mir deinen Namen?", spricht er plötzlich. Ein aalglattes, unberechenbares Wesen. Ich bemerke die Gefahr, die von ihm ausgeht. „Czarnowski. Wojciech Czarnowski", antworte ich ihm.

Schief grinsend schreibt er sich meinen Namen auf und fährt fort: „Geburtsdatum? Alter?"

„Siebenter Februar neunzehnhundertfünfzehn. Achtzehn", gebe ich zu Protokoll.

„Bekannt, warum eingeliefert?"

Diese Frage lässt mich verstummen.

Niemand sagte mir, weshalb ich an diesen Ort gebracht wurde. Niemand sagte mir, weshalb meine Eltern ermordet wurden, weshalb ich aus meinem Haus hinausgezogen und in einen Zugwaggon gestoßen wurde, in dem Vieh transportiert wird.

Die Wut steigt in mir auf, sodass ich meine Zunge nicht zügeln kann. Mit lauter Stimme entgegne ich: „Darüber wurde ich nicht informiert!" Nachdem ich diese Worte ausgesprochen habe, stockt mein Atem und ich begreife, dass diese Antwort nicht korrekt war. Meine Hände ballen sich zu Fäusten.

Gelassen drückt der junge Mann seine Zigarette aus, steht auf und öffnet eine Schublade an seinem Schreibtisch. Ein Zittern breitet sich in meinen Gliedmaßen aus.

Binnen weniger Sekunden zischt ein Lederriemen durch mein Gesicht. Breitbeinig steht der junge Mann vor mir, verschränkt die Arme. Kein Wort hat er gesprochen. Meine Wange ist zerschnitten. Das Blut läuft an meinem Hals herunter.

„Ich kann mir bereits vorstellen, weshalb du hier bist. Hose runter", fordert er plötzlich. Ich hebe meinen Kopf an und stammle: „Wie bitte?" Hinter seinem Rücken zieht er den Lederriemen hervor, wiederholt im harten Ton: „Hose runter!"

Die Angst übermannt mich und sofort greife ich nach meinem Hosenbund, komme seiner Forderung nach. Die Demütigung ist unbeschreiblich.

Sein Blick brennt auf meiner Haut. Innerlich zerfließe ich in Tränen. Ich werde aufgefordert, die Hose wieder nach oben zu ziehen.

An seinen Schreibtisch kehrt er zurück. Mit den Ellenbogen stützt er sich auf die Tischplatte. Seinen Stift hält er nah an dem Gesicht. Die Lippen möchten Worte formen. Doch er spricht nicht. Er schweigt und lässt seinen Blick auf mir ruhen. Gedemütigt ist meine Haltung. Ich weiß nicht, ob ich seine nächste Frage beantworten kann.

*

„Zisch ab. Du hast noch einen weiten Weg vor dir." Zitternd stehe ich vor dem Schreibtisch. Ich reagiere nicht, sodass er sich wiederholt: „Zisch ab!" Die Stimme beißt sich in meinem Gehörgang fest.

Meine müden Füße tragen mich aus dem Zimmer hinaus. In die Reihen im Vorraum möchte ich mich ordnen, werde aufgehalten. „Draußen warten", höre ich das Knurren.

Ich versuche, mich zwischen den Menschen, die bereits vor dem Gebäude stehen, zu verstecken. Als mir dies gelingt, wird der nächste Befehl gesprochen.

Eine weitere Marschkolonne wird gebildet. Das schmiedeeiserne Tor wird geöffnet. Wir sollen hindurchgehen. Das Tor schreit mich an.

Die Farbe blättert ab.

*

Ein kleines Becken. Vollständig gefliest. In einer langen Reihe stehen wir davor und sollen hineinsteigen. Unangenehm ist es mir, zwischen all diesen fremden Menschen zu stehen, unbekleidet vor ihnen zu stehen. Die nächtliche Kälte sitzt tief in meinen Knochen. Meinen Kopf halte ich gesenkt, versinke in meinen eigenen Gedanken.

Als ich an der Reihe bin und meine Füße in das Becken setze, durchfährt mich ein brennender Schmerz, der sich quälend mein Bein hinaufwindet. Ich rutsche aus, tauche vollständig in das Becken hinein. Ein Schrei entweicht. Aufrichten möchte ich mich, dieses Becken schnell verlassen. Doch eine kalte Hand, ein kalter Handschuh in meinem Nacken drückt mich wieder in die durchsichtige Flüssigkeit hinein. Aus der Tiefe dringt der Schrei hervor. Die Flüssigkeit fließt meine Kehle hinunter. Sie zersetzt mich im Inneren. Bitterer Geschmack auf meiner Zunge.

Der Druck auf meinen Nacken lässt nach. Hände greifen nach meinen Armen und ziehen mich aus dem Becken heraus. Auf den harten Fliesen liege ich. Tropfend und nackt. Die Augen verquollen. Mein Mund steht offen. „Lauf weiter, du Arsch!", dröhnt der Schrei. Sofort stehe ich auf und folge den anderen Menschen vor mir.

In Flammen gehen meine Füße auf. Die offenen Wunden auf meinem Kopf, an meinen Fußsohlen. Ich zerreiße. Vor Schmerz vergesse ich das Atmen. Aus meinen Ohren läuft die Flüssigkeit heraus.

*

Der Schweiß läuft an meinem Körper herunter. Die Erinnerung an den ersten Tag. Sie hat mich aus dem Schlaf gerissen. An jeder Stelle meines Körpers ist der Schmerz spürbar und ich krümme mich. Die Füße drücke ich gegen den Rand der Pritsche, halte meine zitternden Hände gegen den Kopf.
Dieser Tag hat mich verändert. Die Angst ist seitdem allgegenwärtig. Doch ich versuche, meine Angst nicht zu offenbaren, sie im Inneren verschlossen zu halten. Nur ihr kann ich meine Angst zeigen. Jeden Tag fürchte ich mich vor den Türen der Baracken. Ich fürchte mich davor, dass der uniformierte Mann die Tür eintreten und mich holen kommen könnte, dass ich in der Desinfektion ertrinke.

Jeden Moment fürchte ich mich, dass die Tür geöffnet wird und die Kugel meinen Körper zerreißt. Ich blicke in die Dunkelheit und möchte, dass mein Herzschlag sich beruhigt, dass mein Atem langsamer geht. Meinen Schlaf finde ich nicht mehr. Erneut spielt sich dieser erste Tag vor meinem inneren Auge ab und lässt mein Herz stillstehen. Doch dann erscheint eine andere Erinnerung.

Zwischen den dunklen Schwaden offenbart sich ein leichtes Licht. Ein Moment, der sich ereignete, nachdem ich die Baracke betrat.

Am hinteren Ende des Schlafsaales habe ich gesessen. Mein Kopf drohte zu zerbersten. Die Rasur. Das Desinfektionsmittel. Die Kleidung scheuerte. Die Baracke war fremd.

Mein Blick wich nicht von der Tür des Schlafsaales. Ich war erschöpft, verspürte den Hunger. Die Arme hielt ich um meine Knie geschlungen. Kalte Luft zog durch die schmalen Ritzen in der Barackenwand hinein. In meinem Kopf hallte der Ruf um Hilfe. Doch ich wusste, dass mir niemand helfen, dass ich sterben würde.

Verlassen saß ich an der Wand, warf den Kopf zu den Seiten. Ich wusste nichts. Ich wusste nicht, was mich erwartet, nach welchen Mustern die Tage verlaufen, wohin ich gehen werde, wohin ich gehen soll.

Weinend drückte ich mich stärker gegen die Holzwand. Verstecken wollte ich mich. Die anderen Menschen beachteten mich nicht. Dann sank der Kopf auf meine Brust. Ich erstarrte, blickte auf den Boden. Die Zeit verstrich. Menschen kamen in den Schlafsaal hinein.

Dann spürte ich den Druck auf meinem Arm. Die Berührung war kalt, kälter als der Tod. Vorsichtig öffnete ich meine Augen. Dann haftete mein Blick auf meinem Arm.

Eine kleine Hand, dünne Finger. Eine kleine blasse Hand. Zart, sodass sie bei einer Berührung zu zerbrechen droht. Diese Hand konnte nicht zu einem Mann gehören. Gepflegt waren die Fingernägel.

Ich habe diese Hand bereits gesehen, die feinen Adern. Ich weiß, wann ich diese Hand sah, wann ich die Kälte des Todes verspürte. Dann blickte ich nach oben. Ich blickte in ein wunderschönes Gesicht. Ihre Haare trug sie nicht mehr. Getrocknetes Blut über ihrem Ohr. Große Augen sahen mich an. Ein roter Abdruck auf der Wange.

Ich stellte ihr eine Frage: „Hast du im Zug meine Hand gehalten?" Sie nickte vorsichtig. „Du bist heute ebenfalls an diesem Ort angekommen, nicht wahr?" Sie nickte wieder. Wir teilten das gleiche Schicksal.

Meine Arme breitete ich aus. Ohne zu zögern, setzte sie sich neben mich, lehnte sich an mich heran.

„Ich heiße Wojciech. Wojciech Czarnowski. Magst du mir auch deinen Namen verraten?", flüsterte ich ihr in das Ohr. Sie blieb still und gab mir keine Antwort. Sie hatte ihre Stimme verloren.

Daraufhin sagte ich: „Du musst mir nichts über dich erzählen, aber dann musst du mir versprechen, mir deinen Namen zu verraten, sobald wir hier wieder freigekommen sind, ja? Dann verrate ich dir auch, woher ich komme. Was hältst du davon?"
Sofort spürte ich, dass sie mit diesem Vorschlag einverstanden war, sich diesem Vorschlag annehmen wollte. Denn sie nickte. Dann schenkte sie mir ein Lächeln.

Das Lied habe ich ihr an diesem Abend zum ersten Mal vorgesungen. Seitdem singe ich ihr jeden Abend vor und sie lehnt sich jeden Abend an mich heran.
Ich vermisse sie. Ich vermisse sie fürchterlich. Ich vermisse sie jedes Mal, wenn ich nach dem Appell in die Küchenbaracke gehen muss. Mit einem warmen Gefühl in der Brust schließe ich meine Augen. Ich freue mich auf den Tag, an dem ich zum ersten Mal ihre Stimme hören darf.

*

Ich habe ihr nicht vorgesungen! Ich bin nicht in meiner Baracke! Mit beiden Händen halte ich meinen Kopf und ziehe an den Haaren. Der Geruch von Eiter und Exkrementen verfängt sich in meiner Nase.

Ich schäme mich. Im Krankenrevier liege ich und habe sie allein gelassen. Ich muss diese Baracke verlassen. Ich kann diese Baracke nicht verlassen. Einen Ausweg muss ich finden.

Aus dem Schlaf gerissen setze ich mich auf. Die dünne Decke ist von meinem Schweiß vollständig durchnässt. Sie klebt an meinem Körper. Hier kann ich nicht bleiben.

Das Essen für die anderen Häftlinge muss ich vorbereiten. Sie werden verhungern. Ich darf nicht auf dieser Pritsche liegen.

Erneut greife ich an den Kopf und atme schwer. Ich habe versagt. Mein Kopf pulsiert. Mein Magen krampft.

Meine Wirbelsäule zerbirst bei jeder Bewegung.

Der heutige Tag wird mich nicht aufhalten. Wenn ich nicht mehr arbeite, werden sie mich in den nächsten Zug stoßen und töten lassen. Dies darf nicht geschehen! Wir werden das Lager gemeinsam verlassen. Ich werde nicht ohne sie gehen.

In der Stille versinke ich, als mein Magen erneut zu krampfen beginnt. Die Geräusche der Häftlinge in der Baracke vernehme ich. Das Röcheln. Das Stöhnen. Die stummen Schreie.

Geflüster dringt von der unteren Pritsche zu mir hinauf. Die Menschen sprechen mit sich selbst. Von Angst und Schmerz in den Wahnsinn getrieben.

Meine Konzentration schwindet und die Geräusche von Krankheit und Tod gleichen lachenden Geistern. Sie werden lauter. Sie rufen mich zu sich.

Umso länger ich auf dieser Pritsche liege, desto näher rückt der Zug, desto schneller erreichen mich die Krankheiten. Dann bin ich tot.
Ich bin nicht krank! Ich gehöre nicht in die Baracke der Toten.
Mir ist warm. Mir ist kalt. Die Wunde über meinem Auge blutet, nachdem ich sie mit meinem Fingernagel aufgekratzt habe. Das Blut lecke ich von den Fingern herunter. Ich muss weinen.

Wir sind gemeinsam angekommen. Ich habe dir versprochen, dass wir gemeinsam gehen. Verzeih mir. Der Schmerz lässt mich eingestehen, dass ich mein Versprechen nicht halten kann. Wir können in diesem Moment nicht einmal zusammen sein. Sie wird mir niemals verzeihen.
Ich kann mir niemals verzeihen.

Geräusche. Rauch in der Luft. Jetzt werden sie mich holen. Doch sie werden mich niemals zwischen ihre Handschuhe bekommen.

Ich möchte mich von der Pritsche erheben, möchte fliehen. Meinen Kopf stoße ich an der Decke der Baracke. Mir wird schwarz vor Augen.

*

Deutlich bemerke ich das Fieber. Wieder wache ich auf. Die Dunkelheit hält weiterhin Einzug. Die Geräusche sind nicht verstummt.

Der Fieberwahn ergreift mich.

Aberwitzig sind die Gedanken in meinem Kopf. Lachen muss ich dabei. Ich muss weinen, zittere vor Angst. Die gesamte Wachmannschaft hat sich gegen mich verschworen. Im Krankenrevier haben sie mich eingesperrt. Vor Jahren sperrten sie mich bereits ein. Mit mir wurde gesprochen. Und dort draußen! Der Mond beobachtet mich und möchte mir sagen, dass ich ihm folgen solle. Ich werde ihm folgen!

Ich muss an meinen Posten zurück. Der Morgen ist angebrochen. Meine Schicht hat begonnen. Wenn der Aufseher merkt, dass ich nicht anwesend bin, wird er das gesamte Kommando bestrafen. Ich muss meine Männer beschützen. Das ist ein abgekartetes Spiel, das ich nicht mitspielen werde. Ohne mich sind die in der Küche hilflos. Es reicht! Ich gehe!

Im Fieberwahn versunken springe ich von der Pritsche herunter, vergaß, dass ich auf der obersten Pritsche gelegen habe. Ich stürze heftig zu Boden.

Meine Besinnung kehrt zurück. Niemand schert sich darum, dass ich von der Pritsche gefallen bin. Mein Entschluss steht fest. Ich werde den kommenden Tag begehen, wie ich bereits alle anderen Tage begangen habe. Ich muss in meine Baracke zurück.

Unter größter Anstrengung hebe ich meinen geschwächten Körper an, schaffe es, mich hinzusetzen. Dann stehe ich. Zitternd stütze ich mich an der Pritsche ab. Der Atem geht mir heiß. Das Bild vor meinen Augen ist nicht klar.

Langsam bewege ich mich, erreiche den Gang zwischen den Pritschen. Jetzt möchte ich hinaus, diese Baracke verlassen.

Die Sorgen um sie treiben mich an.

Wenige Schritte von der Barackentür entfernt erhitzt sich meine Stirn. Ein Schweißausbruch versucht, dem Fieber entgegenzuwirken. Meine Muskeln lassen sich nicht länger kontrollieren, halten mich nicht mehr. Einige Schritte kann ich setzen. Dann drohe ich zu stürzen, werde aufgefangen.

„Wohin des Weges, Kamerad?"

„Ich muss in meine Baracke. Sie braucht mich."

„Du bist in einem schlechten Zustand."

„Ich muss zurück. In. Meine. Baracke."

„Wenn du in deine Baracke zurückkehrst, wirst du bald über den Rost gehen. Hier können wir dich versorgen."

Das Atmen fällt mir schwer. Trotz der Belehrung lasse ich mich nicht umstimmen. Ich kann es nicht zulassen, am morgigen Tag selektiert zu werden. Alle im Lager wissen von den Gutachten. Mich bekommen sie nicht. Erneut versuche ich, mich zu erklären: „Ich. Muss. Zurück. In." „Ich habe dich verstanden, aber ich kann dich nicht aus dem Krankenrevier gehen lassen", wird mir geantwortet.

Die letzte Kraft verliere ich. Leblos hänge ich in den Armen des aufsichtsführenden Häftlings. Meinen Zeigefinger hebe ich nach oben und spreche weiter: „Sie ist sonst allein." Ich weiß nicht, ob mir Blut oder eine Träne über die Wange läuft.

„Beruhige dich." Ich kralle mich an seine Brust. „Wenn du wirklich nicht im Krankenrevier bleiben möchtest, kann ich nichts daran ändern. Du musst noch vor dem Appell verschwinden und dich unter die Leute mischen. Um den Rest werde ich mich kümmern. Ich werde dir rechtzeitig Bescheid geben. Jetzt lege dich für die letzten Stunden der Nacht schlafen."

Diese Worte senken meine Atemfrequenz, lassen mein Herz langsamer schlagen. Es gelingt mir sogar, mich wieder aufzurichten.

Vor einer Pritsche lasse ich mich zu Boden sinken, lehne an das hölzerne Gestell. Diese Haltung ist mir bekannt. Es dauert wenige Minuten, bis sich meine Augen schließen.

Die Zufriedenheit fließt in meiner Brust.

*

„Wach auf!", ruft mich eine Stimme. Bekannt ist sie mir. Ich öffne meine Augen. Der Mann verschwimmt. Ungeduldig hält er meine Schulter, schüttelt mich.

Ich wollte fort! Rasch stehe ich vom Boden auf, ziehe das verschwitzte Hemd gerade. „Bitte beeile dich. Ich muss die Bestandszahl an die Aufsicht übermitteln. Du willst doch keinen Ärger machen, oder?", sagt er. Verlegen schüttle ich den Kopf.

Ein gutherziger Mann.

Das Krankenrevier verlasse ich. Sofort sehe ich die Menschenmasse, die sich auf den Appellplatz bewegt. Im Türrahmen stehe ich und beobachte den geraden Gang der zivil gekleideten Häftlinge, versuche, diese Haltung nachzuahmen. Meine Wirbelsäule lässt sich nicht aufrichten.

Das Zwitschern der Vögel kann ich hören. Die frische Luft, frei von Wundgestank, durchzieht mein Gesicht. Kühlend ist die Brise, die mein nasses Hemd streift.

Die Häftlinge der angrenzenden Baracke treten aus der Tür heraus. Der Blockführer beobachtet die Gefangenen. Bald wird der Appell beginnen. „Du möchtest wirklich nicht bleiben?", werde ich erneut angesprochen. Ich schaue über die Schulter und verneine. Zum Dank verbeuge ich mich.

Trotz der Schmerzen, die ich mit jedem Schritt verspüre, tief in meinen Knochen, tief in meinem Gewebe, gelingt es mir, mit der Häftlingsgruppe zu verschmelzen. Ich weiß, dass dies die richtige Entscheidung war. Ich kann dieses Lager nicht allein verlassen. Ich werde mit ihr zusammen gehen.
Gemeinsam mit den anderen Häftlingen bewege ich mich den Hang hinauf.
Sie bemerken meine Anwesenheit nicht.

*

Die Anordnung auf dem Appellplatz wird hergestellt. Bei den Insassen dieser Baracke kann ich nicht bleiben. Stichprobenzählungen können mir, können den anderen Häftlingen zum Verhängnis werden.
Geschickt gelange ich an den Rand des Blocks. Ich versichere mich, dass sich kein Wachposten zwischen den Reihen befindet. Durch mehrere Blocks drängle ich mich hindurch, nutze die Bewegung der Massen, um weiter nach vorn zu gelangen.

Dann gelingt es mir, meinen Blockältesten ausfindig zu machen. Zufrieden nehme ich in den Reihen meiner Baracke Platz. Vorsichtig dränge ich mich in die zweite Reihe, an den Platz, an dem ich jeden Morgen stehe, seit all den Jahren.

Sie steht nicht neben mir. Sie steht nicht in der zweiten Reihe. Meinen Kopf recke ich nach oben, blicke über die Köpfe der Häftlinge meiner Baracke. Ich freue mich darauf, sie wiederzusehen.

*

Das gesamte Lager hat sich bereits auf dem Appellplatz versammelt. Die Ansprache wurde abgehalten. Die Wachposten beginnen mit der Zählung. Der Lagerälteste sitzt an seinem Tisch und schreibt. Eine ordentliche Jacke trägt er. Keine dünnen Kleider. Sauber gewebter Stoff. Dicker Stoff. Ich beneide ihn.

Meinen Blick löse ich von den Männern vor den Reihen und verspüre die Angst, die Sorgen, die in mir aufsteigen. Sie steht nicht neben mir. Sie steht nicht hinter mir. Ich habe sie nicht gesehen.
Ich befürchte, dass sie mich in das Krankenrevier begleitet hat, nicht bemerkt hat, dass ich fortgegangen bin. Sie hat auf mich gewartet und ich habe sie allein gelassen. Hoffentlich wurde sie nicht erneut in den Bunker gebracht.

*

Mein Kopf hängt tief auf meiner Brust und eine Träne möchte hervortreten. Mein gesamter Körper, mein Herz schmerzt. Die Zählung ist seit längerer Zeit beendet. Ihr Fehlen wurde nicht ausgerufen. Trotzdem stehen wir und warten. Die Kommandos wurden noch nicht verlautet. Ich bin mir sicher, dass mindestens zwei Stunden vergangen sein müssen. Die Sonne ist bereits aufgegangen. Meine Beine wollen mich kaum mehr tragen.

Plötzlich vernehme ich Schritte. Schritte im Kies. Vorsichtig richte ich meinen Blick nach oben. Ich kann erkennen, wessen Schritte es gewesen sind. Es waren die Schritte des Rapportführers, des Rapportführers Herzog. Ich hasse diesen Mann. Jeder Häftling weiß, dass er die Lagerstrafen verhängt. Er hat sie gefoltert. Durch den Lagerzaun hat er sie angesehen. Sein gieriger Blick ruhte auf ihr.

Er hat sie in den Bunker gebracht. Ich spüre, dass er für ihre Abwesenheit verantwortlich ist. Ich weiß nicht, wohin er sie bringen ließ. Doch ich weiß, dass sie dort auf mich wartet.
Ich habe ihr versprochen, dass wir das Lager zusammen verlassen und dieses Versprechen werde ich halten. Bald sehen wir uns wieder.

*

Die Anstrengung, mich auf den Beinen zu halten, nimmt zu. Der Rapportführer steht hinter seinem Mikrofon. Er spricht nicht. Er soll seine morgendliche Rede halten. Ich kann nicht mehr stehen. Ich bin erschöpft.

Der Geruch des Rauches, des Öls, des Rostes. Die glänzenden Stiefel reflektieren die Sonnenstrahlen. Keine Stimme spricht. Nur die schweren Blicke der aufsichtsführenden Wachposten liegen auf meinen Schultern. Sie erdrücken mich. Unter dieser Last breche ich im Inneren zusammen. Die Luft bleibt in meinen Lungen stehen. Ich muss tapfer bleiben. Dann sehe ich sie heute Abend wieder.

Dem Bunkerkalfaktor kann ich Lebensmittel zustecken. Sie wird sich freuen. Sie wird dann wissen, dass ich auf sie warte. Sie ist nicht allein. Der Schmerz wird bald abgeklungen sein. Das Atmen wird mir bald leichter fallen.

Heute Abend wird sie in meinen Armen liegen und ich werde ihr vorsingen. Eine Kartoffel werde ich ihr mitbringen.

Die Lautsprecher knacken. Gleich wird der Rapportführer sprechen. Gleich wird dieser unfassbare Mensch seine Stimme erheben. Unscheinbar mag er wirken. Doch in ihm lebt der Teufel.

Ich kann nicht länger stehen. Meine Knie zittern, schlagen zu den Seiten aus. Ich warte auf die Kommandos. Übelkeit verspüre ich. Ein Husten stößt aus mir heraus. Die Luft gelangt nicht in meine Lungen. Der Teufel hat Besitz von mir ergriffen. Die letzte Kraft schwindet aus meinen Schenkeln. Ich falle zu Boden. Mein gesamter Körper ist von einem Krampf besessen. Der aufgewirbelte Staub gelangt in meine Lungen. Der Husten nimmt zu.

Verkrümmt liege ich am Boden. Mir ist heiß. Ich brauche Hilfe. Ich muss aufstehen. Sie werden mich bestrafen, mich schlagen. Ich kann nicht aufstehen. Ich darf nicht nach Hilfe rufen. Ich höre nur, dass nach mir gerufen wird: „Steh auf!" Die Stimme eines Aufsehers! Sie dürfen mich nicht töten! Ich stehe gleich wieder auf! Ich muss zu ihr! Ich habe mich nur verschluckt!

Mein Körper schmerzt. Die Schmerzen nehmen zu, übersteigen den Schmerz der letzten Nacht. Ich spüre, dass mein Herz zerdrückt wird. Ich stehe gleich wieder auf! Eine Minute soll er mir geben! Eine kurze Minute!

„Steh auf! Pause wird noch nicht gemacht!" Die schweren schwarzen Stiefel stehen direkt vor meinem Gesicht. Direkt vor der Spitze meiner Nase. Ungeduldig tippt die Stiefelspitze in den Kies.

Ununterbrochen.

Ich habe Angst! Ich bekomme keine Luft!

Es knallt. Es donnert. Alles wird still.

III

„Komm! Jetzt beende deinen Zug!", dröhnt es lachend durch den Raum. Wir sind die letzten Männer im Kasino. Wir sitzen am größten Tisch. Wir rauchen die größten Zigarren. Alkohol fließt in geraumen Mengen.
Der Kommandant hat eingeladen. Zigarren gibt er uns aus. Großzügig lässt er uns einschenken. Fünf Männer sind wir, sitzen um den Tisch aus schwerem Holz, halten die Gläser in die Höhe, stoßen an. Poker spielen wir. Die Nacht ist bereits hereingebrochen.

Am Tag belasten mich die Aufsichten, die Befehle, die unnützen Zahlen und Dokumente. Ich verstehe nicht, welche Person sich für diese Zahlen interessiert. Ohnehin ist nicht vorgesehen, dass einer dieser Menschen diesen Ort wieder lebend verlässt.

Hermann, der junge Untersturmführer, ringt bereits mit seinem Verstand. „Wenn du jetzt nicht ausspielst, mache ich es. Hier! Full House!", ruft er, legt sein Blatt auf den Tisch. Erhard Leuschner, der Kommandant, beugt sich darüber, beginnt, laut zu lachen.

In den Karten, die Hermann auf den Tisch legte, ist keine Kombination zu erkennen. Es scheint, als spiele er nach seinen eigenen Regeln. „Für eine solch furchtbare Runde haben Sie noch eine Zigarre verdient", sagt Leuschner stolz und reicht Hermann eine weitere Zigarre. Die Männer sehen sich an, brechen in unbändiges Gelächter aus.

Der Raum ist mit einem qualmenden Schleier durchzogen. „Meine Herren", wendet sich der Kommandant mit ernster Stimme an uns, „Wer hat Interesse an einer weiteren Runde?" Die Gläser werden gehoben. Leuschner winkt dem Mann zu, der uns bedient. Schlaftrunken beginnt er, die letzten Tropfen des Cognacs einzuschenken. Ein Geschenk des Bruders des Kommandanten. Tief versunken an der Front.

Das Stehen fällt dem Mann schwer. Das Tablett nimmt er auf, wankt zu uns herüber. Aus dem Augenwinkel sehe ich, dass Schutzhaftlagerführer Reinhard Kröll sein Bein zur Seite ausstreckt. Der Mann stürzt.

Der Cognac in den Gläsern ergießt sich über der Uniform des Kommandanten. Leuschner schreit auf: „Du Sau!" Nach einem der heruntergefallenen Gläser greift er und wirft es auf den dünnen Mann. Oft frage ich mich, wem Kröll weniger Sympathie schenkt, dem Kommandanten oder den Häftlingen. Ich sehe, dass Kröll schmunzelt, sich an der Situation erfreut.

Feurig glüht es aus Leuschners Augen heraus. Der Häftling ist aufgestanden, hält seine Mütze in der Hand, senkt den Kopf. Dem Schlag Leuschners in seinen Bauch kann er nicht standhalten, fällt erneut zu Boden.

Wortlos erträgt er die Schläge und Tritte, die schweren Worte, die sich über ihm ergießen. Dann verliert Leuschner das Interesse. Er setzt sich wieder auf den Stuhl und nimmt tiefe Atemzüge. Mit einem Taschentuch drückt er auf die Flecken des Alkohols auf seiner Uniform. Gemeinsam mit Bierbach lacht er über diesen Vorfall. Ein zweiter Gefangener kommt aus dem Nebenraum, schenkt uns ein.

*

Bierbach erhebt sich, möchte sich verabschieden und zurückziehen. Er sieht den Häftling, der auf dem Boden liegt, der nicht wieder aufgestanden ist. Ich weiß nicht, ob er das Bewusstsein verloren hat.

„Steh auf, du Schwein!", wird dem Mann von Bierbach befohlen. Stöhnend versucht der Häftling, aufzustehen. Bierbach greift nach dem Hemdkragen des Mannes, reißt ihn nach oben. Das Gleichgewicht kann der Häftling kaum halten. Konzentriert beginnt er, das Tablett, die Gläser vom Boden aufzuheben. In den Nebenraum verschwindet er, kehrt nicht zurück.

Bierbach steht im Türrahmen und verabschiedet sich: „Bis morgen, alle miteinander" „Bis morgen, Walter. Ich lasse dir morgen ein paar Arbeitsverweigerer vorbeischicken. Gehe nicht zu sanft mit ihnen um", sagt Leuschner daraufhin. „Keine Sorge. Ich kümmere mich darum", versichert Bierbach mit einem Augenzwinkern, verlässt das Gebäude.

Die Abendstunden ziehen vorüber. Ich genieße eine weitere Zigarre, puste Hermann den ausgestoßenen Qualm in das Gesicht. Dieser scheint bereits eingeschlafen zu sein. Kröll und Leuschner unterhalten sich weiterhin.

Meinen Blick lasse ich durch das Kasino schweifen und sehe die dünnen Blutspuren auf dem Boden. Ich kann meinen Blick nicht von ihnen abwenden. Aus der Starre löse ich mich, als sich Kröll und Leuschner von ihren Stühlen erheben.

„Baumgarten. Herzog. Sie sollten den Abend ebenfalls beenden. Die Arbeit des morgigen Tages ist nicht zu unterschätzen. Ein weiterer Transport wird ankommen und Sie wissen beide, dass in solch einen wilden Haufen erst einmal Zucht und Ordnung gebracht werden muss. Gute Nacht", sagt der Kommandant zum Abschied und verlässt gemeinsam mit Kröll das Kasino. Finster blitzt es aus Krölls Augen heraus.

Der Alkohol beeinflusst mich. Benommen blicke ich zu Hermann herüber. In einem tiefen Schlaf ist er versunken. Es fällt mir leicht, ihn zu heben, ihn über meine Schultern zu legen. Das Kasino möchte ich verlassen.

Ein Klirren zieht meine Aufmerksamkeit auf sich. Der Mann, auf dessen Stirn sich Spuren getrockneten Blutes abzeichnen, kehrt mit einem großen Eimer in den Hauptraum zurück. Den Eimer stellt er neben dem Tisch ab. Er sieht mich.

Rasch zieht er seine Mütze, spricht zu mir: „Einen guten Abend, Herr Obersturmbannführer." Ich reagiere nicht auf seine Worte, verlasse das Kasino.

Die Tür schließe ich hinter mir und werfe dabei einen Blick durch das Fenster. Der zweite Gefangene steht ebenfalls an unserem Tisch. Gierig trinken die Männer die letzten Tropfen aus den Gläsern, aus den Flaschen.

Weit ist die Nacht über diesen Ort hereingebrochen.

*

Träge sind die Schritte, die ich die Straße hinauf set-ze. Ich trage meinen Kameraden über den Schultern, hoffe, dass ich das Wohngelände alsbald erreiche.

Die Wärme steigt meine Stirn hinauf und ich sehe den Nachthimmel vor mir, glühend heiß. Hell er-leuchtet tanzen die Sterne. Ich lasse Hermann herun-ter. Unsanft ist seine Landung. Die Freude an diesem klaren Himmel berauscht mich.

„Hermann! Sieh dir den Himmel an!", rufe ich ihm zu, strecke meine Hand in den Himmel hinauf. Lang-sam steht Hermann auf, richtet seine Mütze. „Was soll sich dort oben befinden?", fragt er resigniert. Schwer verständlich sind seine Worte. Er lallt.

Ich lege meinen Arm auf seine Schultern, drücke ihn an mich heran. Den sternenverklärten Nachthimmel zeige ich ihm erneut.

Das Licht wird intensiver, strahlt unmittelbar auf mich herab. „Ein Flugzeug", spricht Hermann monoton und wendet sich ab. Mein Arm sinkt herun-ter und die Enttäuschung durchfährt meine Brust.

Plötzlich ruft mein Kamerad: „Komm, Johannes! Die schießen wir runter!" Seine Pistole hat er vom Gürtel gelöst und richtet ihn in die Höhe. Ich greife ebenfalls zu meiner Pistole. Die Schüsse rauschen tief in die Nacht hinein. Wir lachen. Wir blicken hinauf. Wir warten, bis das Flugzeug herunterfällt.

Die Kleidung streife ich von meinem Körper ab. Der Druck der schweren Stiefel, des Hemdes, der steifen Hose löst sich von mir. Ich höre den Klang.

Die Kleidung fällt zu Boden.

Auf mein Bett gehe ich zu, lasse mich hineingleiten, spüre die Wärme des Lakens, der Decke. Das weiche Kissen stützt meinen Kopf. Die Ruhe in diesem Raum genießend, fernab der vielen Menschen, strecke ich die Glieder von mir. Meine Knochen, meine Muskeln entspannen sich.

In meinen Ohren hallen die frohen Lieder, die mich den Träumen näherbringen. Auf meiner nackten Haut liegt der weiche Stoff.

Jeden Abend lege ich mich in dieses Bett hinein. Jeden Morgen sehne ich mich danach, wieder in diesem Bett liegen zu können. Die Ruhe finde ich an diesem Ort, in meinem Haus, meine Partnerin neben mir.

*

Die Stirn pulsiert. Das Gesicht verbrennt. Der Kopf zerbirst. Ich richte mich auf, strecke meinen Körper und setze die Füße auf das knarzende Holz des Parketts. Es scheint, als könne ich meinen Kopf nicht halten, als würde er herunterstürzen.

Schlaftrunken gehe ich in das Badezimmer, versuche, mich im Spiegel zu erkennen. Ich sollte beginnen, mich dem Alkohol abzuwenden. Jeder Schritt, den ich setze, dröhnt in meinem Kopf.

Ich sehe mein Gesicht im Spiegel. Die Erinnerungen des gestrigen Abends verschwimmen. Doch den dünnen Mann, verletzt am Boden liegend, sehe ich vor meinem inneren Auge. Scharf bildet er sich ab. Ich sehe das Blut auf seinem Kopf.

Die Hände auf das Waschbecken stützend nehme ich einen tiefen Atemzug. Die Augen errötet. Kaltes Wasser ergießt sich über meinen Händen, flutet mein Gesicht. Zum Bett kehre ich zurück.

„Du stinkst nach Rauch und Alkohol! Warst du wieder im Kasino?", ruft mir meine Partnerin zu, als ich mich setze, die Decke in den Händen haltend. Ich widerspreche nicht.

Ich stehe auf, nehme die Kleider. Die kleinen Knöpfe des Hemdes gleiten aus meinen Fingern. Schwer fällt es mir, die Hosenträger anzulegen.

Die Treppe gehe ich langsam herunter.

Auf einer der Stufen sehe ich meine Mütze, hebe sie auf, stürze beinahe. Dann sehe ich meine Stiefel, setze mich auf die unterste Stufe, um sie anziehen zu können. Die Hände presse ich gegen meine Stirn.

Ich blicke durch den Korridor, halte Ausschau nach meiner Jacke. Ich finde sie nicht. Erneut greife ich an meinen Kopf. Nach dem Appell werde ich in das Kasino zurückkehren müssen.

*

Ich stehe vor dem großen Spiegel, betrachte mich. Näher gehe ich heran, um meine ungeordneten Haare unter die Schirmmütze zu schieben. Dann sehe ich die Rose.
Auf der Kommode liegt eine Rose, eine Karte darunter. Die Karte nehme ich auf, lese den Text, lese den Namen eines fremden Mannes.

„Was hat dies zu bedeuten?", schreie ich ungehalten durch das Haus. Mein Mund steht offen. Die Müdigkeit ist verzogen, verdrängt von aufsteigender Wut. Hilde erscheint auf der Treppe, stützt sich gegen den Handlauf.

Ihr Kopf senkt sich, als ich die Rose zu Boden werfe. Die Blüte zerfällt. Tiefer senkt sie ihren Kopf. Ich sehe eine Träne, die an ihrer Wange herunterläuft. „Ich verstehe. Sei froh, dass ich weiß, wo ich meine Hände zu halten habe."

*

Diesige Luft hängt über der Zufahrtsstraße. Meine Gedanken kreisen um Hilde. Ich erkenne ihr geändertes Verhalten. Sie wandte sich von mir ab. Sie geht keiner Arbeit nach. Sie umsorgt keine Kinder. Ihr Dank ist es, mich zu hintergehen, die Vorwürfe über mir zu ergießen.

In meinen Hosentaschen suche ich nach Zigaretten, werde nicht fündig. Nach meiner Jacke sehnt es mich. Doch die Zeit drängt. Erst nach dem Appell werde ich das Kasino aufsuchen können.

Ich erschrecke, als ich bemerke, dass sich nicht nur Zigaretten in den Taschen meiner Jacke befinden. Das Rapportbuch, der Schlüssel meines Dienstzimmers.

Die Wut kocht stärker. Die Schritte, die ich setze, werden schwerer. Der Spazierstock kracht auf den Boden, droht zu zersplittern. Der kalte Wind weht durch mein Hemd.

Ich sehne mich nach meiner Jacke.

*

Die Straße vermag kein Ende zu nehmen. Wachposten kommen mir entgegen, sind bester Laune. Der stumpfe Arbeitszwang in meinem Kopf verstärkt den Drang, fortzugehen, die Straße in die andere Richtung entlangzulaufen. Die Blicke dieser Menschen sind unerträglich.

Ich öffne das Tor. Sehe den Block, der sich über den gesamten Hang erstreckt. Lächerlich erscheint es mir, sie jeden Morgen antreten zu lassen. Ich verstehe nicht, weshalb wir sie jeden Morgen zählen.

Mein weißes Hemd zieht die Aufmerksamkeit der Wachmannschaft auf sich. Die Blicke ruhen auf meinen Schultern. An den Lagerältesten trete ich heran, der den anderen Tagen gleichend an einem Tisch sitzt. Aus der Schreibstube muss er ihn täglich heraustragen. Fordernd blicke ich zu ihm herunter. Seine Aufzeichnungen reicht er mir. Worte sprechen wir nicht.

Hermann sitzt an einem weiteren Tisch, aufgestellt auf der anderen Seite der Menschenmenge. Er bemerkt nicht, dass ich an ihn herantrete. Unsanft stoße ich ihn gegen das Schienenbein. Aus dem Augenwinkel erkenne ich den finsteren Blick Krölls, der sich auf mich richtet. Hermanns Augen werden groß. Schnell springt er von seinem Stuhl auf, greift eine Jacke, die über der Lehne hängt.
Er reicht mir diese Jacke. Er reicht mir meine Jacke.

Ich finde das Rapportbuch in der Innentasche. Der finstere Blick Krölls wendet sich von mir ab. Zufrieden drücke ich das kleine Buch gegen meine Brust, streife die Jacke über.

„Eine Erklärung gebe ich dir später", flüstert mir Hermann zu, bevor er sich wieder setzt. Ich höre die Schritte hinter mir, die sich nähern.

Kröll spricht: „Guten Morgen, Herzog. Sie hätten den gestrigen Abend durchaus früher beenden sollen. Es scheint, als sollten wir erfreut darüber sein, dass Ihre Beine Sie überhaupt bis auf den Appellplatz getragen haben." Ich nicke und hoffe, dass er sich von mir abwendet.

Die Menschen vor uns halten die Köpfe gesenkt. Die Gesichter verschwimmen in der Ferne, verschmelzen mit den blauen Streifen auf ihrer Kleidung.

Ich nehme das Rapportbuch und die Aufzeichnungen des Lagerältesten Klärs zur Hand. Seine Handschrift erscheint gedruckt. Gerade schrieb er die Worte, die Zahlen. In meiner Schrift fällt es mir schwer, die Zahlen zu erkennen. Sie stimmen überein.

Hinter dem schmalen Mikrofonständer nehme ich Platz, warte und beobachte die Menschen. Jeden Morgen ist der Ablauf identisch. Jeden Morgen sehe ich die Blicke und die Aufseher, die durch die Reihen gehen, Stichproben nehmen.

Ich stehe hinter dem Mikrofon und warte. Dann sollen sie die Mützen heben, die Mützen senken, die Position der Mützen auf ihren Köpfen korrigieren. Die Zeit zieht vorüber. Ich warte hinter dem Mikrofon. Eine Marschkapelle spielt nicht.

Die Kopfschmerzen nehmen zu.

*

Der Blick haftet an den Dächern, die in die Endlosigkeit entgleiten. Ich bemerke, dass die Wachposten die Stichprobenzählungen beenden, die Blockältesten nicht länger mit ihnen sprechen.

In das Rapportbuch blicke ich, forme mit meinen Lippen die Worte der Zahlen. Aus dem Augenwinkel sehe ich den Unterschied. Ich sehe den Kopf, der sich hebt. Ich sehe den Blick, der auf mir ruht.

Die Schläfen pulsieren.

In der zweiten Reihe steht sie. Ich erwidere ihren Blick. Sie verschwimmt nicht. Deutlich sticht sie heraus. Meinen Blick kann ich nicht von ihr lösen. Der Schlagstock trifft ihren Rücken. Mein Herz. Bleibt stehen.

Ich strecke mich, möchte sehen, dass sie wieder aufsteht. Der Wachposten spricht, schlägt sie wiederholt. Nach oben wird sie gerissen und dann spricht er in ihr Ohr hinein. Verbissen ist sein Blick. Dann richtet sich sein Blick auf mich. Er nickt entschlossen. Ohne es zu merken, nicke ich zurück.

Der kalte Wind zieht durch meine leicht geöffneten Lippen, lässt sie vertrocknen. Ich spüre mein Herz stark gegen die Brust schlagen. Die Gewalt sehe ich jeden Tag. Jeden Tag sehe ich die toten Menschen. Ausgehungert. Verwundet. Leere Augen. Die offenen Münder schreien. Ich begreife nicht.

Mein Blick haftet an ihr. Ich warte darauf, dass sie erneut ihren Kopf hebt, dass ich in ihre Augen sehen kann. Tief liegt ihr Kopf auf ihrer Brust. Ich beobachte sie, sehe die Menschen, die versuchen, sich auf den Beinen zu halten. Die Masse schwankt. Der Lagerälteste erscheint in meinem Sichtfeld und spricht:

„Herr Obersturmbannführer! Das Lager ist mit siebenundvierzigtausendfünfhundertachtundsechzig Häftlingen vollzählig.
Dreihundertfünfunddreißig sind kommandiert.
Der Krankenstand beträgt dreitausendzweihundertneunundzwanzig.
Einhundertelf Abgänge."

„Schön", platzt es unterbewusst aus mir heraus. Ich sehe zu der jungen Frau. „Herr Obersturmbannführer?", sagt der Lagerälteste. „Geh weg", antworte ich. Mit einem leichten Nicken tritt Klär ab. Die Leere durchzieht meinen Kopf.

„An dieser Stelle würde ich übernehmen, Herzog. Machen Sie den Mund zu, sonst fangen Sie damit noch Fliegen ein", ertönt Krölls Stimme.

Den Mikrofonständer zieht er zu sich herüber. „Der Appell", stottere ich daraufhin. „Gehen Sie in den Konferenzraum und legen Sie die Berichte der letzten Wochen bereit", fährt er fort. Widerstandlos komme ich dieser Aufforderung nach, verlasse das Lager durch das schwere eiserne Tor.

*

Am Rand der Zufahrtsstraße steht eine Bank. Auf das morsche Holz lasse ich mich fallen. Die Wut steigt in mir auf. Einem kleinen Jungen gleichend schickte Kröll mich fort. Mit verzerrter Stimme imitiere ich die Worte meines Vorgesetzten. Tief atme ich durch.

Den Spazierstock lege ich in meinen Nacken, halte ihn mit meinen Händen und strecke den Kopf nach hinten. Vogelgesang dringt an diesem frühen Morgen zwischen den dunklen Kiefern hervor. Im leichten Schein der Morgensonne zieht er über die Straße.

Meinen Gehstock lasse ich zu Boden fallen, als ich mich nach vorn lehne und mein Gesicht in die Handflächen drücke. Für einen kurzen Moment spüre ich die behagliche Stimme des zarten Singvogels in meiner Brust.

„Verdammt!", schreie ich auf, verliere die Fassung. Die Mütze werfe ich fort. Auf der anderen Seite der Straße landet sie im Gras.

Stöhnend erhebe ich mich und nehme meine Mütze vom Boden auf. Sorgfältig streiche ich den Dreck herunter. Über die Zufahrtsstraße blicke ich. Unweit von mir entfernt gehen fünf Häftlinge die Straße herunter. Sie wirken unbeschwert, schmunzeln leicht.

Sie sind Arbeiter des Küchenkommandos, tragen blecherne Eimer in den Händen. Abfälle wollen sie entsorgen. Ich möchte sie nicht länger beachten, die Kommandantur aufsuchen. Dann sehe ich das Tuch in den Händen des vorangehenden Häftlings. Ich halte die Männer an.

Rasch stellen sie die Eimer ab, ziehen die Mützen. Unaufgefordert spricht der vordere Häftling: „Herr Obersturmbannführer! Kommando Küche drei bei der Arbeit!" Ich gehe darauf nicht ein. Ich erfrage ihre Nummern nicht. Ich versetze ihnen keinen Schlag, weil sie unaufgefordert gesprochen haben. Der vordere Häftling versteht, als ich ihm meine Handfläche präsentiere. Er legt das Tuch in meine Hand. Vorsichtig falte ich es auf und verstehe nicht. Zwei Würfel Zucker wurden in das Tuch gewickelt. Fragend richte ich meinen Blick an die Männer.

Innere Angst verspüren sie. Die Schultern hängen tiefer. Auf die Unterlippen beißen sie sich und beginnen, zu schwitzen. Der Leiter der Gruppe drückt sich seine Mütze gegen die Brust. Leise spricht er: „Entschuldigen Sie, Herr Obersturmbannführer." In seiner Stimme liegt die verlorene Hoffnung. Nahrung tragen sie mit sich. Nahrung, die ihnen nicht zusteht.

Ein schweres Vergehen.

Ich schicke sie nicht in den Bunker. Ich löse meinen Schlagstock, meine Pistole nicht vom Gürtel. Ich lege die Zuckerwürfel auf meine Zunge. Die Männer hören das Geräusch, als ich die Zuckerwürfel zerbeiße, als ich sie herunterschlucke. Sie heben ihre Köpfe. Der Leiter der Gruppe sieht in meine Augen.

Mit einer Kopfbewegung gebe ich ihnen zu verstehen, dass sie abtreten sollen. Ihre Augen werden größer. Die Pupillen weiten sich. Auf meine Hände blicken sie, in denen ich nichts halte. Ein dankendes Nicken richtet der vordere Häftling an mich. Die hinteren Männer verbeugen sich.

Schnell nehmen sie die Eimer auf und gehen die Zufahrtsstraße herunter, am Hauptgebäude entlang. Ich sehe ihnen nach, erkenne meinen Spazierstock, den ich vor der morschen Bank zurückließ.

Während ich ihn aufhebe, denke ich über diese Männer nach. In meinem Inneren spüre ich die Veränderung, kann sie nicht erklären. Die Gefühle sind intensiv und unbeschreiblich. Kalt läuft es meinen Rücken herunter.

„Welch eine kafkaeske Situation", sage ich leise zu mir selbst, schüttle den Kopf. Meine Gedanken lassen sich nicht ordnen und ich frage mich, wessen Situation mir tatsächlich kafkaesk erscheint. Ich betrete das Gebäude der Kommandantur.

*

Die Dokumente liegen auf den Tischen. Ich sehne mich danach, nach der Konferenz in mein Bett gehen zu können. Unter der Decke möchte ich liegen und nicht mehr daraus hervorkommen. Doch der Tag ist äußerst jung.

Ich sitze am vorderen Tisch und tippe ungeduldig auf meine Oberschenkel. Ununterbrochen schweift mein Blick durch den leeren Konferenzraum. Die Langeweile durchdringt mich. Für einen kurzen Moment schließe ich die Augen.

Die Tür des Konferenzraumes wird geöffnet. Zwei untere Wachposten treten herein, grüßen mich. Gähnend strecke ich meine Arme und lehne mich zurück, beobachte, wie sich der Raum zu füllen beginnt. Umso höher der Rang, umso wichtiger die Funktion, desto näher sitzen mir die Anwesenden.

Die unteren Wachposten, die an dieser Sitzung teilnehmen, sind bereits anwesend. Umso höher der Rang, umso wichtiger die Funktion, desto unpünktlicher erscheinen die Personen zu angesetzten Konferenzen. Ich beobachte die jungen Männer, die an den hinteren Tischen Platz genommen haben.

Ihre Gesichter sind mir unbekannt. Sie sind nicht volljährig. Ihren Gesprächen lausche ich, betrachte die Gesichter. Ehrgeiz glänzt aus ihren Augen heraus. Ich habe mich nie dazu berufen gefühlt, an diesem Ort tätig zu sein. Meine Aufgaben erledige ich um deren Zwang.

Erleichtert bin ich, als Rapportführer meine Aufgaben verteilen, den Vollzug der Lagerstrafen abgeben zu können. Froh bin ich darüber, dass Walter mein Verhalten nicht hinterfragt.

In dem Moment, in dem sein Name meine Gedanken durchstreift, tritt Walter Bierbach durch die Tür, winkt mir zu. Ein aufgesetztes Lächeln gebe ich zurück. Neben mir nimmt er Platz.

„Dir ist der gestrige Abend nicht bekommen, oder?", fragt er neckisch. Ausweichend klammere ich mich an meinen Spazierstock und presse ein Schmunzeln heraus.

„Mach dir keine Gedanken wegen Reinhard. Ich weiß, dass er gestern zu viel getrunken hat und wenn ihn Kopfschmerzen plagen, ist er unerträglich. Glaube mir", versucht Walter mich aufzumuntern, sich für das Verhalten Krölls zu entschuldigen.

Walter Bierbach ist ein Mann, der zwei Gesichter besitzt. Anwalt ist er gewesen, setzte sich ein, die Wahrheit zu erfahren, Gerechtigkeit zu fördern.
      Für die Menschen, die ihm nahestehen, setzt er sich weiterhin ein. Doch an seinen Händen klebt das Blut. An seinen Händen klebt das Blut der Menschen, die sich auf der anderen Seite des Lagerzaunes befinden. Das Blut rinnt in Schwallen zwischen seinen Fingern herunter.

„Jetzt sind fast alle Mitglieder anwesend", durchbricht Walter lachend meine Gedanken. Doch diese Worte waren nicht an mich gerichtet. Ich möchte den Raum verlassen. Kröll steht vor Walter. Herausgestreckt hält er seine Brust.
„Das ist nicht Ihr Platz, Bierbach", spricht mein Vorgesetzter. Walter zieht die Augenbrauen hoch. „Seit wann denn derartig förmlich, Reinhard?" Mit Nachdruck antwortet Kröll: „Bierbach."

Walter scheint der einzige Mensch zu sein, dem es erlaubt ist, Kröll mit dem Vornamen anzusprechen. In Wahrheit sind die Männer beste Freunde, kennen sich seit den Kindertagen. Gegensätze ziehen sich an.

Langsam steht Walter auf, streckt sich dabei. „Jetzt kannst du dich hinsetzen", sagt Walter. Mit starkem Nachdruck ergänzt er: „Mein Dicker." Ein breites Grinsen durchzieht Walters Gesicht. Jeder Anwesende hörte diese Bezeichnung. Allgemeine Heiterkeit erfüllt den Raum.

Krölls Gesicht errötet. Laut sagt er: „Jetzt reicht es, Bierbach!" Dann beugt er sich zu Walter. „Doch nicht vor der Besatzung", flüstert er. Walter nickt und wendet sich ab.

Kurz bevor er sich auf seinen Platz setzt, sagt er ebenfalls laut: „Verstanden, mein Dicker." „Ich bin nicht dick!", schreit Kröll daraufhin. Das Gelächter bricht aus. Die Wachposten klopfen sich auf die Schenkel. „Ruhe!", brüllt Kröll. Augenblicklich kehrt die Stille ein. Der Schutzhaftlagerführer setzt sich neben mich. Scharf blickt er aus seinen schmalen Augen zu mir herüber. Ich habe Angst vor diesem Mann.

*

Die Tür des Konferenzraumes wird lautstark geschlossen. Leuschner tritt an seinen Tisch heran, trägt mehrere Akten unter seinem Arm. Seine dicke Brille schiebt er sich auf die Nase. „Guten Morgen, meine Herren", sagt er, legt die Unterlagen ab.

„Die Tatsache, dass aufgrund der zunehmenden Zahl der Insassen geplant wird, weitere Baracken zu errichten, rückt erst einmal in den Hintergrund. Ein Schreiben der obersten Leitung erreichte uns. Ich werde es verlesen und im Anschluss erläutern, welche Maßnahmen es zu ergreifen gibt."

Ich drücke mich gegen die Stuhllehne, verschränke die Arme vor der Brust. Die Stimme Leuschners verblendet. Seine Worte nehme ich nicht wahr. Dokumente verteilt er, nachdem er den Brief verlesen hat. Auf das dünne Papier blicke ich herunter. Die Ecken rolle ich ein.

*

Zahlen werden genannt, Fakten aufgezählt und eine Belehrung der unteren Wachposten lässt die Zeit träge werden. Ich rutsche weit an die vordere Kante der Sitzfläche meines Stuhles heran. Die Haut an meinem Kinn faltet sich, wenn ich den Kopf weit heruntersenke. Meinen Blick lasse ich über die Gesichter der Anwesenden streifen. Leuschners Stimme verstummt.

*

Ich höre, dass die Mitglieder der Besatzung untereinander zu sprechen beginnen. Ich sehe, dass Leuschner Dokumente in seine Aktentasche zurücksteckt.

Kröll legt den Stift beiseite, unterbricht seine Aufzeichnungen. Ich hoffe, dass die Konferenz beendet
wird.

„Meine Herren. Wenn ich wieder um Ihre Aufmerksamkeit bitten dürfte?" Erneut verschränke ich die
Arme vor der Brust und sinke weiter auf dem Stuhl
herunter. Änderungen in den Dienstplänen werden
vorgetragen. Sie betreffen mich nicht.

In der unteren Tasche meiner Uniformjacke finde ich
eine Zigarette, ziehe sie heraus, betrachte sie. Ich
weigere mich, sie anzuzünden, stecke sie in meine
Brusttasche zurück.

*

„Am gestrigen Tag erreichte mich ein Anruf eines
Lagerkommandanten. Vor einem halben Jahr gab es
einen Transport einiger seiner Gefangenen in unser
Lager. Meine Herren, mir wurden aufschlussreiche
Informationen mitgeteilt. Unsere Aufgabe soll es sein,
die Gefangenen mit größter Sorgfalt zu beobachten.

Der Hintergrund ist, dass vor zwei Tagen im
Lager, aus dem mich der Anruf erreichte, der Aufbau
einer illegalen Organisation unter den Häftlingen
aufgehalten werden konnte. Ein Gefangener aus deren Arrestzellenbau sprach über die ihm bekannten
Gegebenheiten.

Anhand dieser Aussagen wurde festgestellt, dass die Männer, die den Weg zum Aufbau der Organisation ebneten, vor einem halben Jahr in unser Lager gebracht wurden.

Vorsicht ist geboten. Nach der Konferenz wird im Hauptgebäude eine Liste mit den Nummern und Namen der verdächtigen Insassen ausgehangen", erklärt Leuschner. Die Aufmerksamkeit der Wachmannschaft ist wieder auf ihn gerichtet.

Ich denke über diese Männer nach. Ich denke darüber nach, dass sie bereits Kontakte geknüpft haben könnten. Das Lager gleicht einer kleinen Stadt. Schlupflöcher können sie gefunden und Kontakte zur Prominenz aufgebaut haben, die ihnen Materialien und Informationen zukommen ließen. Ich möchte mehr über diese Organisation erfahren.

Aus meinen Gedanken werde ich gerissen, als ich Kröll neben mir flüstern höre: „Umlegen. Wir sollten sie alle umlegen." Mit großen Augen wende ich meinen Blick zu ihm. Er bemerkt dies nicht. Ich kann seine Abneigung, seinen Hass auf diese Menschen nicht nachvollziehen.

Die Worte meines Vorgesetzten hallen in meinen Ohren. Erneut legt er seinen Stift neben den Dokumenten ab, faltet die Hände auf dem Tisch. Seinen Blick lässt er über die Reihen der anwesenden Wachposten schweifen. Meinen Blick richte ich auf seine Hand.

Schwere Narben ziehen sich über den Handrücken. Ein Versuch, diese Hand zu retten, sie nicht zu verlieren. Ein tiefer Schuss durch das Fleisch. Meine Fingerspitzen streichen über meinen Handrücken. Die Bewegung kann ich spüren. Ein Schauer durchfährt mich. Im Hintergrund spricht Leuschner über den Frontverlauf.

*

An den heutigen Morgenappell denke ich zurück. Ich sehe die Augen der jungen Frau vor mir. Sie stach heraus. Sie hob sich von der Masse ab. Ich sah ihr Gesicht. In meinem Gedächtnis hat es sich verfangen. Kräftige Brauen. Große Augen. Ein Lächeln zieht über meine Lippen.

„Konzentrieren Sie sich, Herzog", sagt Kröll und stößt mich in die Seite. Den Anschluss an Leuschners Worte habe ich verloren.

*

„Damit ist die heutige Konferenz beendet. Begeben Sie sich jetzt bitte an Ihre Posten. Einen guten Tag wünsche ich Ihnen." Die abschließenden Worte Leuschners vernehme ich deutlich. Die Arme werden gehoben. Ich beuge mich herunter, binde meinen Stiefel.

Langsam stehe ich auf und sehe Hermann, der im Türrahmen des Raumes steht. Er wartet auf mich. Als ich zu ihm gehen will, werde ich von Leuschner angesprochen: „Herzog?" Augenblicklich wende ich mich zu ihm.

Mein Kommandant legt seine Hand auf meine Schulter und sagt in einem stolzen Ton: „Die Verantwortlichkeit für den heutigen Transport liegt bei Ihnen. Sie wissen, was zu erledigen ist." Zurückhaltend nicke ich.

„In Ordnung. Es ist fast elf Uhr. Der Zug dürfte jeden Moment am Bahnhof ankommen. Ich verlasse mich auf Sie, Herzog", fügt er seinen Worten noch hinzu und verlässt schließlich den Raum.

„Während du den Transport beaufsichtigst, kann ich direkt einen Blick auf die Arbeitstauglichkeit der Vögel werfen", sagt mir Hermann neckisch und schiebt sich die Zunge auf die Unterlippe, als ich mit ihm den Raum verlassen möchte. Ich weiß, dass er versucht, seinen vorgegebenen Aufgaben auszuweichen.

„Baumgarten. Sie kennen Ihre Kompetenzen und Ihren Aufgabenbereich. Sie sollten auch darüber in Kenntnis gesetzt sein, dass eine Einteilung in die Arbeitskommandos erst nach der Registration erfolgt", wird Hermann von Kröll ermahnt, der seinen Blick wieder auf die Dokumente vor sich gerichtet hält.

„Ich wünschte, ich könnte auch meine Tage damit verbringen, Aufgaben zu verteilen", platzt es aus Hermann heraus. Kröll wirft seinen Stift von sich und ruft: „Baumgarten!" Hermann verlässt den Raum. Ich blicke ihm hinterher.

„Herzog! Sie haben ebenfalls Ihrer Arbeit nachzugehen!", weist mich der Schutzhaftlagerführer zurecht. Die Tür verschließe ich hinter mir.

*

Der Rauch des Zuges ergießt sich über dem Himmel. Ich stehe am Rand des Bahnhofes und spüre die Last, die der Zug mit sich trägt. Mein Blick haftet an den unzähligen Waggons. Die Wachposten haben sich versammelt, grüßen mich. Der Zugführer springt aus seiner Kabine heraus, winkt mir zu, tritt den Weg zur Kommandantur an.

Weit sind diese Menschen gereist. Ich spreche keine Worte, richte meinen Spazierstock auf die Türen der Zugwaggons. Die Wachposten verstehen. Sie lösen ihre Schlagstöcke von den Gürteln. „Raus da!", dröhnt es über den Bahnhof. Die Willkür übernimmt die Hand, lässt die Schlagstöcke auf die geschundenen Rücken niederregnen. Einige Menschen versuchen, in die Waggons zurückzukehren, sich zu verstecken.

Ich versuche stets, die Verantwortung für ankommende Transporte abzugeben. Am heutigen Tag eröffnete sich mir diese Möglichkeit nicht.

Meine Brust zieht sich zusammen, während ich die Menschen beobachte, die aufschreien, ohne ein Ziel umherlaufen, das Bahnhofsvorgelände fluten.

Ich sehe eine junge Frau, die versucht, wieder in den Waggon zu gelangen. Ich sehe einen Wachposten, der abseits von mir steht und seine Pistole hebt. Augenblicklich fällt die junge Frau zu Boden.

Die Masse ordnet sich, nimmt die Hände in den Nacken, wird auf die Knie gezwungen. Sie werden von mir in die Knie gezwungen. Stark erhöhe ich den Druck auf meinen Spazierstock, stütze mich darauf, versuche, Halt zu finden. Die Brustkörbe heben und senken sich stark.

Ich blicke in die unzähligen gepeinigten Augen hinein. Deutlich kann ich erkennen, dass die Lippen Worte formen. Sie beten, schicken letzte Worte an ihre Angehörigen. Die Angst umfasst sie.

„Ihr seid hier in einem Arbeitslager. Eure Aufgabe ist es, den Regeln nachzukommen. Ansonsten folgen harte Strafen. Die Straße dort geht es hinunter. Aufstehen!", lasse ich verlauten. Mein Magen schmerzt. Meine Lippen sind trocken. Ich verstehe nicht, wie ich diese Worte aussprechen konnte. Meine Routine wurde durchbrochen.

Hinter dem letzten Mann gehe ich, schließe die Marschkolonne ab. Die wiederkehrenden Schmerzen in meinem Kopf lassen mich erstarren. Die Stirn ziehe ich zusammen. Ich höre meinen Spazierstock, der mit jedem Schritt auf die kalte Straße stößt.

Die scharfen Worte, die Schläge der Wachposten und die Stimmen der Menschen erreichen mich. Einige Menschen stürzen, werden wieder hochgerissen und vorangetrieben.

Können sie sich nicht länger auf den Beinen halten, werden sie zurückgelassen. Von vorbeiziehenden Wachposten werden sie erschossen.

Ich denke darüber nach, was geschehen mag, würde einer dieser gestürzten Menschen nicht von einem Wachposten, sondern von einem Gefangenen aufgefunden werden. Es ist ihm verboten, dem Gestürzten zu helfen. Es ist ihm verboten, den Gestürzten ohne Registration aufzunehmen.

Ich stelle mir die Frage, ob sich die Menschen an diesem Ort unterstützen, ob sie sich meiden, ob sie untereinander Freundschaften schließen. Wir treiben sie auseinander. Wir spielen sie gegeneinander aus, fördern, dass sie sich gegenseitig verraten.

*

Wir nähern uns dem eisernen Lagertor. Die Menschen vor mir beobachte ich. Wunde Füße. Zerrissene Kleider. Ein Schleier üblen Geruchs zieht an mir vorbei. Viele Tage sind diese Menschen in diesen Waggons gewesen.

Ein junger Mann läuft vor mir. Sein Rücken ist nicht gerade. Die Weste, die er trägt, wurde aus Leder gefertigt. Die Schritte, die er setzt, werden kleiner, werden langsamer. Er schwankt. Er droht zu stürzen.

Meine Hand drücke ich gegen seinen Rücken, als er sich zu neigen beginnt. Über seine Schulter sieht er. Weit aufgerissen sind seine Augen.

Mein Mund steht offen. Ich bin erstaunt darüber, dass ich meine Hand von mir streckte, diesen Mann stützte. Wir erreichen das Hauptgebäude. Ich gebe die Anweisungen an den Wachposten vor mir.

*

Vor dem Mikrofon nehme ich Platz. Ich sitze vor dem Mikrofon, dass die eigene Stimme über das gesamte Lager trägt. Die Stille bricht über mich herein. Ich höre nicht die krampfenden Schreie. Ich höre nicht die fremden Sprachen. Ich höre nicht die Schüsse und Schläge.

Auf den roten Knopf der Sprechanlage drücke ich. „Lagerältester Klär sofort am Lagertor antreten. Lagerältester Klär sofort am Lagertor antreten." Ich löse den Druck vom Knopf, vernehme das laute Knacken der Lautsprecher.

Ich streife einen meiner Handschuhe ab, lege ihn auf den Tisch. Das Feuerzeug, die Zigarette nehme ich aus meiner Brusttasche heraus. Ich beobachte die Zigarette, wie sie herunterbrennt und rieche den Rauch. In die Stille lausche ich hinein.

Die schwarzen Schwaden aus dem Krematorium verschlucken das Licht. Dunkelheit legt sich über diesen Raum. Ich drücke die Zigarette gegen meinen Handrücken. Der Schmerz rauscht durch meinen Körper. Ich vermeide es, in Gebäuden zu rauchen.

*

Durch das Lagertor blicke ich hindurch. Die Arme halte ich verschränkt, tippe mit meinem Zeigefinger nervös auf den Unterarm. Nach mehreren Minuten sehe ich Klär aus seiner Schreibstube heraustreten. Ich entschließe mich, ihm entgegenzugehen. Auf der Mitte des Appellplatzes begegnen wir uns. Seine Arme hält er hinter dem Rücken. Mit einem resignierten Blick grüßt er mich.

„Herr Obersturmbannführer?"

„Viel Zeit hast du dir heute gelassen."

„Entschuldigen Sie, Herr Obersturmbannführer."

„Sei nächstes Mal pünktlich.

Du weißt, was Unpünktlichkeit bedeutet."

„Verstanden, Herr Obersturmbannführer."

„Du hast bestimmt von dem Transport am heutigen Vormittag gehört."

„Natürlich, Herr Obersturmbannführer."

„Dann ist dir bestimmt bewusst, was du zu erledigen hast, nicht wahr?"

„Jawohl, Herr Obersturmbannführer."

Klär stellt keine Fragen. Klär versteht sofort. Er muss die Menschen auf die Baracken aufteilen. Dominant blicke ich auf den kleinen Mann herunter. Provokant fragt er mich: „Gibt es weitere Aufgaben zu erledigen, Herr Obersturmbannführer?" Seine linke Augenbraue zieht er hoch.

„Nein! Und jetzt geh zurück an deine Arbeit!" Er nickt und kehrt in die Schreibstube zurück. Für einen Moment beobachte ich ihn.

Eisern ist sein Charakter. Sicherlich kennt er die meisten Gefangenen persönlich und ist über alle Geheimnisse des Lagers informiert. In seiner Gegenwart fühle ich mich unbeholfen.

Ich bin froh, dass die Verantwortlichkeit für den Transport jetzt bei anderen Personen liegt.

*

Die Nässe des Starkregens durchtränkt meine Jacke, mein Hemd, meine Haut. Der Wind stieß meine Mütze vom Kopf. Strähnig kleben die Haare an meiner Stirn, an meinem Nacken.

In meinem Dienstzimmer sitze ich. Der Wind trägt die schweren Schwaden aus dem Schornstein vom Lager fort. Die Sonne bricht durch mein Fenster auf meinen Rücken.

Regentropfen hängen an meiner Nase, laufen meine Wangen hinunter. Tief atme ich durch und streife die Handschuhe ab, streiche die nassen Haare zurück.
Dokumente habe ich erhalten, muss einen Bericht über den heutigen Transport erstellen. Schwer fällt es mir, das Papier einzuspannen, die Tasten der Schreibmaschine herunterzudrücken.
Ich kann die lauten Töne kaum ertragen. Die schwarze Tinte drückt sich in das Papier hinein.

*

Ich nehme das Papier aus der Schreibmaschine heraus, lege es neben mich in eine Akte hinein. Mein Blick haftet an der Weinflasche, die auf meinem gläsernen Beistelltisch steht. Meine Kopfschmerzen halten mich davon ab, ein Glas einzuschenken.

Tief ausatmend lehne ich mich in meinem Schreib-
tischstuhl zurück und richte meinen Blick auf die
Decke. Der Anblick der farblosen Verkleidung ermüdet mich. Für einen kurzen Moment schließe ich
meine Augen.

*

An die Tür meines Dienstzimmers wird geklopft. Ich
richte mich auf, lege die Hände auf den Schreibtisch.
„In diesem Zimmer riecht es nach nassem Hund", sagt
Kröll, als er den Raum betritt. „Konnten Sie den Bericht bereits fertigstellen?", werde ich bissig gefragt.
Wortlos greife ich nach der Akte, reiche sie ihm herauf. Die Zunge schiebt er sich auf die Unterlippe,
öffnet die Akte. Einen prüfenden Blick wirft er auf
das Dokument. Mit dem Finger wischt er darüber.
Dann nickt er. Kröll beginnt das Gespräch:

„Da haben Sie tatsächlich einmal zufriedenstellende
Arbeit geleistet."
„Danke."
„Sie sollten bei ihrer Arbeit im Bunker auch solch
eine Sorgfalt an den Tag legen."
„Ich halte mich an die Lagerordnung und danach
werden die Menschen im Bunker auch behandelt."
„Sie sollten zwischen den Zeilen der Lagerordnung
lesen."
„Diese Arbeit überlasse ich Walter Bierbach."
„Hören Sie auf, sich herauszureden."

Kröll unterbricht seine eigenen Worte, indem er sich eine Zigarette in den Mund steckt. Lang ist das Streichholz, mit dem er sie anzündet. Wenn er den Rauch ausstößt, spitzt er seine Lippen. Seine leblose Hand streicht die kurzen Haare hinter sein Ohr. Ich möchte nicht, dass er in meinem Dienstzimmer raucht.

Die Zunge schiebe ich auf die Unterlippe und sage höhnisch: „Sie sollten aufhören, wie eine Frau zu rauchen." „Bevor Sie behaupten, dass ich wie eine Frau rauche, sollten Sie vielleicht einmal", sagt Kröll bedrohlich zu mir und zieht an seiner Zigarette, „vor Ihrer eigenen Haustür kehren." Ich rechtfertige mich: „Ich komme meinen Aufgaben nach und Leuschner ist zufrieden."

„Sie wissen, worauf ich hinaus will. Eine Frau können wir als Rapportführer nicht gebrauchen und bis Sie ihren Aufgaben nicht nur in vollem Maße, sondern auch mit der entsprechenden Einstellung nachkommen, kann ich meine Zigarette rauchen, wie ich möchte. Ich stehe weiterhin über Ihnen, Herzog." Teuflisch ist Krölls Grinsen.

Ein Dorn bin ich in seinem Auge.

Ich möchte einer zunehmenden Auseinandersetzung aus dem Weg gehen und beschließe, einen Rundgang durch das Lager zu unternehmen. Der Geruch des Zigarettenrauches zieht in meine Nase hinein.

Meine durchnässte Jacke greife ich und möchte das Dienstzimmer verlassen. Kröll spricht mich an: „Haben Sie nicht noch einige Dokumente zu bearbeiten?" Ich drehe mich um und sehe, dass Kröll sich auf die Akten auf meinem Schreibtisch stützt. Resigniert möchte ich mich abwenden, als Kröll seine Stimme erhebt:

„Sie bleiben gefälligst hier!"
„Ich werde jetzt meine Mittagspause durchführen!"
„Sie haben zu arbeiten!"
„Richtig! Deshalb werde ich jetzt meine Pause im Lager verbringen und die Häftlinge beaufsichtigen!"
„Nein! Sie bleiben hier! Sie schaffen es doch ohnehin nicht, sich gegen dieses Ungeziefer durchzusetzen. Innerhalb weniger Minuten werden Sie von deren dreckigen Hände zerfleischt werden, wenn Sie sich nicht als die dominante Rasse zu verstehen geben und wehren können Sie sich nicht!"
„Ich werde jetzt einen Rundgang durch das Lager machen, ob Ihnen das passt oder nicht! Ich bin der Rapportführer! Ich gehe jetzt die Häftlinge zählen!"

*

Der Appellplatz weitet sich vor meinen Augen. In den Mittagsstunden drängen sich nur wenige Gefangene zwischen den Baracken hindurch, unternehmen Botengänge, organisieren Materialen für die Kommandos, in denen sie tätig sind.

Die meisten Kommandos werden zur Arbeit außerhalb des Lagers geschickt. Andere Kommandos arbeiten im Lager, in Gebäuden, dem Haus für Effekten, dem Krankenrevier, dem Krematorium.

Tief höre ich in die Stille hinein, die mit einem leichten Luftzug über den Hang getragen wird. Ich erschrecke im Inneren, als ich realisiere, dass ich meine Stimme gegen meinen Vorgesetzten erhoben habe. Ich erschrecke im Inneren, als ich mir eingestehe, dass seine Worte mich verletzt haben.

Leise zähle ich die Dächer der Baracken, vernehme mein eigenes Flüstern, betrachte die Schäden, die diese notdürftigen Gebäude aufweisen.
Ich entscheide mich, zu laufen, durch das Lager zu spazieren. Der Spazierstock knirscht im schroffen Kies. Die freie Hand vergrabe ich in der Jackentasche, Ich denke an Krölls Worte. Mein Handrücken schmerzt.

*

Die Effektenkammer erreiche ich. Eine Gruppe Häftlinge, eine Gruppe Prominenter steht vor dem Gebäude. Sie rauchen. Als ich an ihnen vorbeigehe, senken sie ihre Köpfe. Doch ich kann vernehmen, dass ihr Gespräch nicht verstummt. Sie beginnen, zu flüstern, sehen mich aus den Augenwinkeln an.
Ich beachte sie nicht länger.

Vor den südlichen Baracken bleibe ich stehen, zögere, durch den Drahtzaun hindurchzusehen. Ich kann nicht in die Gesichter der Menschen hinter diesem Zaun blicken.

Auf dem Boden liegen Abfälle, Stoffstücke hängen an Stacheldrahtseilen, die zusätzlich gespannt wurden. Tonnen, Leinensäcke, umgestoßene Bänke stehen auf dem staubigen Boden. Krankheiten verbreiten sich in diesen Baracken.

Mehrere Gefangene sitzen außerhalb der Baracken und warten darauf, dass die Zeit verstreichen mag. Ich erinnere mich an die Gruppe der Prominenten, vergleiche ihre Kleidung, ihre Körper mit denen der Männer und Frauen, die vor diesen Baracken sitzen, in meinen Gedanken.

Die Kleidung zerrissen, befleckt. Scharf stechen die Rippen aus den eingefallenen Brustkörben heraus. Die dünne Haut drohen sie zu zerreißen. Die Augen sind leer, hoffnungslos. Ich kann erkennen, dass der Hunger sie zerfrisst, dass der Versuch an ihnen zehrt, aufrecht zu sitzen.

*

Meinen Blick kann ich von diesen Menschen nicht lösen. Noch nie habe ich sie beobachtet. Oftmals meide ich die südlichen Baracken, wenn ich einen Rundgang durch das Lager unternehme.

„Johannes! Was führt dich um dieses Zeit zu den südlichen Baracken?", werde ich gerufen. Ich drehe mich um. Hermann tritt an mich heran, sagt: „Ich war gerade in der Effektenkammer und habe einige Unterlagen organisiert." Er mustert mich. Ich möchte vermeiden, über meine Auseinandersetzung mit Kröll zu sprechen. Die Mütze nehme ich vom Kopf, streiche über meine Haare.

Hermann durchschaut mich. „Hatten du und Kröll eine Meinungsverschiedenheit?", fragt er neckisch, zieht dabei eine Augenbraue hoch. Bevor ich ihm antworte, richte ich meinen Blick auf den Lagerelektriker, der sich unweit von Hermann und mir befindet, der versucht, einen der großen Lagerlautsprecher zu reparieren.

In dem Moment, in dem Hermann weitersprechen möchte, wird er unterbrochen. Der Lagerelektriker beginnt, zu fluchen, wirft sein Werkzeug von sich fort. Schwer sind die Worte, die über seine Lippen gehen. Die Lagerordnung lässt er außer Acht. Ich verstehe diesen Mann, versunken in seiner Verzweiflung über den Lautsprecher, der bereits seit mehreren Tagen nicht mehr funktionieren mag.

Hermann gerät in Rage. Die Unterlagen, die er in den Händen hält, drückt er gegen meine Brust, tritt mit großen Schritten an den Lagerelektriker heran.

Dieser wird sofort aufmerksam, zieht seine Mütze, senkt den Kopf. Seine Worte kann ich nicht hören.

Hermann greift nach einem Hammer, der auf der roten Werkzeugkiste des Lagerelektrikers liegt. Ohne zu zögern, schlägt er diesen auf die Stirn des dünnen Mannes. Blut läuft an der faltigen Stirn herunter. Er stürzt zu Boden.

„Du weißt, was du falsch gemacht hast, oder?", fragt Hermann laut, beugt sich drohend über den Mann, der verkrümmt am Boden liegt. Schützend hält er seine Arme über den Kopf, nickt vorsichtig. In die Enge getrieben.

„Weißt du, was du falsch gemacht hast!", schreit Hermann, beugt sich weiter über den Mann. Der Hammer bebt in Hermanns Hand. Zitternd ist die Stimme des Mannes, die Handrücken drückt er gegen seine Stirn. „Ja, Herr Untersturmführer." Laut lässt Hermann den Hammer zu Boden fallen, wendet sich augenblicklich ab. Zufrieden ist der Gesichtsausdruck, den er mir offenbart. Seine Hände streckt er zu mir aus.

Wortlos reiche ich ihm seine Unterlage und blicke auf den Mann, den erwachsenen Mann, mehrere Jahre älter als ich. Bitter sind die Tränen, die seine Wangen herunterfließen. Er versucht, aufzustehen, die Tränen aus seinen Augen zu wischen. Er verwischt nur das Blut, das seinen Kopf herunterfließt.

*

Hermann begleitet mich. Auf dem Appellplatz blickt er auf seine Taschenuhr und stöhnt. Wir verweilen auf dem leeren Platz, blicken den Hang hinunter.
Das eiserne Lagertor wird hinter uns geöffnet. Das Quietschen durchbricht die Stille. Ich drehe mich um und sehe zwei Häftlingsmänner.

Über ihren Schultern liegen zwei weitere Personen, ebenfalls Männer. Als sie an uns vorbeigehen, ruft einer der Häftlinge uns zu: „Kommando Krematorium bei der Arbeit!" Sie tragen die Menschen des heutigen Transportes über ihren Schultern.

Ich betrachte die beiden jungen Männer, die sie über ihren Schultern tragen. Saubere Kleidung, weiße Hemden. Gepflegt sind ihre Haare. Die Münder der Toten sind aufgerissen. Schwarze Löcher, aus denen Schreie hervorzudringen versuchen. Die Häftlinge setzen ihre schweren Schritte in die Richtung des Krematoriums. Der Rauch Hermanns Zigarette zieht in meine Nase hinein.

Hermann hält mir seine Taschenuhr vor das Gesicht. „In wenigen Sekunden ist es dreizehn Uhr. Ich frage mich, ob der Vogel es geschafft hat, alle Lautsprecher zu reparieren."

Sein Zeigefinger klopft gegen das Glas der Uhr. Dann wird das Knacken in den Lautsprechern hörbar. Das Volkslied ertönt in seinem gesamten Ausmaß über dem Lager. Alle Lautsprecher wurden instandgesetzt. Dieses Lied raubt meinen Verstand.

Hermann ist zufrieden, zündet sich eine weitere Zigarette an und wippt im Takt der Musik. Fest kneife ich meine Augen zusammen, versuche, dieser Melodie zu entfliehen.

Vor meinem inneren Auge eröffnet sich ein Blick auf eine Steilküste. Schroffe Felsen ragen klagend in das offene Meer hinaus. Ein Teil der Felsen bricht herunter, klatscht in die Wellen hinein. Möwen segeln am Horizont. Nur das Rauschen des Meeres kann ich vernehmen, das mit Wucht gegen die bleichen Felsen schlägt.

Die Wellen werden stärker. Der Fels beginnt, zu wanken. Er bricht gänzlich auseinander und ich spüre den Druck der Wellen in meinem Rücken. Ich öffne meine Augen.

Ich stehe nicht an der Küste. Ich stehe auf dem Appellplatz. Ich höre nicht das Rauschen des Meeres. Ich höre das Volkslied. Es beißt sich in meinen Ohren fest.

Resigniert drehe ich mich um und erkenne den Ursprung des wankenden Felsens. Ich wurde angerempelt. Eine weibliche Leiche liegt vor meinen Füßen. Leicht öffnet sich mein Mund bei diesem Anblick. Es ist die Leiche der Frau, die vor wenigen Stunden am Bahnhof erschossen wurde.

Der Häftling, der diese Leiche trug, bückt sich herunter, möchte sie wieder aufnehmen. Der schmale Rücken, die Form des Oberkörpers, an dem die großen Kleider herunterhängen, offenbaren mir, dass eine Frau diese Leiche trägt. Sie erhebt sich nicht, verharrt in ihrer Position. Sie hat realisiert, in wen sie hineingelaufen ist. Mein Blick haftet an ihr.

Schließlich richtet sie sich auf, zieht ihre Mütze. Auf ihrem Kopf zeichnet sich eine große Wunde ab. Blutverklebt sind ihre Haare. Ich erstarre. Die Platzwunde ist frisch. Ein Schlag. Heute Morgen. Auf den Kopf. Ich bin erfroren. Ich habe realisiert, wer in mich hineingelaufen ist. Sie ist es.

Hermann greift seinen Schlagstock und schlägt ihn in ihren Nacken. Sie bricht zusammen. „Mach gefälligst deine hässlichen Augen auf, wenn du an uns vorbeiläufst! Ansonsten vergesse ich mich!", schreit Hermann. Sein Gesicht errötet. Sie steht nicht auf.

Einen Tritt setzt er in ihren Bauch. Ihr Gesichtsausdruck ist gefasst. Die Schmerzen, die sie leidet, sind sichtbar.

Sie schafft es, sich aufzurichten, den Rücken durchzudrücken, die Leiche aufzuheben. Sie steht vor uns. Ihr Körper zittert.

„Verschwinde!", platzt es aus Hermann heraus. Ausladend sind die Bewegungen seiner Arme. Sie wendet ihren gesenkten Blick an mich, erbittet eine Erlaubnis, abtreten zu dürfen. Leicht nicke ich. Zielstrebig setzt sie ihren Weg fort, geht den Hang hinunter.

Mein Herz beginnt, wieder zu schlagen. Schmerzhaft schlägt es. Ich spüre den Schlagstock Hermanns in meinem Nacken. Aus dem Augenwinkel blicke ich zu ihm herüber. Einem lauernden Hund gleichend blickt er der jungen Frau nach. Die Hände hält er zu Fäusten geballt, hoch in die Hüften gestützt.

Das Geräusch der auf den Boden fallenden Leiche hallt in meinen Ohren. Den inneren Schmerz meiner Brust versuche ich, zu unterdrücken. Das Volkslied verstummt.

*

Die Dämmerung hat eingesetzt. Wachposten der ersten Nachtschicht laufen die Zufahrtsstraße hinunter. Ungeduldig stehe ich vor dem Hauptgebäude, warte auf Hermann.

Meinen Blick richte ich auf den Boden. Meinen Spazierstock bewege ich über den Boden, stelle mir vor, Formen zu zeichnen. Dann höre ich die Schritte.

„Warum sind Sie noch hier? Haben Sie Ihre Arbeit für heute nicht bereits beendet?", höre ich die Stimme Krölls. Ich richte mich auf, greife nach einer Zigarette in meiner Brusttasche und antworte: „Gilt dieser Umstand nicht auch für Sie?"

Verständnislos schüttelt Kröll seinen Kopf. Schweigen durchzieht uns. Kröll holt ein langes Streichholz hervor und zündet sich ebenfalls eine Zigarette an. Gemeinsam stehen wir vor dem Hauptgebäude und rauchen. Unbehagen breitet sich in meiner Brust aus.

„Ist der Transport heute zufriedenstellend verlaufen?" Monoton stellte Kröll diese Frage. Ich nicke, stoße den Qualm der Zigarette aus. „Also tanzte alles nach Ihrer Pfeife?", ergänzt er speichelleckerisch. Betonend antworte ich meinem Vorgesetzten: „Ja. Es war alles in Ordnung." Unauffällig strecke ich meinen Kopf, versuche, einen Blick auf die Fenster der zweiten Etage des Hauptgebäudes zu erlangen. Das Licht in Hermanns Dienstzimmer brennt noch.

„Schönes Wetter haben wir heute, nicht wahr?" Diese Frage habe ich nicht erwartet. Niemals sprach ich mit meinem Vorgesetzten über Belanglosigkeiten. Ich weiß nicht, welche Antwort ich ihm geben soll.

Bestechend ist der Blick, den Kröll auf mich richtet. Langsam bewegt er seine Augen nach oben, verzieht leicht die Lippen, nimmt einen tiefen Zug an seiner Zigarette. Ein entferntes Donnergrollen ertönt im Hintergrund. „Durchwachsen ist das Wetter heute", platzt es aus mir heraus.

Ich erschrecke, dass ich meine Gedanken laut ausgesprochen habe. Mein Vorgesetzter schmunzelt. Den Kopf legt er schief auf seine Schulter und spricht: „In der Tat, Herzog. In der Tat." Dann lächelt er finster. Die Schneidezähne blitzen hindurch. Sein Finger klopft auf die Zigarette. Die Asche schwebt zu Boden. Sein Lächeln ist bedrohlich.

*

Plötzlich öffnet sich die Tür. Hermann stolpert über die Türschwelle. Die Akten zwischen seinen Armen drohen herunterzufallen. Sein Blick erstarrt, als er Kröll sieht. Dann spricht er eine Entschuldigung für die verspätete Abgabe des Tagesberichtes aus.

Mir ist bekannt, dass Hermann den Weg zur Kommandantur antreten wollte, um Kröll die Berichte auf den Schreibtisch zu legen, bevor dieser von seinem abendlichen Spaziergang wiederkehrt.

Hermann schluckt.

Kröll setzt einen Schritt auf Hermann zu. Den Arm legt er um Hermanns Schulter, zieht ihn leicht zu sich heran. „Was halten Sie davon, Baumgarten, wenn ich Ihnen zeige, wo es wirklich guten Wein gibt?", sagt Kröll langsam. Seinen Finger tippt er auf die Zigarette, betont seine Frage mit der zu Boden gleitenden Asche. Ich verstehe nicht.

Hermanns Augen beginnen zu glänzen. Er kann nicht antworten. Er stammelt. Langsam schüttle ich meinen Kopf, als ich sehe, dass Hermann und Kröll sich von mir abwenden. Bevor sie die Straße hinaufgehen, hält Kröll an, nimmt Hermann die Akten aus der Hand.

„Sie haben doch sicherlich die Güte, Herzog? Bringen Sie diese Dokumente auf meinen Schreibtisch in der Kommandantur", spricht Kröll sanft zu mir. Zynisch ist sein Lächeln. Widerstandlos reiße ich ihm die Akten aus der Hand. Er bemerkt meine forsche Bewegung. „Dankeschön. Herzog", verabschiedet er sich.

Ich weiß nicht, welches Ziel Kröll verfolgt. Ich weiß nicht, weshalb er sich zwischen mich und Hermann zu drängen versucht. Ich weiß, dass Hermann manipulierbar ist. Taub ist die Hand, die auf Hermanns Schulter liegt.

Meinen Blick wende ich erst von den Männern ab, als sie mein Sichtfeld verlassen. Teuren Wein wird Kröll Hermann servieren, wird versuchen, ihn um den Finger zu wickeln, ihn auszufragen.

Der Spazierstock setzt mit jedem Schritt hart auf dem Boden auf. Dem Splittern ist er nahe. Meine Zigarette ist heruntergebrannt.

*

Angenehm ist das warme Bad, das ich einließ. Der heutige Tag hängt schwer zwischen meinen Knochen. Der Donner grollt über das Lager und der Regen flutet die Lagerstraße. In der Wanne sitze ich, fühle mich sicher.

Ich rutsche tiefer in das Wasser hinein, bis meine Oberlippe mit dem Wasser abschließt. Mein Atem lässt kleine Wellen durch das Wasser ziehen. Blasen steigen auf, wenn ich Luft in das Wasser stoße. Ich amüsiere mich daran.

Für einen Moment denke ich an mich. Ich denke nicht daran, dass Kröll und Hermann in einem Gasthaus sitzen, Weine trinken. Ich bin nicht von ungewaschenen Menschen umgeben. Meine Augen schließe ich, lausche meinem eigenen Atem.

*

Das Geräusch des toten Körpers der jungen Frau vor meinen Füßen, unsanft zu Boden geglitten, hallt in meinen Ohren. Ich stehe auf dem Appellplatz.

Die Menschen stehen vor mir. Sie versuchen, sich hinter den Menschen vor ihnen zu verstecken. Der Duft der Kiefern, der schwere Geruch der Ausdünstungen der Menschen liegt in meiner Nase. Der Lagerälteste wendet sich an mich, nennt die Zahlen. Er tritt ab.

Vor meinem Mikrofon nehme ich Haltung ein, schaffe es nicht, die Kommandos auszusprechen. Der Gestank aus dem Krematorium erschlägt mich.

Ich suche die Menschenreihen ab. Ich weiß nicht, wonach ich Ausschau halte. Dann richten alle Häftlinge ihre Köpfe nach oben. Die flehenden Blicke sind auf mich gerichtet. Im Gleichschritt kommen die gestreiften Körper auf mich zu. Eingeengt werde ich.

Kröll tritt seitlich neben mich und schreit. Seine Worte kann ich nicht verstehen. Blasen steigen aus seinem Mund auf. Die Wachposten richten ihre Schlagstöcke auf mich. Die Faust Krölls trifft mein Gesicht. Die Nase brennt. Ich bekomme keine Luft und reiße meinen Mund auf. Er füllt sich mit Wasser.

Dann richte ich mich auf, atme schwer. Hoch ist die Intensität meines Herzschlages. Wasser tropft aus meiner Nase heraus. Das Brennen in meinen Augen ist unerträglich. Eingeschlafen, in das Wasser hineingerutscht bin ich. Ich verspüre die Angst.

Eine gekrümmte Haltung nehme ich ein, sehe aus meinen brennenden Augen auf die Wasseroberfläche. Ich erinnere mich an den Traum, versuche, ihn zu deuten. Ich erkenne, wonach meine Blicke die Reihen abgesucht haben.
Ich wartete auf ihren Blick. Ich suchte diesen Blick. Ich weiß nicht, weshalb sie mich ansah, weshalb sie ihren Kopf hob. An ihren Blick erinnere ich mich.

Ich erinnere mich an einen Blick, der in einer Masse aus tausenden Blicken nicht verschwimmt. Mein Herz bleibt stehen.
Ein stumpfer Stich in meiner Brust.

*

In der Nacht wache ich auf, strecke meine Glieder von mir. Ein wohliger Schauer durchfährt mich, als ich den Nachthimmel durch das Fenster sehe.

Im Bett ist es warm. Auf den Bauch drehe ich mich und drücke den Kopf auf das Kissen. Meinen eigenen Atem kann ich spüren. Den Wind höre ich heulen. Klagend zieht er am Fenster vorbei. Ich erfreue mich an meinem Bett, an meinem warmen, weichen Bett. Ich fühle mich darin geborgen.

*

An einem Apfelbaum lehne ich und warte. Ich warte auf die beiden Nachbarsjungen. Kein Tag auf dem Hof meiner Großeltern ist vergangen, ohne dass die Nachbarsjungen mich besuchten. Ich liebe die Sommer bei meinen Großeltern. Die Hoftiere kann ich umsorgen, in der alten Eiche sitzen, den Geschichten meines Großvaters lauschen.

Groß ist der Schatten, den der Apfelbaum über die Wiese legt. Dann sehe ich die Nachbarsjungen. Einen Eimer tragen sie bei sich. Ich freue mich.

Der Vater der Jungen ist Metzgermeister, gibt uns einige Fleischreste. Die jungen Katzen füttern wir jeden Tag. Die Katzen lernten schnell, dass wir uns an diesem Apfelbaum treffen.

Wir knien uns auf den Boden und warten darauf, dass die Katzen zu uns kommen. Sie laufen zwischen unseren Beinen, streichen ihre Körper um uns.

Sie schnurren. Mit ihren weichen Vorderpfoten stützen sie sich auf meine Knie, drücken die kleinen Nasen gegen meine Hand. Leichten Druck verspüre ich an meinem Rücken, blicke über die Schulter. Eine kleine dünne Katze blickt zu mir hinauf. Ich habe sie noch nie gesehen.

Sie setzt sich vor mich, kommt nicht näher, bedrängt mich nicht. Die goldenen Augen blinzeln. Über ihren Rücken streiche ich. Ihr Fell ist nicht weich, sondern drahtig. Kleine Verletzungen sind zwischen den niedlichen Farbflecken an ihrer Seite zu sehen. Das Fleisch, das ich ihr reiche, isst sie langsam.

Meine Großmutter ruft nach mir. Für einen kurzen Moment verabschiede ich mich, folge dem Ruf meiner Großmutter. Dann kehre ich zurück, sehe die kleine Katze. Sie zeigt keine Regung.
Stöcke halten die Nachbarsjungen in den Händen. Mit zittriger Stimme frage ich, was geschehen ist. „Sie war hässlich!", lautet die Antwort. Auf das Tier blicke ich herunter.
Sie drängte sich nicht nach vorn, war ruhig. Sie konnte sich nicht wehren. Das drahtige Fell weht nicht im Wind. „Hässlich?", wiederhole ich stotternd. „Ja!", spricht mein Freund. „Sieben ist keine gerade Zahl!", ergänzt sein Bruder.

„Sie war nicht einfarbig!"

„Hässliche Flecken und Dreck auf ihrem Fell!"

„Ihre Nase war zu groß!"

„Sie hinkte! Sie hinkte!"

„Sie hat nicht zu den anderen gepasst!"

„Wir haben nicht ausreichend Futter für alle!"

Ich verstehe den Zusammenhang nicht. Ich weiß nicht, ob ihnen diese Handlung Spaß bereitet hat.

Die beiden Jungen rücken näher an mich heran. Die Stöcke halten sie in den Händen. „Drei sind einer zu viel!" „Du bist zu viel!" „Wir wollen nicht mehr mit dir spielen!"

Schützend halte ich die Hände vor mein Gesicht. Die Jungen strecken ihre Zungen heraus, nehmen den Eimer, gehen fort. Die Katzen folgen ihnen.

Auf die tote Katze blicke ich. Ich pflücke eine weiße Blume, die unter dem Apfelbaum wächst, lege sie auf ihren Bauch. Ich weine.

*

Der Frühling ist vollends eingekehrt. Die Blumen vor meinem Haus beginnen, zu blühen. Meine Arbeit geht mir nicht leichter von der Hand. Vor den Blumen in meinem kleinen Vorgarten sitze ich, betrachte die ersten Blüten, die grünen Knospen. Ich werde sie gießen und anschließend zu Bett gehen.

„Johannes?", höre ich Mathilde rufen. Sie tritt durch die Haustür. „Ja?", sage ich, ohne sie anzusehen. „Ich habe vergessen, dir beim Abendessen zu erzählen, dass ein Brief von deinem Vater eingetroffen ist."

„Bitte?", reagiere ich, drehe mich zu ihr um. Mein Vater, Lagerkommandant, ehrgeizig, in seiner Arbeit versessen.

Es erstaunt mich, dass er sich die Zeit genommen hat, einen Brief zu verfassen. Mathilde ist aufgeregt, kommt mit dem Umschlag auf mich zu. Ich spüre die Falten auf meiner Stirn, die sich abbilden, als ich den Umschlag in den Händen halte.

Ich lese die Zeilen, handgeschrieben. Meine Augen werden größer, als ich seine Nachricht verstehe. Mathildes Augen werden ebenfalls größer. Sie rückt dichter an mich heran.

Ich stottere: „Übermorgen wird er uns besuchen kommen. Er behauptet, er würde mich vermissen." Ungläubig nehme ich meine eigenen Worte auf.

Sein Beruf steht an erster Stelle. Als Kind verstand ich schnell, in welchem Bereich er seine Prioritäten setzt. Zwei Jahre liegen zwischen unserem letzten persönlichen Kontakt. Vor zwei Jahren gab er mir diesen Arbeitsplatz. Ich schrieb ihm einige Briefe.

Er antwortete niemals.

Mit dem Eintritt in die Schule zog sich seine Liebe für mich zurück. Erfolg sollte auch in meinem Leben an erster Stelle stehen. Ich versuchte stets, ihm gerecht zu werden, sehnte mich nach seiner Anerkennung.

„Ich werde bereits morgen beginnen, das Essen vorzubereiten. In die Stadt werde ich gehen, beste Lebensmittel kaufen", reißt mich Hilde aus meinen Gedanken. In ihren Augen liegt ein Glanz. Sie möchte imponieren. Schwerfällig ist das Nicken, das ich ihr entgegenbringe. Zufrieden geht sie in das Haus.

Auf den Boden knie ich mich, betrachte meine Blumen. Die abendliche Sonne wirft ein goldenes Licht auf die Knospen. Eine Zigarette zünde ich an. Der Geschmack des Rauches wird bitterer, als ich feststellte, dass ich morgen einen freien Tag beantragen muss, dass ich bei meinem Vorgesetzten einen freien Tag beantragen muss. Tief atme ich aus.

Die Zigarette presse ich gegen meinen Handrücken, streife den Handschuh darüber. Der letzte Schleier des Rauches zieht über die Blüten hinweg.
Die Luft, die sie atmen, die Luft, die wir atmen, ist vergiftet.

*

Ungeduldig stehe ich vor dem Hauptgebäude, finde keine innere Ruhe. Jeden Moment ist es möglich, dass mein Vater eintrifft, dass er in meine Augen sieht. Durch das eiserne Tor blicke ich mehrfach in das Lager hinein, beobachte einige Häftlinge, die Schubkarren vor sich schieben. Dann höre ich die Geräusche des Motors.

Auf die Zufahrtsstraße sehe ich, betrachte das prunkvolle Gefährt, das vor mir zum Stehen kommt. Durch das Fenster sehe ich nicht, betrachte die Baumkronen, den Boden. Meine Fingerspitzen zittern.

Der Motor wird abgeschaltet, Gelächter kann ich aus dem Innenraum des Fahrzeuges vernehmen. Leuschner steigt aus dem Wagen, geht um die Motorhaube herum. Elegant öffnet er die Tür des Beifahrers. Ich sehe meinen Vater.
Die Kommandanten kommen zu mir herüber, klopfen sich auf die Schultern, lachen. Dann steht mein Vater vor mir. Beherzt nimmt er mich in den Arm. Ich kann diese Umarmung nicht erwidern. Er hält meine Arme umschlungen. Seine Worte verstehe ich nicht.
Tief sieht er in meine Augen, als er sich von mir löst. Das Lächeln zieht sich über sein gesamtes Gesicht. Ich spüre, dass dieses Lächeln nicht aufgesetzt ist. Wir schweigen.

„Darf ich die Herrschaften auf einen Rundgang ein-
laden?", spricht Leuschner zu uns. Entschlossen ist
der Blick meines Vaters.
Den Arm legt er um meine Schulter, tippt auf meine
Brust. Lachend sagt er: „Ich glaube, dafür hat dein
Rapportführer keine Zeit, Erhard."

Die Augen meines Vaters werden größer, als ich ihm
stotternd sage, dass ich freigenommen habe. Er um-
armt mich ein weiteres Mal. Seine Freude ist nicht zu
beschreiben. Leuschner und mein Vater gehen voraus. Ich folge den Kommandanten, halte einige
Schritte Abstand zu ihnen.

*

Die Gebäude der Kommandantur, das gesamte Au-
ßengelände haben wir meinem Vater gezeigt. Einen
Wein haben wir gemeinsam getrunken. Ununterbrochen sprach Leuschner. Mein Vater stellte interessier-
te Fragen, berichtete aus seinem Lager. Die Wachposten, die uns begegneten, erfreuten sich ebenfalls an
der Anwesenheit meines Vaters. Jeder kennt seinen
Namen.

Ich hingegen erfreue mich daran, dass Leuschner berichtet, auf die Fragen meines Vaters antwortet. Nervös bin ich, finde keine Worte. Denn ich möchte
nicht mit meinem Vater sprechen. Meine Tätigkeit an
diesem Ort belastet mich.

Am Lagertor stehen wir erneut und rauchen. Zigarren werden von meinem Vater ausgegeben. Ich blicke mich um, kratze mich am Kopf, tippe mit der Stiefelspitze auf den Boden. Einen Kratzer sehe ich an der linken Stiefelspitze.

Meine Muskeln spannen sich an, als ich eine bekannte Stimme hinter mir vernehme: „Herzog. Schön, Sie zu sehen." Erschrocken drehe ich mich um, erkenne, dass diese Worte nicht an mich gerichtet waren. Verachtend ist der Blick, den Kröll auf mich richtet, bevor er sich neben meinen Vater stellt. Mein Vater ascht auf den Boden. Die Männer klopfen sich auf die Schultern.

Einen weiteren Gesprächspartner hat mein Vater gefunden. Dies beruhigt mich. Jedoch höre ich die höhnischen Worte, die Kröll über mich verlauten lässt. Die Freude meines Vaters lässt ihn diese Worte ironisch betrachten. Er nimmt sie nicht ernst. Doch ich weiß, dass Kröll hinter jedem einzelnen seiner Worte steht.

*

Leise öffne ich die Tür zum Gebäude des Krematoriums. Mein Vater und Leuschner betreten hinter mir den Vorraum. Ein Gefangener fegt den Boden.

Die unteren Ränder seiner Hosenbeine sind fast schwarz. Er bemerkt unsere Anwesenheit nicht. Nach oben blickt er, wischt sich den Schweiß von der Stirn, erstarrt, als er uns sieht. Der Besen fällt zu Boden.

Den Besen hebt er auf, zieht die Mütze und wartet auf eine Anweisung. Seine Beine zittern. „Dabrowski! Du sollst keine Löcher in die Luft starren! Schwing gefälligst deinen Hintern und", hören wir eine Stimme aus dem Nebenraum rufen. Der Kapo des Kommandos steht in der Tür zum Nebenzimmer.
Schluckend mustert er uns und ruft anschließend: „Kommando Krematorium! Antreten!" Augenblicklich strömen die Arbeiter aus den Nebenräumen herein, stellen sich in einer Reihe auf.
Der Kapo wendet sich an uns: „Kommando Krematorium angetreten! Vollzählig. Einer kommandiert." Stille durchzieht die Luft.

„Ich verstehe nicht, welcher Anlass euch gegeben wurde, hier zu schreien", ertönt eine Stimme aus dem schmalen Gang links des Raumes. Wolf Liebermann tritt herein, sieht meinen Vater. Die Hände geben sie sich. „Kommandant Herzog. Welch eine Freude, Sie zu sehen", fährt Wolf fort, „Erlauben Sie mir, Ihnen unser Krematorium zu zeigen?" Leuschner, mein Vater und Wolf möchten in den Verbrennungsraum gehen.

Beim Verlassen des Raumes sagt Wolf zu mir: „Sorge bitte einen Moment dafür, dass meine Vögel nicht davonfliegen." Breit zieht er sein Lächeln.

Vor den Häftlingen stehe ich, beobachte sie. Ihre Köpfe halten sie gesenkt. Erkennbar sind die unzähligen Brandlöcher auf ihren Kleidern. Die Binde des Kapos hängt herunter. Die Mützen sind speckig. Aus dem Nebenraum dringt die Stimme meines Vaters hervor. Die Hitze der Öfen bringt den Vorraum zum Kochen.

Die Gefangenen gleichen sich in ihren gestreiften Kleidern. Lediglich der Kapo trägt zusätzlich eine zivile Jacke. Es erscheint mir, als sei die Körpergröße das einzige Merkmal, an denen sie unterscheidbar sind.

Während ich sie beobachte und die Webfehler in den Streifen auf ihren Hosen, ihren Hemden bemerke, erinnere ich mich. Eine Frau arbeitet in diesem Kommando. Eine junge Frau, von deren Blick ich mich nicht lösen konnte. Ich sehe die Männer vor mir, die ihre Köpfe gesenkt halten. Ich beginne, zu verstehen, an welchem Ort, in welchem Gebäude sich die junge Frau aufhalten könnte.

Auf meinem Schreibtisch liegen die Akten. In diesen Akten liegen die Dokumente. Auf einem dieser Dokumente steht ihr Name, ihre Nummer.

Seit langer Zeit bin ich nicht mehr im Bunker gewesen, gebe die Durchführung der Lagerstrafen an Walter ab, meide das Gebäude. Den Gedanken daran, was ihr im Moment widerfahren mag, verbiete ich mir.

Ich sehe den Mann, der den letzten Platz in der Reihe einnimmt, der den Besen weiterhin in den Händen hält. Das Zittern seiner Knie ist unkontrollierbar. Die Hände ballt er zu Fäusten. Ich sehe die Fingerkuppen seiner Daumen. Sie sind fast schwarz.

*

In der Stille meines Dienstzimmers höre ich, dass das Licht auf dem Gang gelöscht wird. Ich senke den Brief meines Vaters herunter und blicke auf die Tür.

Oft ist es bereits vorgekommen, dass ich die letzte Person in diesem Gebäude war, dass meine Anwesenheit nicht bemerkt wurde. Ich betrachte die Kerze, die vor mir auf dem Schreibtisch brennt.

Hermanns Angebot, ihn in die Stadt zu begleiten, habe ich abgelehnt. In meinem Haus möchte ich mich nicht aufhalten. Mit den Fingerspitzen lösche ich das Licht der Kerze, stehe von meinem Stuhl auf und sehe aus dem Fenster hinaus.

Mein Blick haftet auf dem Appellplatz. Die Scheinwerfer werden geschwenkt. Die Dunkelheit umhüllt das leere Lager.

Viele Abende habe ich in der letzten Zeit in meinem Dienstzimmer verbracht, blickte aus dem Fenster hinaus. Ihre Augen suche ich.

Dieser Morgen, unser Augenkontakt hat mich bewegt. Die Bedeutung versuche ich, zu verstehen. Mein Kopf zerbricht. An meinen Schreibtisch wende ich mich erneut, betrachte die Akten, die sich darauf türmen. Ich nehme sie zur Hand und sehe sie ein. Die benötigten Unterlagen sind nicht auffindbar.

Ich möchte erfahren, weshalb die junge Frau sich im Arrestzellenbau befindet, weshalb ich über diese Maßnahme nicht informiert bin. Ich bin der Rapportführer. Ich verhänge die Lagerstrafen.

*

Tief ziehe ich an meiner Zigarette. „Sieh dir dieses Ungeziefer an, läuft über unseren Grund", spricht Hermann aus dem Zusammenhang heraus. Oft merke ich den Altersunterschied von vier Jahren, der zwischen uns liegt. Redewendungen von älteren Wachposten nimmt er auf, wiederholt sie. Ich weiß nicht, ob er hinter diesen Äußerungen steht oder versucht, seine Reputation aufzubessern. Durch den Lagerzaun sehe ich.

Ein Mädchen, eine junge Frau läuft dicht am Lagerzaun entlang. „Soll ich die erschrecken?", flüstert mir Hermann zu. Der Rauch seiner Zigarette gelangt dabei in meine Nase. Er wartet nicht auf eine Reaktion meinerseits.

Tief ist die junge Frau in ihren Gedanken versunken, bemerkt nicht, dass sie von Hermann beobachtet wird. Sie läuft zu nah am Zaun entlang. Ich möchte nicht, dass sie stürzt und unter der starken Ladung des Zaunes verbrennt.

Plötzlich dringt ein äußerst unangenehmer Ruf aus Hermanns Kehle heraus. Die Frau erschrickt, stürzt über ihre eigenen Füße. Hermann lacht höhnisch. Bissig ist der Kommentar, der Hermann entfährt: „Willst du dich umbringen? Leicht machen wir dir das Sterben hier nicht!" Unverbesserlich ist der junge Mann.

Die Gefangene beobachte ich. Ihr Anblick löst einen leichten Krampf in meiner Brust aus. Das Hemd ist durchnässt, mit Flecken bedeckt. Die Haltung ist verkrümmt, der Kragen getränkt in Blut und Speichel. Ein Röcheln dringt aus ihrer Kehle hervor. Unelegant erhebt sie sich vom Boden. Äußerst nah kommt sie dem Zaun. Ich fürchte mich, dass sie hineingreift.

Mein Puls steigt an. Sie richtet ihren Blick direkt auf mich. Sofort verstehe ich, weshalb sie nicht aufrecht stehen kann, woher die großen blutigen Flecken auf ihrem Hemd, auf ihrer Hose rühren. Sie ist es. Aus dem Arrestzellenbau muss sie entlassen worden sein. Es schmerzt mich, in diese Augen zu sehen, in diese leidenden Augen.

Frisch ist das Blut auf ihrem Kopf. Nass glänzt der Kragen im Sonnenlicht. Das Gleichgewicht, ihr Bewusstsein könnte sie jeden Moment verlieren. Ich begreife, dass sie nicht in den Lagerzaun fassen möchte. Er gleicht einem Schutz. Sie sieht, dass wir keine Schusswaffen tragen. Hinter diesem Zaun ist sie für den Augenblick sicher. Nicht einmal der Lagerälteste sieht direkt in meine Augen hinein.

Durch Hermann löse ich mich aus meinen Gedanken. „Was wird das? Möchtest du dir Vorteile erbetteln, du Vogel?" Sie schenkt diesen Worten keine Beachtung. Mit einem leichten Tritt auf seinen Fuß signalisiere ich Hermann, er solle aufhören.

„Wenn du uns beim nächsten Mal wieder ansiehst oder deine Mütze nicht vor uns ziehst, dann nehme ich deine Arme, reiße sie dir hinter dem Rücken hoch und schieße dir das Hirn aus dem Schädel", krächzt Hermann durch den Lagerzaun. Die Geduld verliere ich. Durch eine ausladende Bewegung fällt meine Zigarette aus den Fingern.

Ich weise Hermann zurecht: „Es reicht jetzt! Die Pause ist vorbei! Zurück an deinen Posten!"

Hermann schiebt lüstern die Zunge auf die Unterlippe und hebt leicht die Hände. „Da spricht der Chef. Doch dich", sagt er abschließend, während er sich wieder an die Gefangene wendet, seinen Finger auf sie richtet, „behalte ich im Auge."

Wir machen kehrt und wollen zurück zum Hauptgebäude gehen. Hermann läuft voraus. Nach wenigen Schritten halte ich nochmals an, sehe erneut durch den Lagerzaun.

Die junge Frau zieht an einem Zigarettenstummel. Es muss mein Zigarettenstummel sein, durch eine Masche im Zaun gefallen. Ich beobachte sie für einen Moment.

Skeptisch hebt sie ihren Kopf, erkennt meinen Blick und lässt erschrocken den Stummel fallen. Ihren Kragen nimmt sie zwischen die Lippen. Hinter ihr erscheint ein Gefangener, den sie zu kennen scheint.

Dem Küchenkommando gehört er an. Eimer trägt er mit sich. Die Binde an seinem Arm kann ich nicht erkennen. In die Baracke möchte er sie zurückholen.

Ich denke darüber nach, wie es sein mag, in diesen Baracken zu leben. Für einen kurzen Moment sehe ich in die Augen des jungen Mannes, erkenne seinen erschrockenen Blick. Er reißt seine Mütze vom Kopf und murmelt in sich hinein.

In dieser Position verharrt er, bis ich mich von ihm abgewendet habe. Ich spüre die Enttäuschung. Ich spüre die Enttäuschung in meiner Brust, dass sie mich nicht nochmals angesehen hat.

*

Hermann wischt sich mit dem Ärmel seiner Uniform den Schweiß von der Stirn. An seinen Hosenträgern zieht er und hält sie weit von sich gespannt. Mit großen Schritten marschiert er zu meinem gläsernen Beistelltisch. Die Stimme verstellt er und sagt: „Herzog! Was habe ich Ihnen zu Alkohol am Arbeitsplatz gesagt?" Ich muss lachen.

Den linken Hosenträger lässt er los und überführt ihn in eine Haltung, als würde er rauchen, als würde er eine Frau imitieren, die raucht. Die rechte Hand greift nach der Flasche meines weißen Weines.

Ich hebe die Hände nach oben. „Entschuldigen Sie, Herr Schutzhaftlagerführer", antworte ich Hermann mit ebenfalls verzerrter Stimme. Gierig glänzt es aus Hermanns Augen heraus. „Dann werde ich diesen Bestand wohl beschlagnahmen müssen." Die Flasche öffnet er und setzt sie sich an die Lippen. Ich gehe auf ihn zu und unterbreche ihn dabei.

Rasch nehme ich zwei Gläser zur Hand und schenke ein. Auf die Chaiselongue in meinem Dienstzimmer setzen wir uns. Das Licht der Scheinwerfer blitzt durch das Fenster hinein.

*

Bissig ist der Wind, der meine Mütze beinahe vom Kopf weht. Ich erreiche den Arrestzellenbau, bleibe vor der Tür stehen, bevor ich hineintrete. Ich benötige die Dokumente Walters. Ich kann nicht ausweichen. Ich muss dieses Gebäude betreten.

Die Wände sind gestrichen in einem dunklen Grau. Die Kälte sitzt tief in diesem Gebäude. Ich betrachte die schmalen Gänge, die an beiden Seiten von der Mitte des Eingangsbereiches entlanggehen. Geräusche kann ich nicht vernehmen, höre keine Schreie, kein Stöhnen. Walter scheint sich an die von mir aufgestellte Regel zu halten.

Unangenehm ist es mir, auf die schwere Tür zuzugehen. Walters Schreibtisch befindet sich hinter dieser Tür, direkt im Folterraum. Bevor ich die Klinke umschließe, sehe ich die schmalen Gänge hinunter. Die Reihen aus Türen, auf beiden Seiten der Gänge, scheinen kein Ende zu nehmen. Ich drücke die Klinke herunter. Den schweren Geruch nehme ich wahr.

Niemals wohnte ich einer Folter bei. Niemals werde ich einer Folter beiwohnen wollen. Ich meide die Gewalt. Der Geruch in diesem Raum ist unerträglich. Er gleicht nicht dem Geruch, der sich täglich über das Lager zieht, der sich über den umliegenden Ortschaften ergießt. Ich weiß nicht, woraus dieser Geruch besteht.

Angst. Wundgestank, Körperflüssigkeiten.

Walter sitzt nicht an seinem Schreibtisch. Ein anhaltender Klang, ein dumpfer Klang dringt in meine Ohren hinein. Ich trete in den Raum und sehe Walter. Ein Schauer durchfährt meine Glieder.

Walter steht an der hinteren Wand des Folterraumes. Vor einem Gefangenen. Die Arme hängen hinter dem Rücken. Das raue Seil schneidet in die Handgelenke hinein. Ich spreche kein Wort. Ich kann kein Wort aussprechen. Der Bunkerkalfaktor bemerkt mich.

„Herr Obersturmführer!
Obersturmbannführer Herzog möchte Sie sprechen", sagt er vorsichtig, schluckt. Aus dem Augenwinkel sieht er zu mir herüber. Walter blickt fragend über seine Schulter, freut sich schließlich. Lachend grüßt er mich.

Mit gedämpfter Stimme spreche ich: „Walter? Was habe ich dir bereits unzählige Male zu erklären versucht?" Beschämt kratzt er sich am Kopf, sieht verlegen auf den Boden. Dann grinst er.

„Walter! Am ersten Tag des Monats wird kein Häftling gefoltert! Wie oft habe ich bereits versucht, dir diese Regel verständlich zu machen?" Ich bin aus der Haut gefahren. Walter tritt einen Schritt zur Seite.

Der dumpfe Klang dringt aus der Kehle des Gefangenen. Das Geschlecht lässt sich nicht erkennen. Zu tief liegt der Kopf auf der Brust. Zu groß ist die Kleidung, die an diesem dünnen Körper herunterhängt. Die aufgenähte Nummer wird von einer Kleiderfalte verdeckt. Der Kalfaktor zuckt zusammen, als ich ihn ansehe. Dann sehe ich scharf zu Walter herüber.

„Johannes. Entschuldige, aber Reinhard hat gesagt, es wäre von oberster Dringlichkeit", sagt Walter. Ich lege meinen Kopf schief.
„Vor einiger Zeit. Ich weiß nicht, wann es gewesen ist, wurde festgestellt, dass fast einhundert Gramm des vorhandenen Zahngoldes entwendet wurden. Erinnerst du dich? Als heute die abgegebenen Listen überprüft wurden, haben wir erneut festgestellt, dass weitere einhundert Gramm entwendet wurden. Damit darf dieser Vogel nicht durchkommen!"

Ich erinnere mich an diesen Vorfall. Ebenso erinnere ich mich, dass nach dem Zahngold nicht gesucht wurde. Ich vermag nicht zu verstehen, weshalb ein Häftling Zahngold entwenden sollte. Einen Nutzen kann er daraus nicht ziehen. Sein Leben bringt er in Gefahr.

Nachdenklich sehe ich an Walter vorbei, betrachte den Häftling. In der Luft hängt er, zeigt keine Regung. Unwohl wird mir beim Anblick des nach oben gezogenen Hosenbeines.

Brennend klafft die offene Wunde. Von Schmutz umgeben. Bissspuren. Das dumpfe Stöhnen wird zu einem leisen Röcheln.

Nochmals gebe ich Walter deutlich zu verstehen, dass ich über die Regeln, über die Häftlinge im Bunker entscheide.

Ich trete an den Häftling heran, möchte das Seil lösen. „Morgen kannst du weitermachen", sage ich. Meine Atmung stockt. Der Häftling hat den Kopf gehoben, sieht mich direkt an.

Direkt in meine Augen.

Dieses Gesicht würde ich stets wiedererkennen. Mein Mund bleibt offen stehen, als ich in diese klagenden Augen blicke. Weit aufgerissen. Das Gesicht ist verschwitzt. Es glänzt im Licht der kleinen Lampe des Raumes. Es scheint, als könne ich das Blut unter der hellen Haut sehen, das sich durch die Adern bewegt. Ihre Lippen beben. Der Kopf sinkt nach unten.

Walter ist an seinen Schreibtisch gegangen, zieht die Schublade heraus. Ich löse das Seil. Ich stütze sie, lege sie vorsichtig auf dem Boden ab.

Schwer stampfe ich mit den Stiefeln in die Lache auf dem Boden, verdecke meine Handlung.

Das Seil lasse ich zu Boden fallen.

Groß sind die Augen des Bunkerkalfaktors. Durch das Ablegen meines Zeigefingers auf meinen Lippen, durch die Bewegung meiner Handkante an meiner Kehle entlang gebe ich ihm wortlos einen Befehl.

Der Kalfaktor nickt.

Ich stelle eine Frage an Walter: „Habt ihr die fehlenden einhundert Gramm des Zahngoldes vom letzten Mal bereits gefunden? Es gibt nicht nur einen Häftling, der im Krematorium oder in der Pathologie arbeitet." Interessiert dreht sich Walter zu mir um. Eine Antwort gibt er mir nicht.

Abschließend sage ich mahnend zu ihm: „Halte dich an die Regeln, Walter. Ich bin der Rapportführer." Walter nickt und versteht. Verlegen blicke ich nochmals über meine Schulter. Ihre Augen sind geschlossen. Sie atmet schwer.

„Du wirst diesen Häftling jetzt sofort in seine Zelle zurückbringen." Walter nickt und erkennt, dass die Gefangene ihr Bewusstsein zu verlieren scheint. „Lass mir den Vogel nicht einschlafen. Hol sofort kaltes Wasser, du Arsch!", befiehlt Walter dem Kalfaktor.

Dieser tritt an ein Waschbecken hinter dem Schreibtisch heran, füllt einen blechernen Eimer auf. Das Wasser gießt er über ihr Gesicht. Ihren Mund reißt sie auf. Das Wasser läuft hinein.

Aus den Nasenlöchern läuft es heraus.

Sie ringt nach Luft. Sieht mich an. Hilflos. Schmerzen verspürt sie, schreit auf. Ihr Oberkörper senkt sich wieder auf den Boden.

Die Augen, die blutunterlaufenen Augen hält sie geöffnet. Von der Angst getrieben sieht sie in den Raum hinein. Sie speichelt und verschluckt sich daran. Die Kleidung durchtränkt von der Lache, in der sie liegt. Strähnig vom Schweiß sind ihre Haare. Speckig glänzend. Ihren Zustand kann ich nicht ertragen, kann sie nicht ansehen. Den Raum muss ich verlassen.

„Ich verlasse mich auf dich", spreche ich zu Walter. Er nickt erneut. Ich möchte gehen. Ich muss gehen. Vor der schweren Tür halte ich an, blicke an der Wand vorbei auf die Gefangene, auf die junge Frau. Walter hat sie vom Boden aufgehoben, trägt sie in seinen Armen. Ich verstehe nicht. Meinen Herzschlag spüre ich in meinem Hals. Ich kann nicht einschreiten. Ich darf nicht einschreiten.

Gegen die Wandkante wird sie gestoßen. Stark prallt sie gegen den kalten Beton. Ich drücke mich gegen die Wand, erstarre, unterlasse das Atmen.

Ein markerschütternder Schrei bricht aus ihr heraus, erfüllt den Raum. Am Boden liegt sie, windet sich.

„Bring sie weg", sagt Walter ausdruckslos.

Sofort verlasse ich den Folterraum, trete schnell aus dem Bunker heraus. Schwer atmend drücke ich mich gegen die Wand des Arrestzellenbaus, greife an meine Stirn.

Ich zünde die Zigarette an. Ich drücke sie gegen meinen Handrücken. Der Schmerz durchzieht meine Hüfte. Ich vergaß, Walter um den Bericht zu bitten.

*

Ich rieche das gekochte Essen. Die Übelkeit nimmt zu. Ich kann heute keine Nahrung zu mir nehmen. Mit dem Handballen drücke ich gegen meine Hüfte.

„Ich bin fertig, Johannes. Wir können essen", sagt Mathilde, dreht sich zu mir um.

Eine dampfende Schüssel Kartoffeln hält sie in der Hand, stellt sie auf den Küchentisch. Ein Lächeln geht über ihre Lippen, als sie sich die Schürze abbindet. Unbeschwertheit strahlt sie aus.

Leicht ist ihr Gang, elegant ihre Haltung. Ich beobachte sie dabei, wie sie nach einer Kelle in den Küchenschränken sucht.

Es scheint, als würde sie tanzen.

Erneut blicke ich in ihr Gesicht hinein, sehe das Lächeln. Es ist nicht an mich gerichtet. Meine Stirn wird warm. Den Grund für das Lächeln verstehe ich, begreife, weshalb ich die letzten Abende in meinem Dienstzimmer verbracht habe.

Ich denke an meine Blumen im Garten.

Ich denke an die Rose.

Die Augen der jungen Frau, die klaren Augen der jungen Frau ließen mich die Rose vergessen. Der Text der Karte erscheint vor meinem inneren Auge.

Das Entsetzen über mein Verhalten steigt mir zu Kopf. Mit meinem Vater, mit Hermann hätte ich sprechen können. Stattdessen verdrängte ich diese Tatsache. Ich verdrängte nicht nur diese Tatsache, ich verdrängte alle Geschehnisse an diesem Ort.

Erneut wendet sich Hilde vom Herd zum Tisch, stellt einen Braten darauf.

Sie setzt sich, reibt zufrieden ihre Hände, lächelt erneut. Mein Blick hat sich verschärft. In einem fürsorglichen Unterton spricht sie: „Johannes? Du verziehst dein Gesicht, siehst mich ununterbrochen an."

Die Realität ist auf mich heruntergebrochen. Sie sprach die Karte nicht an, akzeptierte, dass ich dies verdrängte. Sie nutzte es aus, dass ich mich gedanklich in anderen Thematiken verrenne, mich in anderen Thematiken verrannt habe.

Da ich weiterhin schweige, wiederholt sich Mathilde: „Johannes? Wieso siehst du mich an?" Trocken antworte ich darauf: „Darf ich dich nicht mehr ansehen? Du bist doch meine Frau, oder?"

Mit den Fingerspitzen streiche ich dabei über den Rand meines Weinglases. Diese Reaktion hat sie nicht erwartet.

Verlegen dreht sie ihren Kopf zur Seite, streicht über ihren Ringfinger. Schließlich antwortet sie: „Das bin ich noch nicht." Wut verspüre ich in meinem Inneren. Jeden Wunsch las ich ihr von den Augen ab, umsorgte sie, habe sie gewürdigt. Meine Hand hält das Weinglas fest umschlungen.

„Sag doch etwas", bittet Mathilde, beugt sich über den Tisch. Mit den Schultern zucke ich, setze das Weinglas an meine Lippen. Dann erschrickt sie, hält sich die Hand vor den Mund. „Die Rose", flüstert sie.

In einem finsteren Ton füge ich hinzu: „Wie kannst du es wagen, zu behaupten, du seist nicht meine Frau?" Jedes Wort habe ich betont, deutlich mit meinen Lippen geformt. Bedrohlich sind meine schweren Atemzüge. Seit vielen Jahren lege ich ihr die Welt zu Füßen. Hintergangen wurde ich. Hilde hält meinem Augenkontakt nicht stand.

Ihr Schweigen, ihr Blick aus dem Fenster lassen mich in Rage geraten. „Meine Gefühle offenbarte ich dir, vertraute mich dir an. Ich gestehe, die letzten beiden Monate kam ich spät nachhause, doch wir leben deutlich länger miteinander als zwei Monate lang. Nie hat es mich nach anderen Frauen gesehnt. Alles ermöglichte ich dir, wonach du dich sehntest. Ich kenne ausreichend Männer, allein in der Wachmannschaft, die dich nicht auf diese Art behandelt hätten! Die Rose war sicherlich nicht für mich bestimmt!"

Zurückhaltend beginnt Hilde, zu weinen. Ihre Tränen erweichen mich nicht. „Es stimmt. Sie war nicht für dich. Sie war für mich", schluchzt sie. „Aber nicht von mir", knurre ich bitter, leere das Weinglas.

„Du kennst ihn nicht. Er kommt aus der Stadt", spricht sie plötzlich frei heraus.
Kräftig schlucke ich.

Ich begann diese Arbeit nicht nur, um meinem Vater gerecht zu werden. Ich begann diese Tätigkeit, um uns ein komfortables Leben zu ermöglichen. Ein eigenes Haus, ein großer Garten, ausreichend Geld. Ausreichend Platz für uns. Ausreichend Platz für Kinder. Freiraum ermöglicht mir meine Position. Abgesehen von den letzten zwei Monaten nutzte ich diesen Freiraum. Ich nutzte ihn für Hilde.

„Entschuldigung", presst sie leise heraus. Ich springe vom Stuhl auf, schreie: „Bin ich dir nicht gut genug? Gibt es nichts, was du weiterhin dazu zu sagen hast? Du hast mich hintergangen! Ausgenutzt! Seit ich dich kenne, richtete ich alles nach dir! Weil ich dich liebe!" Ich unterbreche meinen Aufschrei, um Luft zu holen. „Weil ich dich geliebt habe!"

Stark trete ich gegen meinen Stuhl. Eingeschüchtert sitzt Mathilde am Tisch, sieht zu mir herüber. „Sieh mich nicht derartig an! Dafür ist es zu spät! Hintergangen hast du mich! Hintergangen! Ausgenutzt!" Erneut nehme ich einen tiefen Atemzug.

„Es gibt sogar Häftlinge", sage ich laut und nehme meinen Teller auf, „denen mehr Vertrauen entgegengebracht werden kann als dir!" Der Teller liegt in Scherben auf dem Boden. „Es kann nicht wahr sein! Es kann nicht wahr sein!"

Mein Kopf schmerzt. Kraftlos lasse ich mich auf einen anderen Küchenstuhl fallen. Das Gesicht lege ich in meine Handflächen. Ich werde ruhig, blende die Umgebung aus. Diese Augen sehe ich. Diese schönen Augen. Sie mögen mich nicht beruhigen.

Ich begreife nicht, dass Hilde sich einem anderen Mann hingezogen fühlt, einem fremden Mann. Sie ist meine Partnerin. Dieser Mann war in meinem Haus. Dieser Mann lag in meinem Bett.

Einen Spaziergang werde ich unternehmen, gegen den schweren Stamm eines alten Baumes schlagen. Wortlos stehe ich auf. Das Holz unter meinen Füßen knarzt. Meinen Entschluss habe ich gefasst. In die Garderobe gehe ich, lege meine Uniform an.

Den Waffengürtel lasse ich zurück. Mathilde ist mir gefolgt, beißt auf ihre Fingernägel. Sie hat Angst. Ich habe Angst. Ich werde nicht länger nach ihrem Belieben spielen. Ich möchte nicht in Erfahrung bringen, seit wie vielen Wochen, seit wie vielen Monaten, Jahren sie diesem fremden Mann hörig ist.

Der Gedanke, dass ein fremder Mann meine Frau berührt, in ihrem Interesse, schmerzt mich. Mein Entschluss steht fest. Vor dem Spiegel richte ich meine Mütze. Als ich die Hand auf den Türgriff lege, spricht Hilde zu mir:

„Johannes! Unternimm nichts,
worüber du nicht nachgedacht hast."
„Woran denkst du?"
„Ich kenne dich."
„Du kennst mich?"
„Ja. Ich kenne dich. Seit vielen Jahren."
„Dann wüsstest du, wie verletzlich ich bin."
„Verrate mir bitte, wohin du gehst."
„Ich gehe spazieren. Im Lager.
Meine Wut an einem Häftling auslassen."

„Lass diese armen Menschen in Ruhe.

Dies ist eine Angelegenheit zwischen uns."

„Ich werde die Nacht in meinem Dienstzimmer verbringen. Bis zwölf Uhr des morgigen Tages hast du mein Haus verlassen."

„Du schickst mich fort?"

„Ja. Ich schicke dich fort. Auch ich habe einen neuen Menschen kennengelernt."

„Du hast mich hintergangen?"

„Ich meine diese Worte, wie ich sie aussprach. Niemals würde ich dich hintergehen. Dies müsstest du ebenfalls wissen, wenn du mich tatsächlich kennen würdest."

„Johannes."

Ich habe nicht in ihre Augen gesehen. Ich habe meine Haltung nicht geändert. Ich drehe mich zu ihr. Ein letztes Mal sehe ich in ihre Augen.

„Ich wünsche einen guten Abend, Frau Mathilde Junger. Kommen Sie gut nachhause." Ich ziehe meine Mütze und sehe die Tränen in ihren Augen.

Viele Jahre sind seit diesem ersten Abend verstrichen. Viele Worte haben wir gesprochen. Die Tür schließe ich hinter mir. Ich höre, dass sie unter ihren Tränen zusammenbricht.

Die Lagerstraße laufe ich hinunter. Ich laufe die Straße hinunter, um dem Menschen näher zu sein, den ich kennenlernte. Der Nachthimmel droht, auf mich herunterzufallen.

*

Selten sind die Rundgänge, die ich in der Nacht durch das Lager unternehme. Schlaflosigkeit, der Wunsch nach Einsamkeit treiben mich in der Dunkelheit in dieses Lager hinein. Die Wachposten, die Häftlinge wissen von diesen Spaziergängen.

Zwischen den Baracken gehe ich hindurch, zeichne mit meinem Spazierstock Kreise in den Kies hinein, blicke in den Himmel hinauf. Die Fragen um Mathilde wiederholen sich in meinen Gedanken. Den Mann, den Mann aus der Stadt versuche ich, mir vorzustellen. Jünger ist er sicherlich.

Ich höre in die Nacht hinein, vernehme die Klänge von Ästen, die herunterfallen. Ich höre die Stimmen, die aus den Baracken hervordringen. Die Scheinwerfer werden geschwenkt. Kaum dringt ihr Licht zwischen den dichten Baracken hindurch.

Ich erkenne, dass ich vor den südlichen Baracken stehe und lasse die Atmosphäre auf mich wirken. In der Nacht bin ich noch nie an diesen Baracken vorbeigegangen. Interessiert trete ich an den Zaun, von Stacheldraht umgeben, heran, sehe hindurch.

Ich erinnere mich an den Tag, an dem sich unsere Blicke kreuzten. An diesem Tag stand ich vor diesen Baracken. Das Sonnenlicht flutete den Vorplatz der Pferdeställe. Ich sah die kranken, ausgezehrten Menschen, die die Tage, die Nächte in diesen Baracken verbringen.

In meinem Dienstzimmer arbeite, in meinem Bett schlafe ich. Selten habe ich eine der steinernen Baracken aufgesucht, in denen weniger Menschen untergebracht sind. Dicht an dicht drängen sich die Menschen hinter diesem morschen Holz aneinander.

Aus meinem Fenster blicke ich auf diese notdürftigen Gebäude herunter. Ich blicke auf diese Gebäude, die mit einem Zaun abgegrenzt wurden. Dennoch sind sie Teil der Realität, in der ich lebe.

Die Hände stütze ich gegen die Zaunmaschen und strecke meinen Kopf. „Rapportführer Herzog. Können Sie wieder nicht schlafen?", höre ich eine lachende Stimme hinter mir. Erleichtert bejahe ich die Aussage, als ich den Wachposten sehe.

Den linken Zeigefinger hebt er, atmet tief ein, möchte sprechen. Wir vernehmen einen Schrei, einen Schrei einer Häftlingsfrau. Der Wachposten sieht zu mir herüber, zieht die Augenbrauen hoch.

Ich verstehe. Den Pflichten eines Rapportführers muss ich nachkommen. Ich fühle mich diesen Pflichten nicht verbunden. Der Wachposten zieht seine Mütze, marschiert fort.

*

Das Blut gefriert in meinen Adern, als ich die Finger um die Klinke der Barackentür lege. Schnell reiße ich die Tür auf und stelle mich breitbeinig in den Türrahmen. Den Spazierstock klemme ich unter meinen Arm. Im Tagsaal dieser Baracke sehe ich keine Häftlinge. Meine Haltung entspannt sich.

Strohsäcke, lange Tische, Papier und Stift. Spielkarten liegen auf dem Boden. Neben mir erkenne ich die blechernen Eimer. Blutige, eitrige Verbände quellen aus ihnen hervor. Ich betrete den Tagsaal. Suppenlöffel. Stofffetzen. Ein Bein.

Meinen Blick wende ich ab, denke nach, blicke zurück. Ein Bein. Ein dünnes Bein hängt schlaff über der Sitzbank. Ich blicke unter den Tisch. Starr liegt der Mann unter der Bank. Die Hände umfassen krampfend die Luft. Ich beobachte seinen Brustkorb. Er hebt sich nicht. Morgen wird dieser Mann auf dem Appellplatz liegen.

Den Tagsaal betrachte ich weiterhin. Dann verspüre ich die Übelkeit. Der Geruch. Unerträglich. Wundgestank. Menschliche Ausdünstungen. Mein Taschentuch presse ich vor meine Nase, halte meinen Atem flach, gehe auf die Tür des Schlafsaals zu.

Die Tür öffne ich. Laut. Schnell. Die Menschen, die nicht schlafen, nicht verstorben sind, sehen in meine Richtung. Dann senken sie ihre Köpfe. Langsame Schritte setze ich durch die Baracke.

Mir ist nicht bekannt, wer geschrien, wer gegen die Lagerordnung verstoßen hat. Die Zahl der Häftlinge in diesem Raum ist nicht bestimmbar. Viele Frauen. Viele Männer. Eng aneinandergedrängt. Beherrschen muss ich mich, möchte nicht nach den Seiten, nicht auf die Pritschen schauen. Schwere Geräusche geben die zerdrückten Lungen beim Atmen von sich.
Ich bleibe stehen.

„Mir scheint, als sei ein Häftling unter euch, dem die Lagerordnung nicht bekannt ist", sage ich in einem höhnischen Tonfall. Keine Stimme spricht. Doch ich sehe die Bewegung, eine Bewegung an der hinteren Wand der Baracke. Ein Häftling sitzt auf dem Boden. Die Arme breitet er zu den Seiten aus. Ein dünnes Bein, einen dünnen Körper versucht er, vor mir zu verbergen.

Ich spreche den Häftling an, der vor mir auf dem Boden sitzt:

„Du da! Was versteckst du?“
„Nichts, Herr Obersturmbannführer.“
„Sicher? Dann macht es dir sicherlich nichts aus, aufzustehen.“
„Ich habe mir heute im Krematorium das Bein gebrochen. Das Stehen fällt mir schwer, Herr Obersturmbannführer.“
„Deine Ausrede ermüdet mich. Wie willst du dir im Krematorium das Bein gebrochen haben? Steh auf.“
„Zu Befehl, Herr Obersturmbannführer.“

Vorsichtig steht er auf. Sein Bein ist nicht verletzt. Tief sinkt sein Kopf auf die Brust. Das Zittern, das seinen Körper kontrolliert, will er unterbinden. Fahles Licht fällt durch ein kleines Fenster herein. Es scheint auf den Menschen herunter, der auf dem Boden sitzt, sich hinter dem Rücken des Gefangenen versteckte.

Ich nähere mich diesem Menschen. Dann richtet sich der Blick auf mich. Der Stich in meiner Brust ist tief. Sie ist es. Auf dem Boden vor mir. Auf dem Boden einer der südlichen Baracken. Ich erwartete nicht, dass sie sich an diesem Ort aufhält.

Beklemmend sage ich: „Du kannst dich also nicht an die Lagerordnung halten. Dein Verhalten in letzter Zeit ist auffällig. Langsam habe ich genug. Komm mit."

Die Leere in meinem Kopf wird vertrieben. Die Worte, die der Gefangene an mich richtet, vernehme ich nicht. Die Lagerordnung hat ihre Bedeutung verloren.

Am Kragen ziehe ich die junge Frau nach oben. Kaum spürbar ist ihr Gewicht. Unsere Blicke kreuzen sich.

Die Leere in meinem Kopf wurde vertrieben. Sie wurde vertrieben von einer Idee, die unser beider Leben kosten kann. Mein Kopf pulsiert. Meiner Willkür ist sie ausgesetzt. Ich bin der Rapportführer. Ich verhänge die Lagerstrafen.

*

Der Schlüssel steckt im Schloss. Die Tür ist verschlossen. Stille durchzieht den Raum, sodass ich meinen eigenen Herzschlag vernehme. Das Licht muss ich anstellen, die Vorhänge schließen.

Der Spazierstock unter meinem Arm fällt laut zu Boden. Dann drehe ich mich um. In der Mitte meines Dienstzimmers steht ein Häftling, eine Gefangene. Ich brachte sie in diesen Raum.

Unaufhörlich streiche ich über die Knöpfe meiner Uniform, setze Schritte durch das Zimmer. Meine Handlung begreife ich nicht. Meine Gefühle verstehe ich nicht.

Entschlossen bin ich, Kontakt aufzunehmen.

Oft sprach ich mit den Häftlingen. Doch diese Nähe unterscheidet sich. Ich betrachte sie. Die Gefühle kochen, während diese dünne Frau in meinem Zimmer vor mir steht. Ihre Angst ist spürbar. Sie zittert. Sie atmet schwer. Schmerzen muss sie leiden.

Einen weiteren Schritt setze ich in ihre Richtung, möchte sie kennenlernen, möchte ihr Vertrauen gewinnen. Nah stehen wir uns gegenüber. Leicht muss ich meinen Blick senken. In meiner Kehle spüre ich den Druck und sage leise: „Was möchtest du von mir?" Sie zittert.

Die Augen zittern, suchen den Raum ab. Ich wiederhole mich: „Sprich. Was möchtest du von mir?" Sie antwortet nicht. Sie muss antworten. Den Wachposten gilt es zu antworten. Die Leere füllt erneut meinen Kopf. Ich denke nach, beruhige mich für einen Augenblick. Tief sehe ich in ihre Augen.

„Du hast weder Zahngold entwendet noch ist dir bekannt, wer es entwendet haben könnte, nicht wahr?", stelle ich ihr die Frage. Sie muss nicht sprechen. Sie muss nicken, ihren Kopf schütteln, antworten. Eine Reaktion bleibt aus. Ihr Mund steht offen.

„Es ist nicht dein erster Aufenthalt im Bunker gewesen, oder?", fahre ich fort. Die Antwort auf diese Frage ist mir bekannt. Sie muss nicken. Mehr nicht. Intensiv sind unsere Blicke. Dann reagiert sie.

Sie dreht sich um, läuft mit kleinen Schritten auf die Tür meines Dienstzimmers zu, legt die Hand auf die Türklinke. Lediglich einen großen Schritt muss ich setzen, um sie zu erreichen, ihren Kragen festzuhalten. Leise ist das Wimmern.

Die Ungeduld steigt auf. Kraftvoll drehe ich sie zu mir und verfinstere meinen Blick. Nach oben richtet sich der Blick der jungen Frau. In mein Gesicht sieht sie. Ihre Augen sind rot. Tränen fließen nicht. Die Lippen beben. Vor meinem inneren Auge verschwimmt die Umgebung. Hilde sehe ich, sehe ihren Blick, wenn sie weint. Meine Brust schmerzt.

„Sieh mich nicht ständig mit diesem Blick an!", platzt es aus mir heraus. Ihren Kragen lasse ich los, hebe die Fäuste, schlage in die Luft. Die Wut auf Hilde lässt mich in Rage geraten.

Die junge Frau schreie ich an: „Du bist nicht die einzige, die Probleme hat!" Ich spreche mit Hilde, gefangen im Wahn. An das Fenster trete ich heran, richte meinen Blick auf die geschlossenen Vorhänge. Die Mütze drücke ich gegen die schmerzende Brust.

Erneut kehre ich zu der jungen Frau zurück, spreche laut:

„Habe ich Angst? Ja. Ja, ich habe Angst! Würde ich am liebsten meine Sachen packen und von hier verschwinden wollen? Ja! Ja, ich möchte verschwinden!"

Tief sind meine Atemzüge. Unentwegt sehe ich die junge Frau an. Den Kopf legt sie schief. Diese Reaktion bringt meine Wut zum Kochen. Die gesamte Situation. Ihre Schuld.

Mit beiden Händen packe ich ihren Kragen, reiße sie vom Boden. Wutentbrannt schüttle ich den schwachen Körper, lasse sie wieder herunter. Den ledernen Handschuh drücke ich gegen meine schweißnasse Stirn. Zum Fenster kehre ich zurück.
Klare Gedanken kann ich nicht formulieren. Plötzlich durchdringt ein lautes Geräusch die gläserne Wand, die ich um mich errichtete. Ich drehe mich um.

Die Gefangene, die junge Frau sitzt auf dem Boden, presst sich gegen die Tür meines Dienstzimmers.
Sie muss gestürzt sein.
Ich bemerkte dies nicht, erschrecke.

Langsam gehe ich auf sie zu, halte einen intensiven Augenkontakt, als ich vor ihr stehe. Krampfend versuchen die Hände, den Türrahmen zu greifen. Dann schmunzle ich, lache leise über mich selbst. Eine Träne muss ich aus meinem Auge wischen, reflektiere für einen kurzen Moment mein Verhalten.

„Bitte verzeih", sage ich leise, sehe das fehlende Verständnis in ihren Augen. Ich muss mich vorstellen. Ich muss mich ihr vorstellen, Vertrauen schaffen.

„Ich habe mich noch nicht vorgestellt", beginne ich meine Rede. „Ich bin Johannes. Johannes Herzog", fahre ich fort, beuge mich zu ihr herunter, möchte ihr meine Hand reichen. Denn sie ist ein Mensch.

Ihre Hände lösen sich nicht vom Türrahmen. Ich möchte ihr zeigen, dass sie sich vor mir nicht fürchten muss. Ich halte meine Hand näher an sie heran. Ich halte meine Hand näher an sie heran und fühle mich wohl. Denn sie ist ein Mensch. Warm wird es in meiner Brust, als sich die dünnen Finger meiner Hand nähern. Ich umschließe sie.

Als ich den Druck löse, zieht sie die Hand schnell zurück, drückt sie erneut gegen den Türrahmen. Viel Kraft muss ich aufbringen, um die Hand von der hölzernen Einfassung zu lösen. Sanft ziehe ich sie zu mir hinauf. Ein Schmerzlaut entweicht, durchbricht die Stille. Ich schrecke auf, löse den Griff um ihre Hand. Sie stürzt herunter.

Ihr Schrei, ihr schmerzverzerrter Schrei löst mich aus meinem Wahn heraus, öffnet meine Augen. „Du bist verletzt!", sage ich entsetzt und greife an meinen Kopf. Ich muss ihr helfen. Ich muss sie beschützen. Vor Schmerzen windet sie sich auf dem Boden.

Erstarrt verharre ich in meiner Haltung, bis ihr Schrei verstummt. Dann knie ich mich vor sie. Ich muss ihr helfen. Ich muss sie beschützen.

Mit meinen Armen greife ich unter ihre Beine, unter ihren Oberkörper, hebe sie auf. In meinen Armen liegt sie. Aus dem Augenwinkel sehe ich, dass sie sich ihre Lippe blutig beißt, während ich sie zur Chaiselongue herüber trage.

Unbeschreiblich muss die Angst sein, die sie durchzieht. Sie fürchtet, dass ich sie von mir stoße, dass ich sie wie Walter gegen die Wand stoße. Vorsichtig lasse ich sie auf der Chaiselongue in meinem Dienstzimmer herunter.

Langsam öffnen sich die Augen. Ein zartes Lächeln schenke ich ihr. Ihre Augen werden größer. Die Fingerspitzen streichen über die Chaiselongue. Ich beobachte sie, räuspere mich. Dann knie ich mich vor sie. „Ist dies angenehmer?"

Ihren Blick richtet sie auf mich. Deutlich kann ich erkennen, dass die Pupillen schmaler werden. Aus ihren Gedanken habe ich sie gerissen. Ihre Schmerzen. Ihre Angst. Unerträglich. Sie zittert. An das Verbandmaterial in den Schreibtischschubladen erinnere ich mich. Ich werde ihr helfen.

Ich werde sie beschützen.

„Lass mich einmal sehen", sage ich zu ihr. Die Handschuhe streife ich ab, greife nach dem unteren Rand ihres Hemdes. Ich möchte sie von diesem Hemd, diesem rauen Stoff, blutverschmiert, befreien. Über den Kopf ziehe ich ihr das Hemd, sehe, dass sie den Blick verzieht. Die Erschöpfung lässt sie an die schmale Lehne der Chaiselongue sinken.

Das Hemd halte ich in den Händen. Der Stoff ist an einigen Stellen bereits durchgerieben. Webfehler im Stoff, rauer, kratziger Stoff. Die Blutflecke. Der Kragen durchtränkt. Ich drücke das Hemd gegen meine Nase, nehme den Geruch wahr.
Entsetzt blicke ich auf den Boden, lege das Hemd neben mich.

Vorsichtig richte ich meinen Blick auf sie. Mein Gesicht erfriert. Mein gesamter Körper erfriert. In ihren Augen sehe ich die Demut, den Scham, dass mein Blick auf ihr ruht. Sie muss die Demut nicht fühlen. In meinem Kopf ist die Fassungslosigkeit.

Die Haut. Von Narben gezeichnet. Funken. Peitschen. Wunden, Rötungen, Blut. Der Hunger hält sie fest umschlungen. Meine Muskeln ziehen sich zusammen. Ein innerer Krampf hüllt mich ein. Die Rippen stechen hervor. Ein Ausschlag bildet sich auf ihrem Bauch ab. Der Krampf in meinem Körper wird stärker.

Schnell erhebe ich mich, gehe auf meinen Schreibtisch zu. Das Verbandmaterial hole ich aus den Schubladen hervor, bringe es zu ihr heran. Verzweifelt frage ich: „Kann ich dir damit helfen?"
Sie antwortet nicht.

Die Verbände helfen nicht, ihren Hunger zu stillen, die gereizte Haut zu pflegen. Ich habe keine Nahrung für sie in diesem Zimmer. Tief atme ich aus, lege das Verbandmaterial zurück. Ich blicke auf das Hemd, das auf dem Boden liegt, weigere mich, es ihr anzuziehen.

Zielstrebig gehe ich auf meinen Schrank zu, hole einen Kleiderbügel heraus. An diesem Kleiderbügel hängt ein Hemd. Mein Hemd. Sauber. Wohlriechend.

„Hier!", rufe ich, trete wieder vor die Chaiselongue. Das Hemd halte ich hinter dem Rücken, hole es hervor, als ich ihren verängstigten Blick sehe.
Verständnislosigkeit bricht aus den klaren Augen heraus, als ich mich zu ihr beuge, das Hemd über ihre Schultern lege. Die Handgelenke nehme ich auf, führe ihre Arme durch das Hemd. Elegant sind ihre Handgelenke.
Die Knöpfe verschließe ich, stoße ungewollt mit der Fingerspitze an ihre Brust. Ich hoffe, sie bemerkte dies nicht.

„Fertig", spreche ich zufrieden zu mir selbst. Ein Lächeln durchzieht mein Gesicht. Ihr Körper verliert sich in meinem Hemd, in meinem großen Hemd. Die Angst umhüllt ihren Blick, ihre Körperhaltung.
Ich möchte nicht, dass sie sich fürchten muss.

Erneut trete ich an meinen Schreibtisch heran, streiche über das glatte Holz. Ich möchte ihr keinen Schaden zufügen, sie nicht verletzen, sie nicht demütigen. Den Kragen lockere ich, als ich bemerke, dass ihr Blick auf mir ruht. Mit der Faust schlage ich überzeugt auf den Tisch. Wein werde ich ihr anbieten.

„Ich bin ein schlechter Gastgeber. Möchtest du?", sage ich zu ihr und zeige ihr die Weinflasche. Zwei Gläser schenke ich ein, sehe, dass sie mich beobachtet. Das Unbehagen durchdringt sie, als ich ihr das Glas reiche. „Nur zu", bestärke ich sie.

Zögernd nimmt sie das Glas an, hält es fest in ihren Händen. Ich setze mich neben sie. Augenblicklich leere ich mein Glas, blicke zu ihr herüber. Sie nimmt einen Schluck. Ich freue mich und spüre die innere Zufriedenheit. Ich fühle mich wohl.

Ein weiteres Glas schenke ich für mich ein, trinke aus. Die Zeit ist stehengeblieben. Tief ist die Nacht hereingebrochen.

In meinem Dienstzimmer sitze ich und trinke Wein. Ich trinke weißen Wein mit einem Häftling. Um Hilde kreisen meine Gedanken. Furchtbar kann ihre Eifersucht sein.

Ich sitze in meinem Dienstzimmer und trinke weißen Wein mit einer jungen Frau.

*

Eine innere Wärme durchflutet meinen Körper. Von guter Laune werde ich gelenkt und spreche ununterbrochen. Sie hört mir zu. In meinen Sessel habe ich mich gesetzt. Weich ist das Leder.

Ich sitze auf meinem Boot.

Auf der Brüstung des Bootes habe ich Platz genommen. Die Beine lasse ich über dem Ozean schaukeln. Meine Umgebung schwankt. Die Sonne scheint auf meine Stirn. Schön ist die Melodie des Seemannsliedes, dass ich leise singe.

Eine Insel kann ich sehen. Eine Insel am entfernten Horizont. Eine Meerjungfrau. Ich gehe zu ihr, wende mich an sie: „Manchmal bin ich äußerst traurig. Bist du auch manchmal traurig?" Ich warte. „Du antwortest mir nicht." Ich sehe, die Müdigkeit in den Augen des schönen Wesens.

„Du musst jetzt schlafen gehen. Es ist spät." Den letzten Tropfen aus meinem Glas nehme ich und blicke in das gläserne Fernrohr. Ich sehe nichts. Traurigkeit füllt meine Brust. Großen Durst habe ich.

Ich stürze aus meinem Boot, ziehe mich an Land und sehe das Glas in den Händen der Meerjungfrau. Trocken sind meine Lippen. „Dein Glas ist noch voll. Darf ich?", flehe ich sie an. Sie reicht mir das Glas. Gierig trinke ich aus, reibe meinen Bauch.

Zufrieden lasse ich mich in den Sand fallen. Ich strecke die Glieder von mir, bade in der Sonne. Neben mir sitzt eine schöne Meerjungfrau.

*

Hermann steht vor mir. Leuschner steht neben mir. Die dunklen Pistolen richten sie auf mich. Höhnisch lachen sie, drücken auf die Abzüge. Schwere Worte lassen sie verlauten, sagen, ich habe mich auf die falsche Seite gestellt.

Hermann stößt seine Faust in meine Hüfte. Die Schläge sitzen tief, schmerzen an den Nieren. Ich blicke an mir herunter. Blutige Flecken zeichnen sich auf meiner Uniform ab. In Fetzen hängt sie an meinem Körper herunter. Am Rücken ist sie aufgerissen. Ein weiterer Schlag lässt mich zu Boden gehen. Schwarz wird mir vor Augen, als mein Kopf aufschlägt.

Die Kleine steht vor mir, greift nach meiner Hand. Über dem Abgrund hänge ich, kann mich nicht halten. Lauter rufen die Stimmen meinen Namen. An ihrer Hand halte ich mich. Die Schläge wollen nicht enden. Die Luft gelangt nicht in meine Lungen hinein. Dann wache ich auf.

Ich blicke mich um. Nass ist meine Stirn vom kalten Schweiß. Neben mir sitzt die Kleine, drückt ihren Finger vorsichtig in meine Seite. Den Zeigefinger richtet sie auf die Tür des Dienstzimmers. Mein Blick folgt ihrer Bewegung.

„Johannes! Der Appell!" Hermann schlägt gegen die Tür des Dienstzimmers, ruft meinen Namen. Meine Taschenuhr hole ich hervor.
Der Appell. Die Menschen.

In Aufruhr geraten stoße ich die Kleine von mir, sehe ihre Hände, die sie schützend vor das Gesicht hält. Auf meine Unterlippe beiße ich, realisiere meine Handlung. Schnell nehme ich sie auf, setze sie auf die Chaiselongue.
Die Verzweiflung durchfährt mich. Die Tür ist verschlossen. Hermann kommt nicht hinein. Kröll werde ich mich erklären müssen. Hermann werde ich mich erklären müssen. Die Vorhänge reiße ich auf, sehe die Menschen. Ununterbrochen müssen sie stehen.

Den Geruch des Alkohols aus meinem Mund vernehme ich, streiche durch meine Haare, versuche, die Kleider zu ordnen. Die Handschuhe nehme ich vom gläsernen Beistelltisch und gehe auf die Tür zu. Meine Hand berührt den Schlüssel. Ich erstarre.

Hastend kehre ich zu der Chaiselongue zurück und rutsche auf den Knien vor die Kleine. Fest drücke ich ihre Hände zusammen, sehe in ihre Augen. Das angstverzerrte, das schöne Gesicht erwidert meinen Blick. In Gefahr habe ich sie gebracht.

„Johannes! Bist du da drin? Ich komme jetzt rein!", höre ich Hermanns Stimme. „Ich komme gleich!", rufe ich zurück. Auf meine Unterlippe beiße ich. Sie drückt meine Hände

Mit einem festen Griff packe ich die Kleine unter den Armen, reiße die Tür meines Wandschranks auf, setze sie kraftvoll hinein. Die Tür des Schrankes verschließe ich, trete an die Tür meines Dienstzimmers heran und lasse Hermann herein. Erleichtert atmet er auf.

„Ich dachte bereits, dir wäre etwas zugestoßen. Ich bin an deinem Haus gewesen, aber Mathilde war auch nicht da und dann", sprudelt es aus Hermann heraus. Dann verzieht er sein Gesicht.

„Du hast gestern Abend einen Wein zu viel getrunken, nicht wahr?" fährt er mit seinen Worten fort. Er spricht weiter. Ich höre ihn nicht. Meine Gedanken versuche ich, zu ordnen. Hermanns Worte werden zu einem stumpfen Messer, das gegen meine Stirn sticht. Meine Hand umschließt den Schlüssel der Tür des Wandschrankes in der Jackentasche meiner Uniform.

*

Die Zählungen sind abgeschlossen. Die Menschen stehen in den Reihen, halten die Köpfe gesenkt. Niemand sieht nach vorn. An den Lagerältesten Klär trete ich heran. Die Hände hält er auf seinem Tisch gefaltet. Geduldig ist sein Blick. „Ist das Lager vollzählig?", beginne ich das Gespräch. Klär hebt langsam seinen Kopf und antwortet ruhig:

„Nein. Herr Obersturmbannführer.
Ein fehlender Häftling wurde vermeldet."
„Wurde dies bereits der Lagerleitung mitgeteilt?"
„Nein. Herr Obersturmbannführer. Über das Fehlen eines Häftlings werden Sie von mir zuerst informiert."
„Ist der Blockführer darüber in Kenntnis gesetzt?"
„Nein. Herr Obersturmbannführer.
Der Blockführer ist krankgemeldet."
„Wurde bei diesem besagten Block eine
Stichprobenzählung durchgeführt?"
„Nein. Herr Obersturmbannführer."

Mein Kopf pulsiert.

Der Blockführer ist krankgemeldet. Die Lagerleitung ist nicht informiert. Resigniert ist der Blick Klärs.

Die Liste, die vor ihm auf dem Tisch liegt, nehme ich an mich, nehme seinen Stift, streiche den Vermerk des unvollständigen Blocks.

Ich bin der Rapportführer. Ich entscheide, ob das Lager vollzählig ist.

Ich spreche laut, sodass die Besatzung, die Häftlinge die Worte hören: „Ist das Lager vollzählig?" Der Lagerälteste blickt auf die Liste. Dann erhebt er sich und spricht laut:

„Herr Obersturmbannführer!
Das Lager ist mit
siebenundvierzigtausendsechshundertdreiundvierzig
Häftlingen vollzählig.
Dreihundertneunundzwanzig sind kommandiert.
Der Krankenstand beträgt
dreitausendzweihundertsiebzehn.
Neunundachtzig Abgänge."

*

Hinter dem Mikrofon stehe ich, warte auf ein Signal, um die Ansprache beginnen zu können. Die Menschen vor mir verschwimmen nicht in den dunklen blauen und weißen Streifen, unter den identischen speckigen Mützen. Ich sehe ihre Gesichter.

In den vorderen Reihen sehe ich einen Mann. Seine Hände sind zu Fäusten geballt. Die Augen, blutig geschwollen, kann er kaum offenhalten. Es scheint, als habe er vergessen, sich im Krankenrevier zu melden. Das Knacken in den Lautsprechern ertönt. Das Mikrofon wurde eingeschaltet.

Das Zittern der Beine des Mannes ist stark. Sie schlagen zu den Seiten aus. Die Arme verschränkt er vor der Brust, versucht, sich selbst zu stützen. Ich möchte auf ihn zugehen, ihm helfen. Er ist nicht älter als ich.

Röchelnd, hustend, nach Luft ringend fällt der Mann zu Boden. Den Bauch hält er sich. Die Menschen, die neben ihm stehen, helfen ihm nicht.
Es ist ihnen verboten.

„Steh auf!", höre ich einen Ruf. Ein Wachposten hat ihn beobachtet, ist in die zweite Reihe getreten. Auf den Gefangenen sieht er herab. Weit reißt der Leidende seine Augen auf, windet sich. Für einen Moment wird der Häftling beobachtet. Der Wachposten hält seine Hände hinter dem Rücken.

Dann spricht er: „Steh auf! Pause wird noch nicht gemacht!" Der Häftling erhebt sich nicht. Ein Schuss. Das Röcheln, das Husten, das Ringen nach Luft. Verstummt. Wenige Meter stehe ich entfernt.

Ich sehe den Mann. Ich weiß, wohin er nach dem Appell gebracht werden wird. Der Schauer durchfährt mich. Ihren Aufseher werde ich aufsuchen müssen. Den Aufseher des Krematoriums.

Wolf Liebermann.

*

„Wo ist euer Aufseher?", spreche ich in einem rauen Ton. Die beiden Häftlinge im Vorraum des Krematoriums ziehen ihre Mützen. „Liebermann hält sich in seinem Dienstzimmer auf, Herr Obersturmbannführer", wird zur Protokoll gegeben. Die Wärme der Öfen quillt in meine Uniform hinein.

Ich meide dieses Gebäude. Ich meide den Aufseher. Heute ist es mir nicht möglich, mein Anliegen weiterzugeben. Vor der Dienstzimmertür bleibe ich stehen, klopfe nicht sofort an.

Wenn ich an Liebermann denke, durchzieht mich ein Schauer. Ich kenne ihn seit der Kindheit. Gemeinsam gingen wir zur Schule, verbrachten viel Zeit miteinander. Mein Vater verhalf ihm zu seiner Arbeitsstelle. Wolf war mein bester Freund. Ein Vorfall trieb uns auseinander.

Seit diesem Tag ist sein Wesen aalglatt. Herablassend behandelt er mich. Ich verstehe die Veränderung seines Verhaltens. Ich kenne den Grund.

Ich klopfe an. „Ja, bitte?", höre ich seine gereizte Stimme. Sein Dienstzimmer betrete ich, sehe die Standuhr, deren Ticken den Raum erfüllt. Wortlos verschließe ich die Tür hinter mir.

„Sprich endlich und dann mach dich zurück an deine Arbeit, du Vogel", platzt es aus Wolf heraus. Am Schreibtisch sitzt er, legt den Stift ab. „Willst du mich verarschen? Mach deinen Mund auf!", fährt er fort, zieht die Augenbrauen hoch, als er mich sieht.

Dann grinst er schief und sagt: „Ich dachte, vor mir steht eines meiner Vögelchen. Guten Morgen. Johannes." Sorgfältig schlägt er die Akte zu, schiebt den Stift parallel neben die Unterlagen. Erwartungsvoll sieht er mich an.

„Wie geht es dir?", beginne ich das Gespräch, beiße auf meine Unterlippe. Interessiert blicke ich durch sein Dienstzimmer, um seinem Blick ausweichen zu können. „Gut. Mir geht es gut. Ich lebe allein. Dieser Umstand hat sich nicht geändert", antwortet er, verfinstert seinen Blick. Bissig fügt er hinzu: „Wie geht es Hilde?" Er mustert mich, wartet nicht auf eine Antwort und bietet mir einen Sitzplatz an.

Ich lehne ab.

„In Ordnung. Dann erkläre mir bitte, weshalb der stolze Obersturmbannführer das Dienstzimmer des kleinen Hauptscharführers aufsucht", spricht er leise, steht auf und tritt vor mich.

Meinen Kragenspiegel nimmt er zwischen Daumen und Zeigefinger. „Was führt dich hierher?" Die Unterlippe leckt er ab, sieht tief in meine Augen hinein. Schwer fällt es mir, die Konzentration zu bewahren.

„Die Gefangene. Die Gefangene aus deinem Kommando", beginne ich zu sprechen. Gierig sieht er aus seinen Augen heraus, rückt näher an mich heran, sodass sein Atem auf meinem Hals spürbar wird. „Was ist denn mit der Gefangenen aus meinem Kommando?"
Schlucken muss ich. Mir ist es nicht möglich, zu antworten. „Die Gefangene hat das Krematorium bis zum jetzigen Zeitpunkt nicht betreten. Erkläre mir den Zusammenhang zu deinem Erscheinen."

Ich nehmen einen tiefen Atemzug, beginne mich zu erklären, um der körperlichen Nähe Wolfs entfliehen zu können: „Ich wurde beauftragt, das Zahngold ausfindig zu machen. Ich möchte die Gefangene selbst verhören. Deshalb befindet sie sich." Wolf tritt zurück, löst die Finger von meinem Kragenspiegel.

Er blickt auf den Boden und unterbricht meine Worte: „Ich möchte nicht wissen, wo sie sich aufhält. Es ist die Angelegenheit des Rapportführers, die Lagerstrafen zu verhängen, sie durchzuführen."

Mit den Fingerspitzen streicht er durch seine Haare. Sein Gesichtsausdruck verändert sich. „Ich werde dir den Rücken freihalten", spricht er sanft. Er schenkt mir ein zartes Lächeln, ein echtes Lächeln.

Die Erinnerung kehrt zurück. Den sanften Druck seiner Hände kann ich auf meinen Schultern spüren. Ich sehe die hoffnungslosen Augen.

Wolf hält Abstand zu mir. Dankbar bin ich für seine Worte. Ich lasse meine Hand in die Uniformtasche gleiten, ziehe meine Geldbörse heraus. Wolf sieht diese Bewegung, nimmt die Geldbörse aus meiner Hand, steckt sie in die Brusttasche meiner Uniform zurück.

„Ich brauche das nicht", sagt er daraufhin. „Ich möchte, dass du dies annimmst. Du schweigst, hältst mir den Rücken frei. Das ist keine Selbstverständlichkeit, nicht in unserer Position", entgegne ich. „Bei dir sind die Umstände anders. Du weißt, wie ich diese Worte meine." Dankend nicke ich. Ich bin die einzige Person, für die er schweigt, für die er die Unwahrheit spricht. Ich vertraue seinen Worten.

Das Zimmer möchte ich verlassen. Als ich den Griff auf die Türklinke lege, ruft Wolf: „Johannes. Ich würde alles für dich machen." Seine Hände spüre ich erneut auf meinen Schultern. Doch der hoffnungslose Blick ruht nicht in meinen Gedanken auf mir.

Aus seinen hoffnungslosen Augen sieht er mich an. Einen deutlichen Atemzug nimmt er. Starken Druck verspüre ich in meiner Brust. Leise sage ich: „Es tut mir leid." „Diese Worte hast du damals bereits gesagt", haucht Wolf und lässt seinen Kopf nach unten sinken.

Ich weiß, dass ich ihn verletzt habe. Wäre mir die Möglichkeit gegeben, die Zeit umzukehren, würde ich ihn dennoch erneut verletzen. Diesen Umstand kann ich nicht ändern.
Niemand kennt sein wahres Wesen. Sein wahres, verletzliches Wesen.

*

Geduldig stehe ich in der Kommandantur, lasse meinen Blick über die Tische gleiten, betrachte die Akten. Auf Leuschner warte ich. Setzen möchte ich mich, nehme auf einem Stuhl neben einem der Schreibtische Platz. Eine Akte stoße ich herunter. Die Blätter fallen heraus, gleiten auf den Boden.

Die Unterlagen sammle ich auf, breite sie auf dem Tisch aus, um sie einsortieren zu können. Meine Augen überfliegen die Schrift. Walters Berichte, Antragsstellungen, Listen. Unterlagen aus dem letzten Jahr. Meine Unterschrift sehe ich auf den Dokumenten, auf den Dokumenten, die Walter mir vorlegte.

Ich lese die Zeilen. Wort um Wort lese ich den Bericht. Die Schrift verschwimmt, beginnt zu glühen. Meine Unterschrift sehe ich unter Walters verfassten Worten.

Mit der offenen Hand schlage ich auf den Tisch. Mein Kopf beginnt zu pulsieren. Das Volkslied aus den Lagerlautsprechern dröhnt in meine Ohren hinein, zerreißt meine Trommelfelle. Die Worte springen aus den Zeilen heraus, beginnen, mich zu ersticken.

Der Gestank aus dem Krematorium setzt sich in meiner Nase fest. Das splitterige Holz der Barackenwände zerreibt meine Fingerspitzen. Ich verstehe die Worte des Berichtes. Ich beginne zu verstehen, welche Anträge ich seit zwei Jahren unterschreibe.

Die Luft gelangt nicht mehr in meine Lungen hinein. An meinen Haaren ziehe ich.

Bekannt sind mir die Tatsachen, die Umstände. Ich habe sie nicht gesehen. Ich wollte sie nicht sehen. Ich dränge die Menschen in Walters Hände hinein, dränge sie in den Tod an rauen Seilen, den Tod durch schwere Schläge, Tritte, Schüsse.

In meinem Dienstzimmer, in der Kommandantur sehe ich nicht die Leichen, die auf dem gefliesten Boden des Pathologieraumes liegen. Ich sehe nicht die Spritzen, gefüllt mit Erregern, die in die Arme der Gefangenen getrieben werden.

Ich schicke Menschen in Walters Hände, die die Arbeit verweigern, weil ihre geschundenen Körper sie nicht tragen wollen, die versuchten, Nahrung zu besorgen, um ihren Körper einen weiteren Tag am Leben zu erhalten.

Jeden Morgen lasse ich sie stehen. Im Regen. Im Wind. In der Kälte des Winters. In der Hitze des Sommers. Sie leiden. Sie leiden jeden Tag. In ihrer dünnen Kleidung stehen sie vor mir. Ich habe sie nicht gesehen. Ich habe sie mit meinem Herzen nicht gesehen.

Ich sehe aus meinem Fenster. Ich sehe nicht die Gewalt der Kapos, die Strafen und Heimtücken durch die Wachposten.

Der Schweiß bricht aus mir heraus. Willkürlich schlägt mein Herz. Ich spüre die Injektion der Nadel in meiner Brust, über meinem Herzen. Ich muss in mein Dienstzimmer. Ich muss sie umsorgen. Krampfend sinke ich zu Boden.

Mir wird schwarz vor Augen.

*

Mein Blick schweift durch das Dienstzimmer meines Vorgesetzten. Kröll ist nicht anwesend. In seinem Dienstzimmer, der größte Raum des Hauptgebäudes, befinden sich die Aktenschränke, in denen die Häftlingskarteien aufbewahrt werden.

Sie sind sortiert nach den Winkelfarben, den Blocks, den Namen der Häftlinge. Zielstrebig trete ich an einen der Schränke heran, zähle die Schubkästen, bleibe mit meinem Finger stehen. Den Kasten ziehe ich auf, sehe die unzähligen Karteien. Ihren Namen möchte ich erfahren.

Ihre Nummer habe ich mir eingeprägt. Die Kartei, die ich suche, ziehe ich heraus. Ein deutlicher Farbabrieb, abgegriffenes Papier. Mehrfach wurde diese Kartei umsortiert. Das Jahr ihrer Ankunft gibt die Begründung. Das Schriftbild erkenne ich. Die Schrift Reinhard Krölls. Als sich das Lager im Aufbau befand, half er aus, die Personalien aufzunehmen. Die Arbeit mit der Schreibmaschine lehnte er ab. Sie gab ihm ihre letzten Worte.

Ich betrachte die Kartei. Einlieferungsgrund. Dauer der Inhaftierung. Neunzehnhundertdreiunddreißig wurde sie an diesen Ort gebracht. Vor neun Jahren. Im Alter von vierzehn Jahren. Wenige Informationen sind auf den Karteien festgehalten. Ihr Geburtsdatum. Vier Jahre liegen zwischen uns. Sie hat alles verloren.

Auf die obere Zeile der Kartei richte ich meinen Blick. Ihr Name. Für einen Moment schließe ich die Augen, betrachte sie in meinen Gedanken.
Wunderschön ist ihr Name.

Auf der Rückseite der Kartei befinden sich die Aufnahmen des Lagerfotografen. Drei Jahre nach ihrer Ankunft wurde begonnen, diese Fotografien aufzunehmen. Ich betrachte ihr Gesicht, die Augen, die kurzen Haare.

Heute stehen die Wangenknochen weiter hervor. Kleine Narben befinden sich am Kinn, auf der Stirn. Ihre Augen jedoch haben sich nicht verändert. Sie sind nicht eingefallen. Ich stecke die Kartei zurück.

Die kleine lederne Tasche, die ich mit mir trage, drücke ich fest gegen meine Brust, lösche das Licht und verlasse das Dienstzimmer Krölls. Umso näher ich der Tür meines Dienstzimmers komme, desto aufgeregter schlägt mein Herz.

*

Auf der Chaiselongue sitzt sie. Aus dem Wandschrank holte ich sie heraus. Den Stich der Spritze spürte ich stärker, als ich die Schranktür öffnete, die Angst in ihren Augen sah.
Vorsichtig sage ich: „Bitte verzeih mein forsches Handeln heute Morgen. Bitte verzeih, dass ich dich in den Schrank gesetzt habe."
Sie entspannt ihre Haltung. Die Angst, die sie mir gegenüber empfindet, nimmt ab. Sie lehnt sich nach hinten. Neben ihr sitze ich und sehe an die Wand, betrachte die Kleine aus dem Augenwinkel.

Sie gähnt, möchte sich strecken. Doch sie bricht die Bewegung ab. Ihr zartes Gesicht verzieht sich. Am gestrigen Abend stellte ich bereits den Verdacht auf, dass ihre Leiste, ihre Rippe gebrochen sein könnte. Tiefblau ist die Haut an ihrem Oberkörper.

„Darf ich einmal deinen Brustkorb ansehen?", frage ich sie. Mit großen Augen sieht sie mich an. Mein Verhalten scheint sie nicht zu verstehen.
Die Handschuhe streife ich ab, rutsche langsam näher an sie heran. Sie weicht nicht aus. Das Hemd ziehe ich nach oben, sehe ihre Hüfte. Ihr Körper. Zerbrechlich. Die Beckenknochen ragen über dem Hosenbund heraus.

Sichtbar wird die blaugefärbte Haut. Den Folterraum, Walter sehe ich vor mir. An die Wandkante wurde sie gestoßen. Sie überlebte. Sie überlebt seit neun Jahren.

Ihren Blick wendet sie von mir ab. Langsam bewege ich meine Fingerkuppe auf die blaue Haut, die sich über die unteren Rippen und das Becken zieht. Den Beckenknochen berühre ich. Sie zeigt keine Reaktion. Dann bewege ich meinen Finger auf die untere Rippe zu. Entsetzt sieht sie zu mir herüber, stark ist sie zusammengezuckt, versuchte, auszuweichen.

Meinen Kopf halte ich nah an ihren Rippenbogen heran, bitte sie, ihren Oberkörper zu bewegen. Ein Knirschen wird hörbar. Ihre Rippe ist gebrochen. Die Phenolspritze durchbohrt meine Brust.

Ein Schmerzmittel möchte ich ihr geben, bringe eine Tablette, ein Glas Wasser zu ihr heran. Regungslos sitzt sie auf der Chaiselongue. „Habe keine Angst. Diese Tablette soll dir helfen. Sie lindert deine Schmerzen", versichere ich ihr, als sie die Tablette und das Glas nicht entgegennimmt.
Ich sehe ihren Wimpernschlag, ihre klaren Augen.

Misstrauisch verformt sie die Augenbrauen, hebt dennoch vorsichtig die Hände, nimmt meine Geste an. Es freut mich, dass sie die Tablette auf ihre Zunge legt.
An meinen Schreibtisch gehe ich, um die Uniform abzulegen. Dann höre ich das Knacken. Sie zerbeißt die Tablette, zwingt sie ihre Kehle hinunter.

Schmunzelnd nehme ich neben ihr Platz, erkläre, wie diese Tablette eingenommen wird. Mein Herzschlag setzt aus. Sie nickt. Sie spricht mit mir.

*

Die lederne Tasche, die ich mit mir führte, hole ich zu ihr heran. Ihren Hunger möchte ich stillen, hole zwei Scheiben Vollkornbrot hervor, die ich während der Mittagsspeisung beiseitelegte.

Sie betrachtet das Brot, sieht fragend in meine Augen. Ein Glanz liegt darin. Offenherzig reiche ich ihr die Scheiben.

Ich bemerke, dass sie Speichel herunterschluckt.

Sie ist zurückhaltend, greift nicht nach den Scheiben. Doch ich hoffe, dass sie das Vertrauen findet. Leise sage ich zu ihr: „Bitte. Du musst essen." Zaghaft bewegt sie ihre Hand auf die Scheiben zu, nimmt sie an sich, beißt hinein. Für einen kurzen Moment erstarrt sie. Mit jedem Bissen genießt sie den Geschmack des Brotes, trinkt langsam das Wasser aus dem Glas. Ein Ausdruck der Zufriedenheit, der Dankbarkeit durchzieht ihr Gesicht. Ihr Gesicht errötet.

Langsam nehme ich neben ihr Platz, greife in die Brusttasche meines Hemdes. Eine kleine, kreisförmige Dose hole ich hervor, hülle sie in meine Finger. Die geschlossene Hand zeige ich ihr.

Ich sehe das Interesse in ihren Augen.

Einzeln löse ich die Finger, bis ich ihr die Dose offenbare. Ein Bekannter übersandt mir diese Schokolade. Das letzte Stück wollte ich Mathilde geben. Jedoch kenne ich eine Person, einen Menschen, der dieses letzte Stück der Schokolade zu schätzen weiß.

Einen Vorschlag unterbreite ich ihr: „Du darfst dieses letzte Stück Schokolade haben. Doch ich gebe es dir nur, wenn du mir einige Fragen beantwortest."

Sie blinzelt, nickt mir zu. Sie unterhält sich mit mir. Dankbar nimmt sie das letzte Stück der Schokolade an sich.

Vielleicht wird sie mir vergeben. Vielleicht wird sie mir eines Tages vergeben, dass ich Walter und Kröll nicht daran hinderte, sie in den Bunker zu bringen. Ein kleines Stück Schokolade kann diese Schuld nicht begleichen. Es ist ein Versuch.

*

Ich stelle ihr Fragen, die sie mit einem Nicken, einem Kopfschütteln beantworten kann. Ich stelle ihr Fragen, deren Antworten den Stich der Phenolspritze tiefer in meine Brust hineinbohren. Ich kenne die Abläufe. Ich kenne die Berichte. Niemals sprach ich mit einem Häftling über diese Tatsachen.

Ihren Blick richtet sie an die Wand, bewegt lediglich die Augenlider für einen Wimpernschlag.

Ich habe nicht die Aufsicht über das Krankenrevier. Ich führe keine Exekutionen durch. Ich weiche aus, halte mich zurück, distanzierte mich von dem Kontakt zu den Gefangenen.

Mir ist nicht bekannt, welche Bilder in ihrem Kopf festgehalten wurden. Fragen zu ihrer Vergangenheit stellte ich ihr nicht.

Ich werde ihr diese Fragen niemals stellen.

*

Schweigend sitzen wir in meinem Dienstzimmer. Ich denke darüber nach, woran sich dieser junge Mensch erfreuen könnte. Dann sehe ich das kleine Radio.

Ich stehe auf, drehe am Regler. Ein Rauschen erfüllt den Raum. Ich finde den Sender, höre das Musikstück. Zu ihr kehre ich zurück, grinse schief. Ich beobachte sie, wie sie ihr Gehör der Musik schenkt. Seit neun Jahren hört sie jeden Tag die gleichen Lieder, die sich in ihren Gehörgang graben.

Die Melodie verstummt. Ein weiteres Musikstück wird gespielt. Tanzmusik. Hilde erscheint vor meinem inneren Auge. Beim Tanzen lernte ich sie kennen. Seufzend lasse ich diese Erinnerung vorüberziehen, spüre keine Gefühlsregung.

Vor einem Tag schickte ich sie fort, habe nicht länger an sie gedacht. Den Grund kenne ich. Ich bin nicht allein.

Die Tanzmusik verklingt ebenfalls, sodass ich ein Glas Wein einschenke und versuche, einen ausländischen Sender zu empfangen. Dann ertönt eine polnische tiefe Stimme, eine dunkle männliche Stimme. Wenige Sätze werden gesprochen. Stille kehrt ein.

Langsam wird ein Volkslied angestimmt. Träge erscheinen die ersten Takte, ergeben einen harmonischen Klang. Das Weinglas setze ich an meine Lippen, betrachte die Kleine aus dem Augenwinkel.

Die Augen drückt sie zusammen, zittert. Die Melodie bringt eine Reaktion in hier hervor. Sie scheint dieses Lied zu kennen, eine Verbindung zu diesem Musikstück zu haben.

Ihr Körper entspannt sich. Das Zittern setzt aus. Kaum mehr ist es ihr möglich, die Augen offenzuhalten. Sie versinkt. Dann bewegt sie sich, neigt sich in meine Richtung. Den Kopf legt sie langsam auf meinen Beinen ab. Ihre Handlung scheint sie nicht bewusst durchzuführen.

Langsam zieht sie ihre Beine an den Bauch heran, legt ihre linke Hand offen auf der Chaiselongue ab. Ich werde sie umsorgen.

Den Arm strecke ich aus, greife nach der dünnen Stoffdecke, die über der schmalen Lehne der Chaiselongue hängt. Ich decke sie zu, führe das Weinglas zum Mund. Dem Klang des Radios bin ich verfallen, spüre ihre Körperwärme.

Die Kerze brennt herunter. Das geleerte Glas stelle ich auf dem Beistelltisch ab. Wenig Licht spendet die Kerze. Doch ihr Gesicht, ihre Gesichtszüge erkenne ich.

Vorsichtig streiche ich mit meinen Fingerspitzen über ihre Haare. Verhärtet, drahtig fühlen sie sich an. Ich möchte ihr die Möglichkeit geben, ein Bad zu nehmen, sie in mein Haus führen. In Sicherheit wäre sie in meinem Haus.

Mein Blick fällt auf ihre Hand. Rückstände leichter Verbrennungen zeichnen sich auf ihren Fingerspitzen ab. Dunkel sind die Fingernägel. Schützend lege ich meinen Arm um ihren Oberkörper. Die andere Hand lege ich neben ihre linke Hand.

Zart und klein ist ihre Hand. Zerbrechlich erscheint sie. Blass, fast schneeweiß ist die Haut. Langsam rutsche ich mit meinen Fingerspitzen näher an ihre Fingerspitzen heran. Sie berühren sich leicht. Meinen Daumen lege ich auf ihren Daumen, blicke auf die sich berührenden Hände.

Langsam schlägt mein Herz, als ich ihre Hand umschließe. Leichten Druck gebe ich auf ihre Finger. Die polnische Stimme im Radio spricht, verabschiedet sich. Das Rauschen kehrt zurück. Ich lösche das Licht der Kerze. Dann spüre ich, dass sie meine Hand drückt. Eine Träne läuft meine Wange herunter. Der Stich der Phenolspritze lässt nach.

*

Hermann winkt einen Kellner zu sich, gibt eine Bestellung auf. Unentwegt sehe ich auf meine Hand herunter, sehe eine tiefe Furche im Leder meiner Handschuhe. Während Hermann mit dem Kellner spricht, denke ich an die Kleine, sehe ihre Augen vor mir.

„Wie geht es dir in den letzten Tagen?", fragt mich Hermann. Schief lege ich meinen Kopf. Er versteht. „Ich bin mir nicht sicher, aber", sagt Hermann, wirft sich auf seinem Stuhl nach hinten, „mir scheint, als wenn du ruhiger, abwesender geworden wärst."

Zufrieden lächelt er, als ich sage, dass die Arbeit in den letzten Wochen meine gesamte Aufmerksamkeit abverlangt. Hermann erkundigt sich nach Hilde. Ich spüre, dass sich Schweiß in meinem Nacken bildet. Der Kellner bringt das Bier an unseren Tisch. Gierig trinkt Hermann aus dem Glas und vergisst die Frage, die er mir stellte.

*

Innere Unruhe verspüre ich. Hermann trinkt bereits sein drittes Bier. In seinen Augen sehe ich, dass er nachdenkt, dass er nachdenkt, wovon er mir berichten könnte. Dann schnipst er mit dem Finger.

„Erinnerst du dich an die Roten aus dem Steinbruch?" Weit nach vorn lehnt er sich, stützt sich mit gespreizten Fingern auf der Tischplatte ab. Seine Augen werden schmaler. Er fährt fort:
„Der Kapo des vierten Steinbruchkommandos hat ein Gespräch mitgehört und Informationen an die Besatzung weitergegeben."

Ich werde hellhörig. „Sie sprachen über Waffen, versteckte Waffen. Im Steinbruch wurden diese daraufhin gefunden. Ein Arbeiter aus der Stadt hat sie besorgt. Die Roten sollten sie in das Lager bringen."

Das Grinsen in Hermanns Gesicht wird breiter. Das Bierglas setzt er an seine Lippen. „Du verstehst, wovon ich spreche?", erkundigt er sich. Ich denke nach und erinnere mich. Leuschner berichtete mir von diesem Vorfall.

Hermann holt Luft und ergänzt: „Walter hat die Verantwortung an mich übergeben." Über die Unterlippe leckt er sich. Da ich nicht reagiere, beendet er seine Worte: „Ich habe sie exekutiert."

An meinem Speichel verschlucke ich mich, umgreife das Bierglas. „Das Kleinkaliber habe ich diesen Schweinen nah an den Nacken gehalten. Jeder Schuss. Präzise."

Seine spitzen Eckzähne blitzen durch die flach grinsenden Lippen hindurch. Schweiß läuft meine Stirn hinunter. Die Phenolspritze drückt gegen meinen Herzmuskel, der heftig schlägt.

Ich erinnere mich an das Dokument. Ein Antrag.

Antrag auf Exekution.

Der Rapportführer unterschrieb dieses Dokument.

Der Rapportführer stimmte der Exekution zu.

Ich sehe die Striche der fahlen Tinte.

Ich bin der Rapportführer.

*

Der Kellner bringt ein weiteres Glas schaumigen Bieres an den Tisch heran, das Hermann sofort an seine Lippen setzt. „Weshalb wolltest du eigentlich in diesem Lager arbeiten? Dein Vater ist doch der Kommandant des nächstgelegenen Lagers. Sicherlich wolltest du deine Karriere ohne ihn vorantreiben, nicht wahr?", spricht Hermann frei heraus.

Hermanns Fragen belasten mich.

In meinem Kopf suche ich nach einer Antwort. Ich suche nach einer Antwort, weshalb ich seit zwei Jahren diese Anträge unterschreibe.

*

„Johannes Herzog. Ihre Laufbahn ist vortrefflich. Jedoch habe ich noch ein letztes Anliegen. Mit der Arbeit, die wir an diesem Ort jeden Tag vollbringen, tragen wir eine große Verantwortung mit uns. Wir arbeiten für unser Volk. Wir erbringen unserem Volk einen großen Dienst. Der Ruf Ihres Vaters eilt Ihnen voraus. Sicherlich werden Sie diesem Ruf auch gerecht werden können. Sie wurden schließlich persönlich von unserem Kommandanten ernannt. Dennoch möchte ich mich selbst von ihrer Einstellung überzeugen. Ich möchte von ihnen erfahren, was sich hinter dieser Einstellung verbirgt", spricht Kröll zu mir.

Schweigend stehe ich vor seinem Schreibtisch und kann seinem eisernen Blick nicht standhalten. Verlegen kratze ich meinen Hinterkopf. Eine Antwort auf diese Frage kenne ich nicht.

Kröll erhebt sich, marschiert durch den Raum. „Sicherlich verspüren Sie auch diese innere Überzeugung. Diesen inneren Trieb. Verstehen Sie, wie ich diese Worte meine?", fragt er mich speichelleckerisch. Die Erinnerung verschwimmt.

*

„Das Anklopfen haben Sie anscheinend verlernt", knurrt mein Vorgesetzter, als ich sein Dienstzimmer betrete. Ich schweige. „Sicherlich können Sie erahnen, weshalb ich Sie in mein Dienstzimmer bestellt habe", sagt Kröll, faltet die Hände auf seinem Schoß. Langsam schüttle ich meinen Kopf.

„Die Problematik des entwendeten Zahngoldes dürfte Ihnen seit geraumer Zeit bekannt sein. Das Verhör der Verdächtigen brachte jedoch keine Ergebnisse hervor. Die Vermutung besteht darin, dass möglicherweise eine Verbindung zu den Waffen besteht, die bereits in mehreren Arbeitskommandos gefunden wurden. Ihre Aufgabe als Rapportführer ist es an dieser Stelle, die Gefangenen zum Reden zu bringen."

Der Druck in meiner Brust nimmt zu. Mein Körper, mein Gewissen, mein Herz weigern sich, diese Aufgabe anzunehmen. Ich kann die Menschen nicht näher an den Tod heranbringen. Ich werde keine Unterschriften setzen.

„Diese Schlüsse zu ziehen, erscheint mir äußerst gewagt", sage ich. Kröll ist erstaunt. „Ich glaube nicht, dass das vernetzte Einschleusen von Waffen mit dem Zahngold in Verbindung steht", ergänze ich. Mein Vorgesetzter zieht die Augenbrauen hoch. „Herzog. Ihnen ist bekannt, dass einige Arbeiter des Steinbruchkommandos Kontakte zu Bauarbeitern knüpften, die ihnen die Waffen übergaben. Das Zahngold diente als Bezahlung", ergänzt Kröll die Mutmaßung. In meinem Kopf versuche ich, eine Lösung zu finden, ein Argument, dass seine Theorie abwendet.

Dann platzt es aus mir heraus: „Geben Sie mir Zeit bis morgen. Morgen, zwölf Uhr, lege ich das Zahngold auf ihren Schreibtisch. Vollständig. Gelingt mir dies nicht, werde ich dieses Lager verlassen und der Posten des Rapportführers kann anderweitig besetzt werden."

Breitbeinig stellt sich Kröll vor mir auf. Die Arme hält er hinter seinem Rücken. Höhnisch lacht er in sich hinein. Dann sieht er mich an. Ich sehe die Bewegung seiner Augen. Sein rechtes Auge folgt nicht sofort der Bewegung des linken Auges.

Auf seinem rechten Auge ist er erblindet. Die Pupille. Stetig schmal. Stetig bedrohlich. Siegessicher lächelt Kröll in sich hinein und sagt: „In Ordnung. Auf dieses Spiel lasse ich mich ein. Die Regeln amüsieren mich. Wir sehen uns morgen, Herzog."

*

Tief hängt die Nacht über dem Lager. Aus dem Fenster sehe ich heraus. Die Sterne trauen sich nicht, über diesem Ort zu erleuchten. Sie werden verschluckt, verstecken sich hinter finsteren Wolken. Ihr Licht gelangt nicht durch den schwarzen Schnee, der über diesem Hang zu Boden fällt.

Der schwarze Schnee dringt in die Städte vor und trägt die Mahnung der Seelen mit sich. Die Seelen gleiten über die Städte, über die Köpfe der Menschen. Doch ihre Rufe werden nicht erhört.

Ich sehe die Dächer der Baracken, in denen sich die Menschen drängen, in denen sie versuchen, Schlaf zu finden. Doch das Lager ist nicht vollzählig. Nicht alle Häftlinge drängen sich auf den Pritschen, auf den Bänken. Ich drehe mich um und sehe sie. Sie schläft. Ich betrachte sie.

Gehe ich mit Hermann in die Stadt, sehe ich junge Frauen. Sie tragen feine Kleider, lange Haare, die in der Sonne zu glänzen scheinen. Den Duft des Frühlings, der Blumen tragen sie mit sich.

Sie trägt kein feines Kleid. Die große Hose, das große Hemd hängt an ihrem Körper herunter. Ihr ist es nicht vergönnt, zu baden, feine Seifen in den Händen zu halten. Die Gerüche, die sie umgeben, verdrängen das Wohlbefinden. Getrockneter Speichel. Exkremente. Wundgestank. Getrocknetes Blut. Verbranntes menschliches Fleisch.

Ich erinnere mich an die Kartei, an das Jahr, in dem sie an diesen Ort gebracht wurde. Ihrer Jugend wurde sie beraubt, wurde an diesem Ort erwachsen. Sie wurde erwachsen an dem Tag, an dem sie durch das eiserne Tor getreten ist.

Meine Sichtweise auf die Menschen hat sich geändert. Ich habe erkannt, dass hinter meiner Überzeugung nichts steht, dass ich keine Überzeugung besitze.

Nicht alle Menschen an diesem Ort teilen die gleichen Ideale, die gleiche Herkunft, die gleiche Religion. Nachgesagt wird ihnen, sie seien keine Menschen. Doch es sind nicht die Menschen, die während des Morgenappells vor mir stehen, die ihre Menschlichkeit verloren haben.
Die Wachmannschaft hat ihre Menschlichkeit verloren. Gleichgültig habe ich gehandelt, habe ausgeblendet. Zwei Jahre folgte ich einem blinden Gehorsam, um den Willen meines Vaters.

*

Ruhig atmet sie. Sie zeigte mir die Leere in meiner Brust. Die Farblosigkeit, die diesen Ort durchzieht, hat sich über mein Herz gelegt.

Mein Herz ließ sie schlagen, meine Brusthöhle wurde ausgefüllt. Sie regte meine Gedanken, bewegte sie. Sie lehrte mich, zu hinterfragen. Tief hat sich ihr Blick in mein Herz gegraben. Ihr Blick hält mich am Leben. Leise trete ich an die Chaiselongue heran, knie mich vor sie. Ich möchte verstehen, weshalb sie ihren Kopf hob. In ihren Bann hat sie mich gezogen, die Hoffnung erweckt. Meine Fingerspitzen lege ich auf ihre Hand. Mein Herz erweicht.

Ich sehe den Mann vor meinem inneren Auge. Unter Schmerzen fiel er zu Boden, wurde erschossen. Ihre Hand drücke ich, als ich realisiere, dass auch sie ihr Leben längst verloren haben könnte. Wäre ich nicht durch das Lager gegangen, hätte ich nicht ihren Schrei vernommen. Der andere Wachposten wäre in die Baracke hineingetreten, hätte sie erschossen.

Das Gespräch mit Kröll beginnt sich in meinen Gedanken abzuspielen, als ich auf den im Kerzenschein schimmernden Wein blicke. Unmöglich erscheint es mir, das Zahngold zu finden. Sie muss mir helfen. Fest drücke ich ihre Hand.

Sie wacht auf. Langsam öffnen sich die Augen, richten sich auf mich. Als ich ihren Blick erwidere, wird mir bewusst, dass ich sie nicht in meinem Dienstzimmer behalten kann, dass sie zurück in das Lager muss. Nur wenn sie im Lager ist, kann sie mir helfen, das Zahngold zu finden. Ich hoffe, dass sie etwas über das Zahngold weiß. Ich spüre, dass sie etwas über das Zahngold weiß.

Die Kleine richtet sich auf, löst sich aus meiner Hand, reibt sich die Augen. Ich erkenne die Schmerzen, die sie verspürt. Ich darf sie nicht in das Lager zurückbringen. Ich kann sie nicht in das Lager, in ihre Baracke zurückbringen. Ich darf nicht zulassen, dass sie ihr Leben verliert.

Sie sieht zu mir herunter. Meine Hand öffne ich ihr. Zögernd senkt sie den Kopf auf ihre Brust, flacher wird ihre Atmung. Sie legt ihre Hand in meine Handfläche hinein. Wir umschließen unsere Finger.

Wenige Sekunden verstreichen, bis sie ihren Kopf hebt, tief in meine Augen sieht. Ich blicke in dieses schöne Gesicht, in diese schönen Augen. Sie sind nicht eingefallen. Die Haut ist blass. Die Lippen sind trocken. Die Haare sind drahtig. Zarte Gesichtszüge. Sie beruhigt die schweren Gedanken in meinem Kopf. Wir halten unsere Hände.

Sie muss in das Lager zurück. Sie muss mir helfen, dass Zahngold zu finden. Wenn ich das Zahngold nicht finde, darf ich das Lager verlassen, kann die Arbeit an diesem Ort niederlegen. Doch ich kann nicht zulassen, dass sie zurückbleibt. Werde ich fortgeschickt, sterben die Menschen durch die Unterschrift eines anderen Mannes.

Gelingt es mir, das Zahngold ausfindig zu machen, werde ich die Unterschriften verweigern. Den Vollzug der Lagerstrafen werde ich nicht länger an Walter übergeben. Ich werde die Menschen nicht foltern. Ich werde ihnen helfen.

Die Bedeutung, der Antrieb meines Handelns sind mir am heutigen Abend bewusst geworden. Warm schlägt mein Herz.

Ich erinnere mich an unsere Begegnung im Arrestzellenbau. Ich erinnere mich an ihren Blick. Ich erinnere mich an das raue Seil, das durch ihre Handgelenke schnitt.

Plötzlich spüre ich die Phenolspritze. Auf mein schlagendes Herz drückt sie stärker. Es gibt nur einen Ort, an den ich sie bringen kann, ohne Aufsehen zu erregen. Es gibt nur eine Person, die ihren Aufenthalt an diesem Ort nicht hinterfragen wird.

Vom Boden erhebe ich mich, stelle das Weinglas auf den gläsernen Beistelltisch. Schwer fällt es mir, das ungewaschene Hemd aus meinem Schrank hervorzuholen. Ihr Kopf senkt sich, als ich es an sie herantrage. Die Knöpfe des weißen Hemdes öffne ich. Sehe die dünne Haut. Ihren Körpergeruch nehme ich wahr.

Unter Schmerzen hebt sie die Arme, lässt mich ihr das Hemd darüber ziehen. Ich schließe die Knöpfe am Kragen. Der schwere Geruch steigt auf. Verständnisvoll sieht sie mich an, greift erneut nach meiner Hand.

*

Das Seil windet sich um ihre Hände. Sie zittert nicht. Sie atmet ruhig. Sie verspürt keine Angst. Ich spüre das Vertrauen, dass sie mir entgegenbringt. Hinter ihrem Rücken stehe ich. Die schlanken Schultern umrahmen den Oberkörper. Der zarte Nacken drängt aus dem dreckigen Hemd hervor. Verloren ist ihr Körper in den Kleidern. Ein zarter Körper. Ein schöner Körper. Ein schwacher Körper.

Meinen Blick löse ich nicht von ihr, als meine Hand an den Waffengürtel gleitet. Den Schlagstock löse ich ab, halte ihn fest in der Hand. Ich spüre meinen Körper nicht. Der Schlagstock trifft ihre Schläfe. Sie sinkt zu Boden.

Der Griff um den Schlagstock löst sich. Das Geräusch des hallenden Holzes durchdrängt meine Ohren. Langsam hebe ich meine Hände, sehe auf die Handflächen, auf die Finger.

Ich habe sie niedergeschlagen.

Ich habe sie niedergeschlagen, ohne zu zögern.

Mein Körper ist mir fremd.

Mein Herz möchte aus meiner Brust entfliehen, schlägt stark gegen das Brustbein. Die Hände sinken herunter. Sofort knie ich mich neben die Kleine, löse meinen Blick nicht von ihr. Die Hände lege ich auf ihre Hüfte, spüre die Atmung. Ich habe sie verletzt.

Ich erschrecke vor mir selbst. Ich widere mich an. Sofort stehe ich auf, verlasse den Raum. Mein Atem zittert. Meine Beine spüre ich nicht. Ich schlug sie bewusstlos.

*

Der schwere Regen flutet die Lagerstraße. Donnergrollen höre ich aus der Ferne. Ich denke nicht nach, beginne zu rennen, renne die Lagerstraße hinauf. Die Tränen kann ich nicht zurückhalten. Sie laufen über mein Gesicht. Ich laufe vor mir selbst davon.

Größer werdend setze ich meine Schritte. Nichts hält mich fest. Meinen Rahmen habe ich verloren. Ich weine und weine. Ich renne und renne. Doch dies wird sie nicht retten.

Mein Haus erreiche ich, stürze beinahe über die Blumen, sehe nicht, wohin ich laufe. Den Kopf drücke ich gegen die Haustür, finde den Schlüssel in der Tasche meiner Uniformjacke. Unaufhörlich weine ich dabei. Stechender Schmerz durchrauscht meinen Körper.

Sofort verschließe ich die Haustür hinter mir, presse mich dagegen, sinke zu Boden. Die nasse Kleidung zieht mich herunter. Die Mütze rutscht von meinem Kopf, als ich ihn auf den Brustkorb senke. Am Leib zittere ich, spüre die Erschöpfung.

Niemals verspürte ich diese starken Emotionen. Niemals dachte ich über das Leben hinter dem geladenen Lagerzaun nach. Ich habe mich selbst durch diese Arbeit getötet. Unzählige Menschen wurden durch meine Arbeit getötet.

Die Kleine brachte ich in den Bunker. Ich schlug sie nieder, ließ sie zurück. In mir selbst habe ich die Realität eingeschlossen.

Akzeptiert habe ich sie. Doch sie brach heraus, erschlug mich. Vor mir standen die leidenden Menschen. Die quälenden Schreie aus dem Bunker. Ich habe sie nicht gesehen. Ich habe sie nicht gehört.

Der Folter ging ich aus dem Weg. Am Morgen sah ich nicht in die Augen der Menschen. Ihre Umrisse nahm ich wahr, sah in die Wolken. Ihre Gegenwart wollte ich nicht wahrnehmen.

Ich wandte meinen Blick ab, wenn die Gefangenen am Wegesrand geschlagen wurden.

Niemals betrat ich das Krankenrevier.

Niemals betrat ich die Versuchsbaracken.

Meine hohe Position nutzte ich aus, um mich hinter meinem Schreibtisch zu verstecken. Mein Herz wusste, dass ich die Wahrheit nicht ertragen würde.

Ich muss sie retten. Ich muss sie retten, aus dem Lager herausholen. In meiner Brust ist es leer. Die Arme umschlingen meinen Oberkörper.

Unaufhörlich fließen die Tränen über das Gesicht. Ich vermag mich nicht zu beruhigen. Der nächtliche Regenschauer zieht vorüber. In meinem Herzen wütet er weiter. Der Sturm ist da.

*

Das Hemd knöpfe ich auf, lege es ab. Das weiße Hemd verschwimmt mit den kalten Fliesen des Badezimmerbodens. Das grelle Licht verbrennt meine verquollenen Augen.

Kraftlos stütze ich mich auf das Waschbecken, betrachte mein Gesicht. In Strähnen hängen die Haare herunter. Die Augen sind leer. Die Augen sind gerötet. Geschwollen ist die Haut darunter, von Tränen übergossen.

Tief atme ich ein, sehe die Bewegung meiner Rippen. Ich berühre meine Haut. Eingefallen ist mein Oberkörper. Ertränkt in den Schatten meiner eigenen Knochen.

Auf meine Hände blicke ich herunter. Die kreisrunden Narben sehe ich. Die Uniformjacke hebe ich vom Boden auf, hole eine Zigarette, mein Feuerzeug hervor. Ich zünde die Zigarette an. Der Geruch widert mich an. Sofort drücke ich sie auf meinen Handrücken. Ich verbrenne im Inneren.

*

Die Arbeitskommandos bewegen sich vom Platz, bewegen sich durch das eiserne Tor. Schneller schlägt mein Herz. Es drängt in den Arrestzellenbau. Bevor ich den Appellplatz verlasse, gehe ich zu Klär herüber. Schwer fällt es mir, zu laufen. Der Kopf schmerzt mit jedem Schritt.

Die Liste des heutigen Morgenappells nehme ich an mich. „Heute Nachmittag bekommst du sie zurück", knurre ich. „Verstanden. Herr Obersturmbannführer", sagt Klär daraufhin.

An Kröll gehe ich vorbei. Er grüßt mich nicht. Speichelleckerisch sagt er: „Zwölf Uhr, Herzog. Ich warte." Das Zahngold habe ich gänzlich vergessen.

Hastig verlasse ich das Lager, renne vor Kröll davon, möchte den Arrestzellenbau schnell erreichen. Sie ist die einzige, die mir helfen kann. Die Tränen muss ich zurückhalten.

*

Walter sitzt an seinem Schreibtisch. Die Schuld drückt stärker auf meine Schultern, seit ich den Raum betreten habe. Walter steht auf und stellt sich vor mich, sodass ich nicht an ihm und der Wand vorbeisehen kann. Mein Herz krampft.

Mit spitzen Lippen fragt er: „Hast du dir Arbeit liegen gelassen?" Dann lacht er. Verlegen kratze ich mich am Kopf und antworte: „Ja, das stimmt. Ich habe Kröll versprochen, das Zahngold ausfindig zu machen, die Verbindung zu den versteckten Waffen zu prüfen. Ich habe sie zum Reden gebracht." Ich sehe, dass Walter Verständnis hat. Dennoch schüttelt er den Kopf.

Wir treten an sie heran. Die Phenolspritze nähert sich meinem Herzen. Erleichterung durchfährt mich, als ich ihre Atmung sehen kann. „Johannes, wir haben dies nicht abgesprochen", sagt Walter besorgt.

Leicht hebt sie ihren Kopf, hat unsere Stimmen vernommen. Sie ist bei Bewusstsein. Dann schreckt sie auf, zieht an den Armen, zieht an dem Seil, kann sich nicht lösen. Meine Brust schmerzt.

„Ich weiß, ich weiß, Walter", sage ich verlegen. Die Kleine dreht ihren Kopf, sieht in unsere Richtung. Resigniert tritt Walter auf ihren Kopf, drückt ihn herunter. Leicht würde es ihm fallen, den Kopf zu zerbrechen. Diesen Anblick ertrage ich nicht.

„Warum hast du sie nicht umgelegt? Du weißt doch jetzt, wo das Gold ist. Wofür brauchst du sie noch?" Ich antworte: „Sie arbeitet doch im Krematorium."
„Es ist mir dermaßen egal, wo dieses erbärmliche Wesen sich den lieben langen Tag aufhält. Ich weiß nur, dass", platzt Walter mir dazwischen, „sich ein Häftling zu viel in meinem Gebäude befindet und dieser Häftling stört. Es stimmt doch, dass du jetzt weißt, wo das Gold abgeblieben ist, oder?" Ich halte einen Moment inne. Entschlossen nicke ich: „Natürlich!" Walter nickt ebenfalls.

„Ich nehme die Gefangene jetzt mit. Sie soll mir eigenhändig das Gold geben und vor dem gesamten Arbeitskommando des Krematoriums zugeben, das Gold entwendet zu haben. Über die spätere Strafe mache ich mir am heutigen Nachmittag Gedanken. Das Gold wiederzufinden, steht jetzt an erster Stelle." Walter ist besänftigt und akzeptiert mein Handeln. Walter wendet sich ab.

„Jetzt heb deinen Arsch! Bring uns gefälligst das entwendete Zahngold, du Vogel!"
Die Worte verbrennen meine Kehle.

Die Zufahrtsstraße haben wir überquert. Zwischen den dichten Bäumen sehe ich hindurch, versichere mich, dass sich niemand in der Nähe befindet. In ihren Augen sehe ich die Angst. In meiner Brust spüre ich die Angst. Die Schuld erdrückt mich.

Tief lasse ich den Kopf auf meine Brust sinken, setze mich auf einen morschen Baumstumpf. Ich schweige, versuche, die Gedanken in meinem Kopf zu beruhigen. Das Gesicht drücke ich in meine Handflächen, sehe Kröll vor mir. Er wird sie erschießen. „Du weißt doch, wo das Gold ist, oder?", platzt es aus mir heraus.

Ich löse das Gesicht aus meinen Händen und sehe, dass sie vor mir kniet, dass sie zu mir gekommen ist. In ihren Augen versinke ich. Dann senkt sie ihren Kopf, zeigt mir, dass sie keine Informationen über das Zahngold besitzt.

„Inzwischen ist bekannt, dass du das Zahngold nicht entwendet hast. Sie wollten demjenigen drohen, der es tatsächlich entwendet hat und dafür musstest du herhalten. Wenn ich das Gold nicht bis heute Mittag finde und es auf Krölls Schreibtisch gelegt habe, bringt er uns beide um", äußere ich meine Gedanken. Sie zieht die Augenbrauen hoch.

Das Schweigen durchzieht die Luft. Ich sehe zu ihr herunter. Auf dem Gras kniet sie, die Hände auf dem Schoß gefaltet. Ein Kleid möchte ich ihr schenken. Dann frage ich sie erneut: „Hast du wirklich nichts gesehen oder gehört? Kann vielleicht dein Kapo etwas wissen?" Schulterzucken.

Vom Baumstumpf stehe ich auf, strecke mich. Das Gold könnte bereits weitergegeben, in den Wald hineingeworfen worden sein. Es erscheint unmöglich, die kleinen Goldzähne in diesem großen Lager, auf diesem großen Gelände aufzuspüren. Ich vermag keinen Ausweg zu finden. Einen Stein nehme ich vom Boden auf, werfe ihn zwischen den Bäumen hindurch. Er landet auf der Zufahrtsstraße. „Verdammt!"

Schritte vernehme ich, drehe mich um. Sie ist aufgestanden und im Begriff, auf die Zufahrtsstraße zu gehen. Mit großen Schritten folge ich ihr, halte sie an den Schultern. „Lauf jetzt nicht weg! Wenn du gesehen wirst, dann", flüstere ich in ihr Ohr hinein. Mit einem leichten Lächeln wendet sie sich an mich, macht eine unterbrechende Handbewegung. Ich beginne, zu verstehen.

„Hast du eine Idee?", frage ich vorsichtig. Sie nickt. Sie nickt entschlossen, greift nach meiner Hand. Auf die Straße möchte sie mich ziehen. Mein Herz erwärmt sich. Der Schmerz lässt nach.
Ich lache zurückhaltend.

Meine Hand lässt sie los, drängt weiter zwischen den Bäumen hindurch. Am Kragen halte ich sie fest, als sie den ersten Schritt auf die Lagerstraße setzt, mahne sie: „Langsam. Du kannst nicht ohne einen Grund über die Straße marschieren. Niemand weiß, dass du nicht im Lager bist." In ihren Augen sehe ich, dass sie eine Spur, einen Anhaltspunkt gefunden hat.

„Halte deinen Kopf gesenkt und höre bitte zu lächeln auf", sage ich, die Ungeduld in meinen Gliedern spürend. Erneut versichere ich mich: „Du weißt wirklich, wo das Gold ist?" Ihren Brustkorb sehe ich. Schnell presst sie die Luft in ihre Lungen, möchte das Lager aufsuchen. Den Griff um ihren Kragen löse ich nicht. „Langsam."

Ich frage, wohin ich sie führen soll. Den zarten Zeigefinger streckt sie in den Himmel, richtet ihn auf die schweren Schwaden, die die Sonne verdrängen. „Zum Krematorium?" Ihr Nicken lässt mich schlucken. Ich sehe Wolf, vernehme den Geruch der vertriebenen Seelen. Ich sehe die Narben auf ihrem Oberkörper, die Brandlöcher in ihrer Kleidung. Mein Hemd möchte ich ihr geben.

*

Sie drängt in den Raum der Pathologie hinein. Dicht halte ich die Hand an meinem Waffengürtel, beobachte sie, verfinstere meinen Blick. „Was soll das?", spricht ein Arbeiter des Kommandos der Pathologie. Leicht blecke ich die Zähne, ersticke seine Worte.

Stärker rinnt der Schweiß den Nacken herunter. Ich verstehe nicht, weshalb sie mit den Händen über die Fliesen an der Wand streicht. Ich verstehe nicht, welcher Zusammenhang zu diesem Raum bestehen soll.

Sie beendet ihre Bewegung, verharrt vor einer der weißen Fliesen. Ihr Ohr drückt sie dagegen. Dann löst sie die Fliese heraus. Mein Puls steigt an. Sie regt sich nicht. Die Arbeiter des Pathologiekommandos recken ebenfalls ihre Köpfe, wollen erkennen, was sich hinter der Fliese verbirgt. Dann dreht sie sich um.

Demütig senkt sie ihren Kopf, offenbart mir ihre Handflächen. Ein weißes Tuch. Goldene Zähne. Ich nehme das Tuch. Durch den Raum marschiere ich, unterdrücke meine Tränen und spreche: „Du bereicherst dich an unserem Zahngold und behältst es für dich. Du weigerst dich, mit uns zu sprechen. Der letzte Aufenthalt im Bunker scheint nicht einprägsam genug gewesen zu sein."

Trocken werden meine Lippen.

Breitbeinig nehme ich vor ihr Haltung ein. „Du hast es gewagt, dich an fremden Besitztümern zu vergreifen, sie zu verstecken. Niemand lässt dich aus dem Lager heraus. Du brauchst kein Gold", fahre ich herrisch fort. Albern erscheinen mir diese Worte. Mit einer Handbewegung signalisiere ich den Männern, dass sie den Raum verlassen sollen.

Sie treten ab, verschließen die Tür.

Schwer stampfe ich auf den Boden, stoße meinen Spazierstock gegen die Fliesen. Die dumpfen Geräusche lassen mein Herz schneller schlagen. Dann gehe ich auf sie zu.

Ich schenke ihr ein Lächeln, sehe in ihre Augen. Fragend sieht sie zu mir hinauf. Flüsternd spreche ich: „Du weißt, wer das Gold dort versteckt hat, nicht wahr?" Zaghaft ist ihr Nicken.

„Und selbst wenn ich dich darum bitten und du sprechen würdest, verrätst du mir nicht, wer es gewesen ist, richtig?" Ein erneutes Nicken.

„Du sagst es nicht, weil du niemanden verraten möchtest, um selbst nicht verraten zu werden, stimmt das?" Verlegen senkt sie ihren Kopf. Sie spricht nicht. Doch ich verstehe ihre Botschaften, verstehe ihre Gefühle. Sie versteht meine Gefühle. Sie half mir, öffnete meine Augen, zu verstehen, was mich im Innersten zusammenhält.

Sie belehrte, sie mahnte mich nicht. Ihr Blick offenbarte mir ihre Gefühle, ließ mich die Realität erkennen. Sie lehrte mich, zu hinterfragen, hinzusehen, nicht wegzuschauen. Die Gedanken überschlagen sich.

Einen weiteren Schritt setze ich an sie heran. Dann drücke ich die Kleine an mich. Ihren Herzschlag spüre ich, ein leichtes Zittern. „Ich werde dich aus dieser Baracke, aus diesem Lager herausholen. Du hast mein Wort", versichere ich ihr. Ihre Muskeln entspannen sich.

Fester nehme ich sie in den Arm, lege mein Kinn auf ihren Kopf. Ihr zurückhaltender Atem stößt gegen meinen Hals. Vorsichtig löse ich die Umarmung. Hemmungslos schlägt mein Herz.

Meinen Handschuh streife ich ab, nehme ihre Hand. Sie erstarrt. Mit sanftem Druck umschließe ich ihre Finger. Ich spüre, dass sie hinterfragt, ob sie diese Gesten annehmen darf.

Ihre Hand betrachte ich, sehe die Narben, die rauen Fingernägel. Ihr Mund steht offen. Tief sehe ich in ihre Augen, als ich meine Lippen auf ihren Handrücken setze, ihre Hand küsse. Ihre Haut. Weich.

„Du musst durchhalten. Du musst nur noch für einen kurzen Moment durchalten. Ich werde mich beeilen, dies versichere ich dir", sage ich. Ich möchte ihr mein Herz offenbaren. Doch die Zeit läuft davon. „Du hast mein Wort", wiederhole ich.

„Jetzt mach gefälligst deine Arbeit, du Vogel! Deine Strafe wird dir noch rechtzeitig mitgeteilt werden! Abtreten!" Die Handfläche, den Schlagstock stoße ich gegen die Wand, sehe ihr Lächeln.
Ein warmes, echtes Lächeln.
Sie senkt den Kopf und verlässt in gedemütigter Haltung den Raum. Ich folge ihr, beobachte einen Gefangenen, der aus dem Verbrennungsraum tritt. „Du bist wieder da! Du bist wieder da!", sagt er laut. Der Gefangene bemerkt mich nicht. Seine Hosenbeine sind fast schwarz.

„Was für einen Anlass gibt es, hier herumzuschreien? Geht gefälligst an eure Posten zurück", höre ich die herablassende Stimme des Kapos, der mit verschränkten Armen ebenfalls den Vorraum betritt.
Der junge Mann möchte die Stimme gegen seinen Kapo erheben.

Ich unterbreche diese Zusammenkunft: „Haltet eure Mäuler und geht eurer Arbeit nach! Wenn hier noch einer ein einziges Wort sagt, schicke ich euch die Hunde, bis euch das Wasser unterm Arsch kocht und sie hole ich zurück in den Bunker. Zu mir!"

Auf dem Vorplatz des Krematoriums spüre ich den zarten Windhauch an meinem Hals. Er gleicht ihrem sanften Atem.

*

Leise öffne ich die Tür meines Hauses. Vorsichtig setze ich die Schritte hinein. Fremd erscheint mir dieses Gebäude. Den Schlüssel lege ich auf die Kommode, erinnere mich an die Rose, erinnere mich an den Morgen, an dem ich die Rose fand. Ich denke nicht an Mathilde. In mein Dienstzimmer möchte ich zurückkehren.

Fahles Mondlicht strahlt in die Stube hinein, drängt sich in den Korridor. Ich sehe die Lehne des Stuhles, der über die Türschwelle zur Küche hinausragt. In der gestrigen Nacht bemerkte ich dies nicht. Ich spürte meinen eigenen Körper nicht.
Meine Brust. Sie sticht.

An das Abendessen erinnere ich mich, das Mathilde bereitete, die Scherben des zersprungenen Tellers. Sorgfältig lege ich meine Uniform ab. Mathildes Mantel hängt nicht an der Garderobe. Sie ist gegangen.
In die Küche gehe ich hinein. Das elektrische Licht blendet mich. Das Essen ist entsorgt, das Geschirr gespült, der Boden gewischt. Der Küchenstuhl liegt auf den Fliesen.

Mathilde stellte ihn nicht auf. Ihre Botschaft verstehe ich nicht. Eine weitere Nachricht hat sie nicht hinterlassen.

*

In der Stube nehme ich Platz, halte das Weinglas in der Hand. Sie sitzt nicht neben mir. Kaum rührte sie einen Muskel, betrachtete mich aus dem Augenwinkel. Sie trug mein Hemd. Ihre Kleider hätte ich waschen, ihr Nahrung besorgen, ein Bad einlassen können. Meine Fragen beatwortete sie. Doch ich fragte sie nicht, wie es ihr gelang, zu überleben, ihre Menschlichkeit nicht zu verlieren. Ein Lächeln durchzieht mein Gesicht.

Ihre Hand ist zart. Rot sind ihre Wangen geworden, als ich ihre Hand hielt. Ich ließ sie im Lager zurück. In ihrer Baracke wird sie sitzen, an der hinteren Wand. Den jungen Mann sehe ich vor mir. Fast schwarz sind seine Hosenbeine. Ich frage mich, ob er neben ihr sitzt, seinen Arm um sie legt. Ich habe sie nicht bei mir behalten.

Seit vielen Jahren sitzt sie jeden Abend in der Baracke, wartet, dass der Tag vorüberzieht. Für zwei Jahre arbeitete sie im Steinbruch, überlebte, sah die Menschen sterben, ihre Kameraden.

In das Krematorium wurde sie geschickt, legt ihre Kameraden seitdem auf die Bahre der Öfen, stößt sie in die Flammen hinein. Neben mir soll sie sitzen.

Ich werde ihr Lebensmittel bringen, den Kapo zurechtweisen. In ein anderes Kommando kann ich sie versetzen lassen, die Effektenkammer. Hermann wird mir helfen. Bessere Kleidung, bessere Nahrung würde sie erhalten. Ich muss ihr helfen.
Ich werde ihr helfen.

Verstanden habe ich, weshalb mein Herz schlägt, weshalb sich meine Augen geöffnet haben. Morgen werde ich zu ihr gehen. Morgen werde ich meine Entschuldigung aussprechen. Morgen werde ich beginnen, meine Unterschriften zu verweigern.

Meine Arme auf die Beine gestützt. Mein Kopf tief nach unten gesunken. Die Schuld lastet auf meinen Schultern. Einen kalten Luftzug spüre ich an meinem Rücken. Das Fenster ist nicht vollständig geschlossen. Ich habe Angst, hinauszusehen.

*

„Guten Morgen, Herr Obersturmbannführer", sagt Klär, als ich die Schreibstube betrete. Wortlos nicke ich ihm zu, erwarte seine Zahlen für den Morgenappell. Er sieht nicht zu mir hinauf.

„Was machst du da?", frage ich ihn bissig. Vor ihm liegt nicht die Liste für den Morgenappell. „Eiliger Transport, Herr Obersturmbannführer. Anordnung vom Schutzhaftlagerführer", gibt er trocken zu Protokoll. Meine Hand presse ich auf die Brust, um den Stich der Phenolspritze zu ersticken.

Breitbeinig stelle ich mich vor Klär auf, strecke fordernd meine Hand zu ihm herunter. Ich betone: „Der Transport wird rechtzeitig abgehen. Der Appell beginnt jedoch jetzt." „Herr Obersturmbannführer. Die Transportierten haben sich bereits vor einer Stunde auf dem Appellplatz versammelt. Eiliges Anliegen", antwortet Klär, richtet seinen Blick weiterhin auf die Dokumente.
Eilige Transporte werden selten durchgeführt. Ein Befehl der obersten Leitung könnte dahinterstehen.
Kröll benötigt Platz.

Ich sehe die gedrängten Menschen vor meinem inneren Auge. Den Stuhl neben Klärs Schreibtisch betrachte ich, kann den Blick von dem toten Holz, das von Häftlingstischlern in seine Form gezwungen wurde, nicht lösen. Ein Schluchzen entweicht mir.

„Brauchen Sie ein Taschentuch?", höre ich Klärs Stimme. „Jetzt ist Schluss! Gib mir endlich deine Zahlen!", bricht es aus mir heraus. Mit der Faust schlage ich auf seinen Schreibtisch.

Der Lagerälteste hebt langsam seinen Kopf, sieht verständnislos aus seinen leeren Augen heraus. Ohne ein Wort zu sprechen, wendet er sich wieder an das Papier auf seinem Tisch und schreibt.

„Der Rapportführer spricht!" Seine Aufmerksamkeit erlange ich zurück. Tief atmet er aus und sagt resigniert: „Dieser Transport hat oberste Priorität, Herr Obersturmbannführer. Sie wissen selbst, dass die südlichen Baracken überfüllt sind."
Diese Worte lassen mich hellhörig werden.

„Was hat dies zu bedeuten?" Monoton antwortet Klär: „Häftlinge aus den südlichen Baracken werden heute abtransportiert, Herr Obersturmbannführer."

Stark presse ich die Hand gegen meinen Brustmuskel, frage Klär nach dem Grund für den Transport. „Schutzhaftlagerführer Kröll wandte sich an mich, die südlichen Baracken zu räumen, nannte Kriterien für die Auswahl. Am heutigen Nachmittag werden zwei weitere Tarnsporte im Lager eintreffen." Auf die Papiere sieht der Lagerälteste wieder herunter.

Ich denke nach. Die Gedanken überschlagen sich. Ein Schauer durchfährt mich, zieht meine Muskeln zusammen. Ich verstehe die Bedeutung des Transportes.

Entsetzt wende ich mich an den Lagerältesten, stütze kraftvoll die Hände auf seinen Schreibtisch. „Wohin geht der Transport?", schreie ich. Die Kehle schmerzt.

Er antwortet nicht. An seinem Kragen packe ich den Mann, ziehe ihn zu mir heran. „Sprich! Wohin geht dieser verdammte Transport!" Eine Träne rinnt an meiner Wange herunter.

Als ich Klär herunterlasse, sagt er: „Sie haben Angst. Das sehe ich, Herr Obersturmbannführer." Ich verliere die Beherrschung. Meine Hand fährt durch sein Gesicht.

„Du gibst mir die Antworten, die ich von dir verlange! Wann soll der Transport abgehen?" Klär hält inne. Wir vernehmen das Knacken der Lautsprecher, hören das Lied, das zu spielen beginnt. „Zur vollen Stunde", sagt der Lagerälteste schließlich und zuckt mit den Augenbrauen.

Die Tür der Schreibstube reiße ich auf, dränge aus dem Lager. Ich höre das Lied, rausche an der anwesenden Besatzung vorbei.

„Was ist in Sie gefahren Herzog? Sie haben einen Appell abzuhalten!", höre ich die Stimme Krölls. Durch das offenstehende Tor renne ich hindurch. „Herzog!", hallt der Ruf.

In den Wald schlage ich mich hinein, meide die Zufahrtsstraße, benutze den Weg, den die Häftlinge verwenden. Meine offene Jacke bremst mich ab. Ich ziehe sie aus, lasse sie zurück. Die Mütze fällt von meinem Kopf herunter.

Den Wurzeln, den Steinen auf dem Waldboden weiche ich aus. Die Füße quälen sich in den schweren Stiefeln. Das Ende des Waldes wird sichtbar. Den Schienenstrang kann ich erkennen, als ich die Bäume hinter mir lasse. Den Bahnsteig erreiche ich.

Die Waden, die Oberschenkel brennen. Schweiß zeichnet sich auf meinem Hemd ab. Ich höre die Menschen, die Stimmen, die Befehle. Die Hunde bellen. Die Masse bewegt sich ungeordnet.

Am Rand der Masse bleibe ich stehen, halte Ausschau. An meinen Haaren ziehe ich, beobachte die Wachposten, die die Menschen in die Waggons treiben. Die Schlagstöcke erheben sich. Schüsse ziehen durch die Luft. Die Menschen versuchen, zu fliehen, fallen zu Boden.

Mein Mund steht offen. Ich sehe sie nicht. Sie ist klein, zwischen den Menschen nicht zu erkennen. Sie würde mir nicht zurufen. Sie tragen die gleichen Kleider. Die Haare sind kurz.

Um die Menschen gehe ich herum, spüre die Hitze, die meine Stirn erwärmt. Ich sehe die erschöpften, gepeinigten Häftlinge. Die Zugpfeife ertönt. Ich sehe Männer. Ich sehe Frauen. Ich sehe sie nicht. Auf die Fingerspitzen beiße ich. Sie bluten. Sie steht nicht mehr auf dem Platz.

Ich kenne die Orte, an die die Transporte gebracht werden. Ich spüre die Angst. Ich spüre die Schuld. Ich habe sie nicht bei mir behalten. Die ersten Waggons werden geschlossen. In einem dieser Waggons steht sie. Stroh unter ihren Füßen. Licht fällt nicht hinein.

Die Köpfe halten die Menschen gesenkt. Kein Augenpaar richtet sich auf mich. Sie nehmen mich nicht wahr. Ich erstarre.

Die Geräusche verschwimmen zu einer lauten Masse. Die Zeit ist stehengeblieben. Der Boden unter meinen Füßen wurde weggerissen. Die Augen halte ich verschlossen. Die Wut verspüre ich, die Wut auf mich selbst. Auf meine Unterlippe beiße ich.

Die Geräusche werden lauter. Die Schritte, Schreie, Schüsse. Die Geräusche belasten, erdrücken mich. Die Bilder sehe ich vor mir.

Das Blut, die dreckigen Kleider, die Gewalt.
Ich habe dies vorangetrieben.
Plötzlich durchfährt ein Stechen meine Brust. Das Leben ist aus meinem Leib gewichen.
Die Wut verzogen. Das Stechen vermindert.
Die Geräusche verstummt.

Gezielt greife ich an meinen Waffengürtel, löse die Pistole, spüre den klaren Entschluss in meiner Brusthöhle. Tränen laufen über meine Wange. Die Menschen sollen meinetwegen nicht länger leiden.

Ich habe versagt.

Langsam hebe ich meinen Arm, bis ich den kalten Lauf der Pistole an meiner Kehle spüre. Konzentriert kneife ich die Augen zusammen, erhöhe den Druck auf den Abzug. Die Umgebung verstummt.

„Nein!", bricht es aus der Stille hervor. Dieser Aufruf löst meine Gedanken. Sanften Druck spüre ich an meinem Arm. Der Tod legt seine Hände um mich. Vorsichtig öffne ich die Augen, sehe das Licht. Ich sehe sie. Sie steht vor mir. Meinen Augen kann ich nicht trauen.

Der Griff um meine Pistole löst sich. Sie fällt zu Boden. Die Hände lege ich auf ihre Schultern, spüre den Halt, den sie mir gibt. Stockend lache ich. Jeder Atemzug lässt das Lachen unbeschwerter werden.

Weit reiße ich die Augen auf. Sie steht vor mir. Sie steht vor mir. Fest drücke ich den schwachen Körper an mich heran, spüre ihren Herzschlag. Mein Herz beendet seine Schläge, als sie ihre Arme um mich legt. Ich weine.

Menschen drängen zu uns heran, aufgebrachte Schreie. Ich höre sie nicht. Ich halte sie in meinen Armen. Sie ist klein. Sie ist schwach. Weich werden meine Beine. Ein starker Schlag durchfährt mich. Zu Boden werden wir gerissen.

Aus dem Leib drängt das Herz hinaus. Wärme verbreitet sich auf meiner Brust. Die Menschen reißen die Münder, die Augen auf, zeigen auf uns.
Die Glückseligkeit durchfährt mich. Sie liegt auf meiner Brust. Sie geht nicht fort. Leicht hebt sie ihren Kopf, hält mich an meinem Hemd. Ich spüre das Blut, das hinunterläuft. Die Wärme umgibt uns. Wir lächeln uns an, sehen tief in unsere Augen.

In den Himmel sehe ich hinauf, sehe die weißen Wolken. Niemals ist es schöner gewesen an diesem Ort. Aus der Menge hallt ein Ruf: „Rapportführer Herzog! Ein Arzt! Ein Arzt!" Ich sehe einen Wachposten, der durch die Menge drängt, zu stürzen droht. Er kniet sich neben mich, ringt nach Luft. „Der Schuss. Ich habe Sie nicht gesehen. Ihre zivile Kleidung. Der Häftling gehört zu meinem Transport. Der Arzt ist gleich da", wimmert er.

Ich nehme seine Hand, drücke sie. Leise stöhne ich: „Danke." Der Mann bricht weinend zusammen. Er muss die Schuld nicht auf sich nehmen. Ich bin ihm dankbar.

Weitere Wachposten kommen heran, greifen nach der Kleinen, wollen sie von mir lösen. Ich weigere mich, halte sie fest. Ein Arzt eilt herbei. Eine Trage. Wir werden hinaufgehoben. Ich spüre nicht die Schmerzen. Ich spüre nicht das Wanken.

Ich spüre das Glück.

„Herr Herzog, lassen sie diesen Menschen los. Sie ist zu schwach", wendet sich der Arzt an mich. „Hörst du?" Das Sprechen fällt mir schwer. „Du bist ein Mensch", hauche ich in das Ohr der Kleinen hinein. Über ihren Kopf streiche ich.

Sie hörte meine Worte, drückt sich stärker an mich heran. Heiß ist mein Atem. Die Schmerzen werden spürbar. Meine Brust.

Die Kleine ist leise. Ich vernehme ihre schwere Atmung. Ihre Stirn wird kalt. In meinem Arm halte ich sie, werde sie nicht gehen lassen.

Ich drücke sanft auf ihren Rücken, lächle ihr zu. Sie hebt ihren Kopf nicht. Ihr Griff löst sich. Sie schläft. Ich möchte auch schlafen. Wenn ich die Augen öffne, wird der Schmerz vergangen sein.

Die Augen schließe ich, halte fest ihre Hand. Die Stimme des Arztes vernehme ich nicht. Die Schritte der schweren Stiefel verstummen.

Meine Brust brennt. Mein Herz flimmert. Mir wird kalt. Ich spüre den Gesang des zarten Singvogels in mir. Ruhig wird es um uns. Das Lied des Singvogels wird lauter, füllt meine Brusthöhle. Die Fingerspitzen werden taub.

Mein Herz erhebt sich aus der Brust, fliegt weit hinaus. Es fliegt hinfort, trägt meine Seele mit sich. Niemals habe ich einen schöneren Tag erlebt.
Ich bin endlich wieder frei.

Autoreninformation

Mein Name ist Franziska Köhler und ich wurde im März 2001 in Dresden geboren.
Seit meinem dreizehnten Lebensjahr widme ich mich dem Schreiben von Gedichten und Romanen.

Durch meinen ersten Besuch in der Gedenkstätte Buchenwald wurde ich auf die Thematiken des Nationalsozialismus aufmerksam, beschäftige mich seitdem intensiv mit der Geschichte des Deutschen Reiches. Die Erstellung lyrischer und epischer Texte unterstützte mich, die Thematiken zu verarbeiten.

Im Jahr 2019 trat ich meinen Freiwilligendienst in der Gedenkstätte Pirna-Sonnenstein an, um an der Aufarbeitung des Nationalsozialismus mitzuwirken.